決勝籌碼

天才數學家縱橫賭場與華爾街的祕密

Fortune's Formula

the Untold Story of the Scientific Betting System
that Beat the Casinos and Wall Street

威廉・龐士東
William Poundstone

威治 譯

「現在搞成生意人居然無法在一場安排好的放水拳賽中賺錢。如果連作弊都不能信，你還能信什麼？」

——《黑幫龍虎鬥》

「數學家就像某些法國佬：跟他們說話時，他們會把話翻譯成他們自己的語言，很快地，這句話的意思就跟原本完全不同了。」

——歌德

CONTENTS
目錄

第二章　賭神的籌碼

凱利系統表明，最大獲利的前提在於「優勢」——索普如何找到優勢、打敗二十一點莊家，並在各地掀起一陣腥風血雨？

第三章　走鋼索的交易者

索普雖然不知道市場走向，但他看見了獲利的新方法。憑藉精準的套利策略，他相信自己的避險基金確實打敗了市場。

第四章 數學公式裡的有錢人

凱利準則是貪婪的，為了達到更高的顛峰而不斷承受風險——凱利賭徒失去一半財富的機率是50％。關於風險與獲利，數學家們的建議是什麼？

第五章 逐出市場

由於瑞根的不當行為，普林斯頓新港合夥公司遭到了「瑞可法」的起訴。合作關係終止後，全身而退的索普惋惜道：「我們原本會成為億萬富翁。」

第六章 遲早會破產

爆倉的交易者是華爾街的喪屍，在高槓桿交易中做出錯誤的決策。而凱利系統能確保投資人在運氣不好的情況下，仍有機會東山再起。

第七章 市場上的訊號或雜音

想要打敗市場的長期投資人，必定得找到目前被嚴重低估的股票，且確知它遙遠未來的走勢。兩者都是難以達到的必要條件。

致謝

序章
內線大戰

故事要從一名墮落的報務員說起。他叫做約翰・佩恩（John Payne），一九〇〇年代初期任職於西聯匯款（Western Union）辛辛那提分行。在某個大股東的敦促下，西聯匯款採取與萬惡賭博對立的道德立場，實行拒絕傳送賽馬結果等訊息的政策。佩恩因此辭職，在辛辛那提新創佩恩電報服務公司（Payne Telegraph Service），其唯一業務就是向組頭們報導賽馬結果。

佩恩派人長駐當地的賽馬場，馬匹一衝過終點線，員工就使用手中的鏡子，以閃光的方式打密碼，將勝利的馬匹號碼告訴另一名在附近高樓上的職員，再用租來的電報裝置將結果發送至辛辛那提各處的撞球間，也就是地下投注站。

在充斥著體育運動實況轉播的今日，佩恩這項服務的價值或許並不顯著。但如果沒有電報通知，結果可能要花好幾分鐘才能傳到組頭那裡。在此延遲之中會產生各種弊端。如果賭客比組頭先得知賽馬結果，就能押注在已經獲勝的賽馬上。

佩恩的服務確保組頭占有優勢。當賭客想賭某匹確定獲勝的馬，組頭會想辦法拒絕，而當不知情的賭客想下注在一匹已經輸掉的馬身上……組頭自然會接受。

所謂的美國夢，就是發明一種能夠發財的實用新產品或服務。幾年之內，佩恩電報服務公司回報賽馬結果的業務範圍，囊括了從薩拉托加（Saratoga）到中西區等地的賽馬場。若是當地嚴加查禁賭博，只會讓他的生意更加興隆。芝加哥市長卡特・哈里森二世（Carter Harrison II）頒布法令：「我的目標是觀賞帝王的運動，而不沾染到帝王的罪惡。」禁止全市所有賽馬賭博。前往賽馬場觀看賽馬的人數暴跌，然而地下簽賭卻無比興盛。

一九〇七年，芝加哥一個極為兇暴的黑幫分子蒙特・坦尼斯（Mont Tennes）獲得佩恩電報服務公司在伊利諾伊州的經銷權。坦尼斯將他營運的部分另外命名為「通用新聞社」（General News Bureau），他每天要為這項經銷權支付三百美元，但收益高達數倍之多。光是在芝加哥就有超過七百個投注站，而坦尼斯要求全州的組頭們每天要上繳一半的收入。

如此高額收益讓芝加哥其他黑幫十分眼紅。一九〇七年七月至九月間，坦尼斯的住家和工作場所共發生六起爆炸事件，而他都能倖免於難。第六起爆炸事件的記者問他是否知道幕後主使者是誰，他回道：「我當然知道，不過我不會告訴任何人，有必要嗎？這對我的生意沒什麼幫助。」

最後坦尼斯認為自己不再需要佩恩了，於是叫他滾出業界。坦尼斯的通用新聞社往南擴展至紐奧良，並往西擴展至舊金山。

如此榮景引起聯邦法官藍地斯（Keneshaw Landis）的注意，並在一九一六年啟動對通用新聞社的調查。達洛（Clarrow Darrow）擔任坦尼斯的代表律師，他建議援引美國憲法第五條修正案❶進行辯護，結果藍地斯法官最終只好裁定，聯邦法官對地方政府的禁賭法令沒有管轄權。

一九二七年，坦尼斯覺得是時候該退休了。他將通用新聞社劃分為一百股，並將這些股份全數售出。坦尼斯一九四一年安詳辭世時，把部分遺產捐給榮譽營（Camp Honor），這是專門管訓性格頑劣男孩的夏令營。

持有通用新聞社四十八股的最大股東摩西・安納伯格（Moses Annenberg），是《賽馬雜誌》（*Racing Form*）的發行人。安納伯格對於提供快速準確的比賽結果造成的社會效應感到毫無歉意。「如果人們可以去賽馬場下注，為何要剝奪他們在場外下注的權利？」他問道：「有多少人能蹺班去賽馬場下注？」

安納伯格雇請好友詹姆斯・拉根（James Ragan）來經營這項電報服務。當時已經有眾多競爭對手，安納伯格與拉根靠著收購其他規模較小的電報服務公司，或是迫使這些公司關門來擴展事業。

敢與安納伯格與拉根對抗的是歐文・韋克斯勒（Irving Wexler），他是個私酒商，也是大紐約新聞服務公司（Greater New York News Service）的老闆。拉根和大紐約新聞服務公司展開價格戰之後，韋克斯勒便派一群惡棍去砸了安納伯格位於紐約的總部。

---

❶美國權利法案的一部分，主要目的是以法定程序來防止政府權力濫用。

安納伯格知道韋克斯勒竊聽通用新聞社的線路以獲取比賽結果，這麼做當然比自己付錢雇人從賽馬場回報每一場賽事要便宜。因此有一天，安納伯格故意延後回報韋克斯勒竊聽的那幾條線路，再打電話通知自己人最新消息，讓他們在韋克斯勒的客戶那裡下重注，賭的是幾匹已經確定獲勝的馬。那些組頭因為延後得知，不知道這些馬已經獲勝。一天下來，個個賠得慘兮兮。

安納伯格的手下去韋克斯勒的每一個客戶那裡解釋事情始末，並將那天贏得的錢退還給組頭，並建議轉換到通用新聞社會是個聰明的決定。

藉由這樣的手段，安納伯格的服務——亦稱為托拉斯（The Trust）或電報（The Wire）——擴展至全國各地，甚至進入加拿大、墨西哥與古巴。一九三四年，安納伯格如同坦尼斯過去的作為，也拋棄了拍檔。安納伯格建立一個全新、與原公司競爭的電報服務公司，全國新聞服務公司（Nationwide News Service），並告知組頭們要轉換電信服務，不然後果自負。

通用新聞社的發展軌跡與美國電話電報公司（後簡稱AT&T）類似。一八九四年，亞歷山卓・拉格漢姆・貝爾（Alexander Graham Bell）的電話專利權過期。接下來幾年，超過六千家本土電話公司爭搶美國市場。AT&T收購其中大部分的公司，不然就是將他們趕出業界。雖然AT&T的手法比安納伯格溫和，但結果是相同的。政府也在此時介入，提出反托拉斯的訴訟。這項訴訟於一九一三年達成協議，AT&T同意與其競爭的電話公司把線路連到他們的長途電話網路上。一九一五年，第一條橫貫全國電話線路正式營運。隔年，AT&T被列入道瓊工業指數之中。由於是合法壟斷，加之股利確實，AT&T號稱是最受孤兒寡婦最愛的績優股之一。

這些孤兒寡婦的股東們，少有人意識到這間公司的業務與組頭的關係是如此緊密。通用新聞社並未擁有連結到每個賽馬場與投注站的線路，而是跟AT&T租借線路與設備，就像今日的網路服務公司出租纜線與路由器。當時電報與語音線路都已經開始營運，等到系統更加成熟後，語音線路也開始提供比賽實況報導。

AT&T的律師團隊對此有些擔憂。一九二四年一份內部的法遵建議寫道：「這些（賽事電報服務公司）申請人，必定知悉他們大部分的客戶是撞球間老闆或組頭。事實上，他們不能為了與非法人士合作，故意對這些事實視而不見，擺出一副對眾所周知之事一無所知的模樣。」

AT&T依循法遵建議，在與線路租借者的合約中加入一條豁免條款，當租用者的生意被當局判定是違法的情況下，他們有權終止服務。AT&T得以繼續與組頭做生意，同時還能夠公開宣稱，他們對於有人利用其線路進行賭博感到十分震驚。一九三〇年代中期，安納伯格成為AT&T第五大客戶。

安納伯格接管電報服務事業，觸怒了其他通用新聞社的股東，他們現在擁有公司股份，但實際上根本沒有客戶。其中一位股東，芝加哥當地的犯罪集團成員約翰．林區（John Lynch），將安納伯格告上法庭。安納伯格的辯護律師韋茅斯．科克蘭（Weymouth Kirkland）宣稱，由於這項電報服務是完全非法的，法院沒有管轄權。他援引一七二五年的判例，有位英國法官拒絕替兩名攔路搶劫的強盜解決分贓爭議。法庭接受了科克蘭大膽的辯護。

林區轉而向知名黑幫老大艾爾・卡彭（Al Capone）求助。他認為卡彭（當時正因逃稅而入監服刑）可能會因為同情而聽聽他的說法，因為卡彭曾試圖收購安納伯格的公司。卡彭的手下法蘭克・尼帝（Frank Nitti）告訴拉根，如果拉根跟卡彭的幫派聯手，安納伯格二十四小時內就會掛點。

拉根拒絕了。安納伯格連夜逃往邁阿密。安納伯格與卡彭手下的談判持續了好幾年，最後雙方達成共識，安納伯格每年要付給卡彭的人一百萬美元的保護費，不過安納伯格能夠繼續持有電報服務的所有權。

一九三九年，安納伯格被指控逃漏稅。他為了證明自己已經悔改，做出令人意想不到的決定——退出電報服務公司。

這段空窗期並未持續太久。很快地，這項電報服務就以大陸新聞服務公司（Continental Press Service）之名重新建構起來，仍然由拉根負責操盤。

芝加哥的幫派分子再次找上拉根洽談收購事宜，拉根依舊不感興趣。為了自保，他準備了一份暗指尼帝試圖謀殺安納伯格的自白書。他放出風聲，如果自己遭遇不測，這份自白書就會被送到ＦＢＩ手中。

當時勢力最強大的義大利黑幫與猶太黑幫結盟，成立一個全國性的祕密組織，稱為「聯合會」（Combination）。聯合會決定不跟拉根合作，自行成立電報服務公司——環美出版新聞服務公司（Trans-American Publishing and News Service），企圖將大陸新聞服務公司趕出業界。

環美是由班．西格爾（Ben Siegel）所經營。他以「畢斯」（Bugsy）這個綽號著稱，但他痛恨這個名字。西格爾是紐約人，後來搬到西岸。環美的營業範圍還包括內華達州——這算是特例，賭博在那裡原本就是合法的。西格爾認為內華達的組頭應該付更多錢，因為投注業務會吸引更多人到賭場，並花錢去玩其他賭博遊戲。因此，西格爾除了向賭場的組頭收取一般的訂閱費，還會從他們的收入抽成，在某些情況下，費用甚至是簽賭收入全額。

一九四六年六月二十四日，拉根把車停在芝加哥的某個十字路口。一輛載滿香蕉的貨車停在旁邊，貨車上有人拉開防水布，接著響起兩聲槍響。其中一槍擊中拉根的手臂與肩膀。接下來六個星期，拉根都在警力層層戒護下，於芝加哥某間醫院接受治療。儘管如此，根據各種說法，顯然還有人在拉根的可口可樂或導管中加入水銀想毒害他。拉根死後，黑幫順勢接收大陸新聞服務公司。

大陸新聞服務公司與環美出版新聞服務公司合併後的綜效，令大家無法逃離他們的魔掌。洛杉磯的組頭們也無法逃過一劫，他們被迫每週要各以一百五十美元訂閱這兩家電報公司的服務。不過西格爾認為環美是自己的事業，並不屬於聯合會。他還在拉斯維加斯建造火鶴飯店與賭場。那棟建築的建造成本遠遠超過一開始的計畫，他因此積欠建設公司兩百萬美元。西格爾告訴聯合會位於紐約的「董事會」，他們可以用僅僅兩百萬美元的價格收回環美新聞社，不過董事會的回應十分冷淡。

西格爾後來得知聯合會在沒有邀請他的狀況下，另外召開了一次董事會會議——這是個不祥徵兆。西格爾十分擔心，找上流亡至哈瓦那的「幸運兒」盧西安諾（Lucky Luciano）。西格爾堅持自己需要再多留住電報服務事業與其獲利一年，而仍然是聯合會中最具權勢角色之一的盧西安諾，建議西格爾馬上把電報公司交出來。

根據一份令人難以置信的逐字記錄，西格爾當時這樣回覆：「帶著其他混帳一起下地獄吧。這間他媽的電報公司我想留多久就留多久！」

不對董事會成員下死手是一直以來的規則，但聯合會因為西格爾首次破例。一九四七年六月二十日，有個無名槍手於加州比佛利山，隔著一座玫瑰棚架瞄準西格爾。他抓著一把點三〇口徑軍用卡賓槍，將整排鋼製子彈全數擊發。大多子彈並未命中，不過命中的四顆就足夠完成任務，西格爾的右眼球飛落到四點六公尺遠的餐廳地板上。

這起謀殺案發生的前半小時，有四名兇狠的惡棍聚集在火鶴飯店的大廳。到了預定時間，他們走向飯店經理，宣布他們要接管此地。聯合會也接掌了西格爾的電報公司。

這次謀殺西格爾的行動是個代價慘痛的錯誤。在富裕的加州郊區高調處決，顯示組織犯罪已深入西岸各處，也激起眾人對於黑幫堅持要佔據的電報服務公司產生高度興趣。

田納西州參議員凱里・凱弗維爾（Carey Estes Kefauver）將大陸新聞服務公司標記為「頭號全民

公敵」，這位參議員說：「就我的看法，這間電報服務公司使非法賭博帝國保持生命力，而此行業又為美國其他形形色色的犯罪活動投注了資金。」

性情純樸、喜歡戴著浣熊皮帽照相的凱弗維爾，組織了一個特別委員會，調查州際商業行為的組織犯罪。凱弗維爾委員會的聽證會從一九五〇年展開，並透過電視轉播，持續了十五個月。這個參議院委員會遍歷全國，傳喚全國大部分組織犯罪集團的頭臉人物，其中還有許多人設法在這個委員會來到他們所在的城鎮時外出旅遊，也有許多人援引第五條修正案。此委員會有時候會從貪汙的警察與檢察官口中聽到一些非常逗趣的證詞。一名芝加哥警監承認他允許投注站營運，而他自己也靠著押注運動比賽、選舉以及股票市場而積累了一筆財富。另一名路易斯安那州的警察解釋，他們不忍心關閉那些雇用弱勢族群擔任員工的非法賭場。

一九五一年三月，這項調查工作達到高潮，委員會審問紐約最有權勢的犯罪家族。「我們該如何抑制這個國家的賭博行為？」參議員凱弗維爾問紐約黑幫分子法蘭克·卡斯特羅（Frank Costello）。

「參議員，」卡斯特羅回道：「如果你想抑制賭博行為，只需要做兩件事——先燒了賽馬場，再把馬都殺光。」

凱弗維爾要求卡斯特羅供出他在華爾街買下三棟房子的錢是打哪來的。卡斯特羅說是跟賭客借的。

卡斯特羅是靠製作在園遊會上當獎品的仿冒丘比娃娃（Kewpie dolls）起家，此後逐步建立起一個往南延伸至邁阿密熱帶公園的博弈帝國。身穿整齊西裝的卡斯特羅同意出面作證，前提是不在電視上露臉。當他說話時，攝影機就會把鏡頭切換到他指甲精心修剪整齊的雙手。卡斯特羅的聲音聽起來不太自在，他那被描述為「手舞芭蕾」的優雅姿態，與他作為犯罪集團首腦的身分相當不搭調。

聯合會背後真正的策畫者，可能是紐澤西的幫派分子隆吉・茨威爾曼（Longy Zwillman）。在華盛頓接受訊問期間，茨威爾曼表現出一副合法生意人的樣子，不明白為何會被委員會傳喚。他尊稱審問者為「先生」，並十分有禮貌的請求攝影師避免使用閃光燈。他告訴參議員凱弗維爾，「我覺得自己好像中槍了。」這句話引起哄堂大笑。

參議員們嘗試證明，由職業罪犯組成的互連社交網路，不只為全國的組頭提供電報服務，還兼之經營賭博、賣淫、放高利貸以及詐騙等犯罪活動。這些犯罪集團成員全力否認彼此的交情。茨威爾曼倒是隱晦地承認自己認識卡斯特羅。「以前我什麼人都見過，」茨威爾曼說：「你去一個地方，總是會遇到些什麼人。」

茨威爾曼在紐澤西的生意夥伴是威利・莫萊蒂（Willie Moretti）。莫萊蒂身材矮小（約一百五十二公分），嗓門很大，茨威爾曼則是身材高大但沉默寡言。莫萊蒂的穿衣風格就像個幫派分子，總是別著鑽石領帶夾。他愛好女色，膚色越黑的他越喜歡。很早以前莫萊蒂就染上梅毒，但從未治療，已進入末期。

起初這對茨威爾曼來說還算不上問題，他的事業就是建立在威脅恐嚇上，所以有個不只暴力衝動，又喪心病狂的拍檔，其實不是什麼壞事。

不過在凱弗維爾的聽證會上，莫萊蒂成了一個麻煩。在委員會面前作證時，他毫無顧忌地承認自己認識卡斯特羅。他說對全國各個幫派的大人物瞭如指掌，會在賽馬場遇到這些「品格良好的男士們」。

莫萊蒂自稱是個職業賭徒。他說曾靠著一場競賽的下注，賺進兩萬五千美元——這場競賽就是一九四八年總統大選，他押杜魯門（Truman）會贏。

參議員們指出，莫萊蒂的商業利益是靠著黑幫滲透的詐欺行為得來的。「這年頭什麼都是詐欺。」莫萊蒂回道。當他離開證人席時，他邀請在場參議員到他位於澤西海岸的家中作客。莫萊蒂很快便成為第一批參加實境節目的名人。他還接受記者的即席訪問，使得他那十五分鐘的成名時間得以延長。

對維多．吉諾維斯（Vito Genovese）來說，這番言論著實太超過了。從一九四九年起，吉諾維斯一直是西西里島黑手黨的領導者。吉諾維斯開始散播莫萊蒂精神狀況惡化的謠言。如果現在莫萊蒂就管不住自己的嘴，等到他大腦其餘部分也損壞之後，又會說出什麼胡言亂語呢？吉諾維斯召開聯合會會議。令人遺憾的是，他們認為是時候除掉另一名董事會成員。一九五一年十月四日，莫萊蒂在紐澤西克利夫塞的喬伊酒吧（Joe's Elbow Room）出沒時，前額中了兩槍。

凱弗維爾委員會在最終報告中，追查到美國許多組織性犯罪都可追溯至歷史悠久的西西里犯罪兄弟會，也就是黑手黨。然而，凱弗維爾得到的結論為，美國勢力最大的犯罪集團首腦並非義大利人，而是猶太人茨威爾曼。考量了所有狀況後，凱弗維爾的聽證會其實頗有成效。透過上述過程，美國人了解到組織犯罪的廣泛程度，以及需要採取行動的急迫性。大眾激起一陣反對賭博的情緒。參議員的聽證會成功抵制了加州、麻州、亞利桑那州與蒙大拿賭博合法化的提案。凱弗維爾建議禁止州與州之間傳遞賭博結果的相關訊息，國會也很快通過這條法案。

令人驚訝的是，這項立法真的奏效了。黑幫的電報服務公司在法律的施壓下關門大吉。這樣的打擊行動之所以有效，或許也是因為當時電視正興起，電報服務已經成為過時的科技。五十年後，佩恩那個獲利頗豐的想法，突然間走到了終點。

本書所講述的，是電報服務產業遺留已久的一份奇妙遺產。距離紐澤西西橘郡西南方約十九公里處，茨威爾曼利用黑幫的資金所購買的別墅裡，AT&T以壟斷的獲利成立了科學智庫。一九五六年，一位年輕科學家推敲他的雇主與簽賭之間矛盾的關係後，發明了一套史上最成功的賭博系統。

第一章

真正有用的資訊

夏農將無法壓縮、真正有用的資訊稱為「熵」。當被問到何種資訊適用於股市時，他說出了一個驚人答案：內線資訊。

克勞德．夏農

人生就是一場博弈。世上只有少數幾件事可確定，在學術招募這個無比競爭的世界中尤其如此。而克勞德．夏農（Claude Shannon）幾乎可以說是身處其中的定數，這也是為何麻省理工學院（後簡稱ＭＩＴ）準備不惜一切代價誘使夏農離開ＡＴ＆Ｔ的貝爾實驗室，以及為何當夏農一九五六年成為客座教授時該大學如此歡欣的原因。

夏農所做的事，幾乎可說是從文藝復興時代以來的創舉——他憑己力發明了一項重要的新科技。他的資訊理論是一種隱藏在電腦、網路與所有數位媒體背後的抽象溝通科學。康乃爾大學的托比．伯格（Toby Berger）說道：「這據說在歷史上極為罕見，有人發現這個領域，提出所有正確的問題，並證明其中大多數問題，且能一次回答所有問題。」

「從我見到夏農的那一刻起，他便成為我心目中科學家的典範。」ＭＩＴ的馬文．明斯基（Marvin Minsky）說道：「無論遇到什麼狀況，他都樂在其中，並以某些令人意想不到的資源來反擊，可能是某種新技術的概念，或是某種實質性工具，以此層層剖析問題。」

貝爾實驗室與ＭＩＴ的許多人將夏農的洞見拿來與愛因斯坦相比較，有些人則發現這樣的比較並不公平——對夏農不公平。愛因斯坦的研究對一般人的生活沒有實際影響，而夏農的研究，其影響力在一九五〇年代便已顯現出來。在數位時代，人們往往找不到合適的文字來描述夏農的成就。「那就跟說明字母的發明者對文學有多大的影響力一樣困難。」南加大的所羅門．格倫布

（Solomon W. Golomb）如此解釋。

夏農首先提出了電腦應當使用二進位作運算，這是現代人所熟知的，也就是0與1。他描述二進位數字在電路中如何呈現。一條有電脈衝的線路代表1，沒有電脈衝的線路代表0。這種極簡編碼能傳達出文字、圖片、聲音、影像，或任何資訊。夏農或許能名列為兩、三位數位電腦的主要發明人之一，但這並非夏農最偉大的成就。

夏農最重要的作品──資訊理論，被證明是在歷史道路上橫掃一切的全方位想法之一。在一九六〇、七〇與八〇年代，幾乎沒有一年能不提到令夏農顯得更加重要的數位「趨勢」。電晶體、積體電路、大型主機、衛星通訊、個人電腦、光纖電纜、高畫質電視（HDTV）、手機、虛擬實境、DNA定序：從細節上來看，夏農與上述發明一點關係也沒有。但從較為廣博的角度來看，無論有線或無線，整個世界都是夏農的遺贈。

此廣博的觀點，受到眾多試圖解釋這位數位巨擘的記者與權威人士所接納，夏農的名聲因此快速擴展。這主要歸功於他在一九四八年發表的論文中，確立了資訊理論的突破性力量。夏農在接下來的人生中獲得無數榮譽學位。他自製一個乾洗店的旋轉式衣架，用來保存這些禮袍。夏農是太空時代到賽博龐克（cyberpunk）時代的英雄，數位革命讓他那一度令人覺得晦澀難懂的位元組，成為像瓦特和卡路里這種家家戶戶都無比熟悉的單位。

如果記者或訪問者問夏農最近做了些什麼，通常難以得到答案。「只要他想，他可以撰寫優美的論文，」他的老朋友，MIT的羅伯特．法諾（Robert Fano）解釋道：「也可以發表精彩演說，但他痛恨這麼做。」

一九五八年，夏農接受ＭＩＴ的永久聘任，擔任傳播科學與數學系教授。幾乎從他一到任，「夏農就變得沒那麼活躍，而且很少發表新的研究成果。」ＭＩＴ知名經濟學家保羅．薩繆爾森（Paul Samuelson）回憶道。事實上，夏農在ＭＩＴ只教授了幾個學期。「克勞德對於教學的想法，就是談論自己的研究，但沒人聽得懂。」ＭＩＴ的資訊理論學家彼得．埃利亞斯（Peter Elias）解釋道：「不過他的步調十分緊湊；事實上，他每週都會提出一份研究論文。」

因此教了幾個學期之後，夏農通知校方他不想再教課了。ＭＩＴ並無異議，畢竟這所大學是世界上最棒的研究機構之一。

然而，夏農公開發表的研究結果並不多。若形容他在貝爾實驗室的同僚約翰．奈許（John Nash）擁有美麗的心靈，依照夏農的前同事大衛．史萊皮安（David Slepian）所言，夏農則「擁有另類的心靈」。夏農的天賦與達文西類似，可以不間斷地在各個計畫之間穿梭，但真正完成的卻屈指可數。他是個完美主義者，除非能回答每一個問題，且論述毫無破綻，他才願意發表。

到ＭＩＴ任職前，夏農發表了七十八篇科學論文。可是從一九五八至七四年，他只發表了九篇論文。接下來的十年時間，在阿茲海默症迫使他毅然決然結束職業生涯前，夏農只發表了一篇論文，主題是關於雜耍的戲法，這段期間夏農也在進行另一篇論文，主題是魔術方塊，但從未發表。

身為二十世紀最聰明的人之一，他卻停止做研究，而是開始玩玩具，這是ＭＩＴ一個公開的祕密。「有些人會想他是不是得了抑鬱症。」薩繆爾森說道。其他人則將之視為病態的自我貶抑性格。

「跟他不熟的人可能會認為，擁有如此影響力的人，一定是個擁有像超級業務員特質的推動者，」數學家埃爾溫・伯利坎普（Elwyn Berlekamp）說道：「但他顯然不是。」

夏農個性害羞、謙恭有禮，看起來沒有嫉妒心、惡意或野心，幾乎所有認識夏農的人都很喜歡他。他的身高約一百七十八公分，身材略瘦，外表英俊。到了中年後期，他蓄著修剪整齊的鬍鬚，讓他看起來更加氣度不凡。

夏農熱愛迪克西蘭爵士樂（Dixieland music）。他能一次耍四顆球。他對自己的手比一般人稍小感到遺憾，要不然或許能一次耍五顆。夏農描述自己是無神論者，而且看似也不熱中政治。我在他的論文中發現唯一能顯示政治情緒的證據，除了他進行過的國防工作外，就是一首他為水門案所寫的打油詩。

夏農在大部分時間裡都拿著一枝鉛筆。他在紙上寫滿了數學方程式、電路圖、演講草稿或是從未發表的論文內容、押韻的幽默詩篇，以及寫給自己的一些古怪的備忘錄。有張便條上寫著「一時衝動」清單，其中包含西洋棋、單輪腳踏車、雜耍戲法、股票市場、系譜學、跑步、樂器、爵士，以及「與交際花往來」。最後一點讓人想一探究竟，但他並未多做解釋。另一次訪談中，夏農暢談他年輕時曾在脫衣舞戲院觀賞舞孃表演。

在貝爾實驗室工作時，夏農因為在走廊上騎單輪車而出名，不過以他的性格，騎單輪車無法滿足他。他要大腦與小腦同時精通此事才行，於是構思出一套單輪車騎乘理論。他想知道能夠騎乘的單輪車，最小可以做到什麼尺寸。為了找出答案，他做了許多輛單輪車，一輛比一輛小。最小的只有四十六公分高，沒人有辦法騎。他還做了一輛輪子不平衡的單輪車來增加挑戰性。夏農滿意的說，自己的絕活就是一邊騎著單輪車穿越貝爾實驗室的走道，一邊拋接球。

夏農出生於一九一六年四月三十日。他在密西根州的佩托斯基市（Petoskey），蓋洛德（Gaylord）附近一座只有三千居民、靠近密西根州最北部的小鎮長大，那是個小到只要穿過幾條馬路，就能走到鎮外的小鎮。夏農的父親與他同名，也叫克勞德．夏農（Claude Elwood Shannon），他做過四處跋涉的推銷員、家具經銷商，在成為遺囑查驗法官前擔任過禮儀師。他涉足房地產，在蓋洛德大街上建造由辦公大樓組成的「夏農區」。一九〇九年，老夏農與鎮上高中的校長，沃芙（Mabel Wolf）結婚。夏農法官五十四歲時，兒子出生。他老來得子，盡責地買建築拼裝玩具與無線電成套工具給兒子。

這個家族的血液中流淌著發明的基因。愛迪生是他們的遠房親戚。務農的祖父也是發明家，設計過一部自動洗衣機。從小到大，夏農用雙手製作出許多東西，幾乎欲罷不能。

小夏農有個計畫是做出電報機，傳訊息給童年玩伴。這個朋友的家距離約八百公尺遠，但他買不起這麼長的電線。某天他發現用來標示產權界線的圍欄是用鐵絲製成的。

他把電報機連接在每根鐵絲圍欄的末端。這個方法可行。這種遇到複雜問題時，能夠清楚洞察並得出簡要明確解決方式的能力，造就了夏農這一生的與眾不同。

夏農小時候靠著替西聯匯款跑腿傳訊賺錢。一九三六年，他在密西根大學完成理學學士學位，不過對於自己接下來想做什麼沒什麼概念。有天他碰巧看到牆上的廣告，ＭＩＴ徵求人員維護新購進的電腦，即微分分析儀。夏農前去應徵這份工作。

他與這台機器的設計者凡納爾・布希（Vannevar Bush）見面。布希是ＭＩＴ工程系的系主任，戴著眼鏡，菸斗幾乎從不離手。布希向歷任校長宣揚科技發展的錦繡前程，他最愛的名言錦句是：「這會發生得比我們想像中更早。」

布希的微分分析儀是當時最有名的電腦。大小和一個能容納兩輛汽車的車庫差不多。其電力驅動方式基本上是機械式的，像是由齒輪、馬達、驅動皮帶以及輪軸組合而成的迷宮。齒輪與輪軸的位置都代表著相應的數字。運算新問題的時候，要先手動將機械之間的連結拆開再重新連結。齒輪得要潤滑，比率也要調整至精確數值。這就是夏農的工作。要建立一個方程式需要辛勤工作數天，且機器要解出這個方程式得再花好幾天。運算結束時，機械會拖著一枝筆在固定於繪圖板上的紙上繪製出圖表。

夏農很清楚這台微分分析儀是由兩台機器所構成，是電子計算機所控制的機械式電腦。他經過思考，相信電路能比機械聯動裝置運算的更有效率。夏農設想出一台理想電腦，可以透過電路的狀態顯示數字，這樣就沒有零件需要潤滑，且大大減少故障的情況。

念大學時，夏農曾學過布林代數（Boolean algebra），這不是一般工程系學生會選修的課程。布林代數處理的是簡單的概念，像是真（TRUE）或假（FALSE），以及且（AND）、或（OR）、非（NOT）與若（IF）等邏輯關係。任何邏輯關係都有可能由上述元素組合而成。夏農給自己出了一道題目，要在一個電路中編譯上述的邏輯。而令他開心的是，他成功了。事實上，他證明了數位計算機能夠運算一切事物。

夏農隨即在一九三七年發表這個想法（他往後再也沒有如此迅速地發表任何論文），這篇論文被認為是史上最重要的碩士論文。布希對這篇論文的印象十分深刻，堅持要數學系收進夏農攻讀博士。這個決定的成果意義深遠，而且不「僅僅」影響電子工程這個領域。

布希那位機智活躍的同事諾伯特・維納（Norbert Weiner）同樣倍感震撼。（常有的狀況是：維納如果對某人不滿，有時會在他永遠不會發表的私人小說中，寫些貶損的諷刺內容。像布希就是小說中的惡人之一。）維納發現，夏農的數位計算機比布希的類比計算機更優秀。有這兩位知名科學家在背後支持，二十一歲的夏農開始在這個領域中嶄露頭角。

「夏農顯然是個天才，」布希於一九三九年寫道，然而他很替夏農擔心。克勞德「無疑是個非傳統的年輕人」，布希警告一名同僚：「他非常害羞且不善交際，過度謙遜，很容易迷失方向。」

布希相信夏農幾乎是個全方位天才，他的天賦讓他能夠朝任何領域發展。但布希擔心夏農無法管理好自己的職業生涯。諷刺的是，布希這一位船長之孫，本身就厭惡接受任何人的指引。

布希親自擔任夏農的導師。他替夏農的職業生涯做出的第一個（也是唯一）重大決定非常離奇——他建議夏農的博士論文以遺傳學為主題。

今日看來，這個決定並不是特別奇怪，因為大家都知道「DNA是資訊」，但當時可沒人這樣想。DNA的結構仍是個謎，更確切地說，夏農對遺傳學一竅不通。

夏農閱讀了一些相關資料，獨自研究，很快就寫出論文的粗略大綱。在夏農不知道的情況下，布希把論文大綱給一些遺傳學家看。所有人都同意這會成為遺傳學一大進展。

問題就這樣解決了。布希替夏農安排一個夏季研究員的職位，跟芭芭拉・伯克斯（Barbara Burks）一起進行研究。伯克斯管理位在長島冷泉港的優生學檔案局（Eugenics Record Office），那裡是逐漸凋零的優生學運動最後的據點之一。對夏農而言，此事的重要性在於這裡擁有最全面的遺傳紀錄。舉例來說，這個優生學組織多年來持續派遣研究人員至馬戲團訪問侏儒，並在這些表演者的名片背面繪製其家譜。優生學檔案局旨在記錄其特質的遺傳性，包括髮色、血友病、智力不足，或者是否喜愛海洋。

在冷泉港期間，夏農領悟到孟德爾遺傳學與愛因斯坦相對論（！）在數學上的連結，這項驚人的洞見成為他論文的基礎，標題為「理論遺傳學的代數學」。幾乎每個讀過這篇論文的人都認為內容無比優秀，不過很少人讀過。夏農拿到博士學位後就捨棄了遺傳學，像是揮棄壞習慣一般。儘管他和布希都有意發表，但他從未將此研究結果發表在期刊上。過了五到十年，其他遺傳學家才重新發現夏農這份最重要的研究結果。

一九三九年十月，夏農在MIT的派對上認識拉德克利夫學院（Radcliffe）的女學生，諾瑪．勒佛（Norma Levor）。勒佛回憶當時夏農是個「非常可愛的人」，他站在門口，像是故意疏遠其他人，而她為了吸引他的注意而朝他丟爆米花，於是兩人開始交談，且很快就開始約會。諾瑪當時十九歲，非常漂亮，出自紐約一個富有且高度同化的猶太家庭。當時拉德克利夫學院不允許女學生把男生帶到她們的宿舍，諾瑪與夏農就挑了一個大家猜不到的幽會地點，即微分分析儀實驗室。一九四〇年一月十日，夏農與諾瑪在波士頓一位地方治安法官的見證下成婚。他們驅車前往新罕布夏州度蜜月。夏農在旅館櫃台辦理入住時被告知：「你們這種人在這裡不會玩得太開心。」諾瑪回憶夏農擁有「耶穌般」的外貌，一定是因為這樣，才讓旅館老闆以為他是猶太人。所以他們開車去別的地方住。

夏農三月才寫信給布希，告訴他結婚的事。他說他們已經搬到劍橋的新家，但生活還沒穩定下來。夏農在這封信中，也提到他正在進行的新想法：一種更精良的鏡片設計法。「你覺得這個想法值得一試嗎？」夏農問布希。他也提到貝爾實驗室的桑頓．菲（Thornton Fay）提供他一個職位。「我不太確定這類工作是否吸引我，」夏農寫道：「在產業組織中，要進行某種類型的研究，必定會有某些限制。」

當時AT&T正在將大部分研究，從曼哈頓遷至紐澤西默里丘（Murray Hill）一處更廣闊的郊區據點。夏農整個夏天都在貝爾實驗室位於格林威治村的據點進行研究。諾瑪回憶這是他們短暫婚姻中最快樂的時光，她和夏農時常去爵士俱樂部。他們的下一步是前往普林斯頓高等研究院

（Institute for Advanced Study），那裡是愛因斯坦、哥德爾（Gödel）和馮諾曼（von Neumann）的研究據點。夏農開始在數學家與物理學家赫爾曼・外爾（Hermann Weyl）麾下進行為期一年的博士後研究，主題是拓撲學（topology）。

這項研究無疾而終。夏農突然離開去美國科學研究發展處與數學家瓦倫・韋弗（Warren Weaver）共事，協助軍方計算彈道軌跡。韋弗對他的研究表現讚譽有加，但接著這項研究也因為夏農的婚姻危機而中斷。

搬到普林斯頓後，諾瑪發現夏農出現了一些令人擔憂的變化，他的害羞惡化成為病態的自閉。這個機構的學者可以自行決定工作的時間與地點，而夏農選擇在家工作。「他之所以會這樣選，是因為他完全不想見到任何人。」諾瑪說道。她試著說服夏農求助精神科醫生，但他拒絕了。在某次激烈爭吵後，諾瑪跑到普林斯頓車站，搭火車前往曼哈頓，此後再也沒有回到夏農身邊或普林斯頓。

夏農受到嚴重打擊。韋弗寫信給布希，提到「有一段時間，他看起來似乎在精神和情緒上都崩潰了」。

正當夏農面臨個人危機，菲再次提供他一份貝爾實驗室的工作，這次夏農接受了，再一次把他全方位的天賦運用在截然不同的領域。

X計畫

此計畫被稱為「X計畫」，直到一九七六年才解密，是貝爾實驗室與英國位於北倫敦布萊切利園（Bletchley Park）政府密碼學校（Government Code and Cipher School）的合作計畫。它在科學上的脈絡，可與曼哈頓計畫相匹敵，其英美合作團隊的成員不只有夏農，還有艾倫・圖靈（Alan Turing）。他們建立了一個稱之為SIGSALY的系統——這並非縮寫，而純粹是為了讓德軍發現時感到不解的隨機字串。

這是史上第一部數位加密無線電話。每個終端機都是一個房間大小、五十五噸的電腦，且為每個使用者設立一個獨立隔間以及一台空調系統，預防整組真空管融化。這是一種讓同盟國領導者能夠公開交談，確保敵人無法竊聽的方式。同盟國在五角大廈為羅斯福裝設一具，也在塞爾福里奇百貨公司的地下室替邱吉爾裝設了一具，還替位在北非的陸軍元帥蒙哥馬利（Montgomery），以及位於關島的麥克阿瑟將軍各裝了一具。

SIGSALY使用唯一無法破解的密碼系統，叫做「一次性密碼本」（one-time pad）。在每一次的加密中，用來加密與解碼的「密鑰」是隨機形成。傳統上，這種密鑰包含一組寫在密碼簿上的隨機字母或數字。因此加密的訊息是隨機的，不會包含能被破解的密碼電文加密模式。一次性密碼本的缺點，是這份密鑰必須派送情報員交給每個使用者，而這在戰時並不容易。

SIGSALY編碼的是聲音而非文字訊息。其密鑰是一張寫入隨機「白噪音」的LP唱片。把這個噪音「加進」羅斯福的聲音，便會產生難以解讀的雜訊。要把羅斯福說的話復原的唯一方法，就是從同一張LP唱片中「除去」相同的密鑰噪音。在壓製好所需的密鑰唱片後，母片就會被銷燬，而剩下的密鑰唱片則由信得過的情報員送至每一個SIGSALY接收端。至關重要的一點，播放機必須以完全相同的速度同步播放。只要有其中一台速度稍慢，放出來的聲音就會變成噪音。

艾倫．圖靈破解過德國的「恩尼格瑪」密碼機，讓盟軍得以竊聽德軍指揮官的訊息，SIGSALY的功用就是確保德軍無法如法炮製。夏農一部份的工作，就是證明沒有密鑰的話誰都無法破解這個系統。如果沒有數學上的保證，盟軍指揮官無法自在地暢所欲言。該系統也首次將夏農的另外幾個想法付諸實現，包括關於脈衝編碼調變（pulse code modulation）的概念。AT&T在戰後將夏農的許多點子申請專利並商業化。

夏農後來表示，思考如何用亂數噪音隱藏訊息，激發了他對於資訊理論的一些看法。「加密系統幾乎等同於嘈雜的通訊系統。」他宣稱這兩個研究主題「十分接近，無法分割」。

一九四三年，圖靈拜訪貝爾實驗室紐約分部。圖靈與夏農每天都在實驗室的餐廳聊天。夏農告知圖靈自己正在研究測量資訊的方法，他使用了一種稱為位元（bit）的單位。夏農把這個單位名歸功於貝爾實驗室的另一位數學家約翰．圖基（John Tukey）。

圖基的位元是二進位元（binary digit）的簡稱。夏農賦予這個概念稍微不同的詮釋。按照夏農的定義，位元是分辨兩個類似結果所需的資訊量。

圖靈告訴夏農，他想到一個名叫「班」（ban）的單位，表示讓「猜測接近事實」的可能性增加十倍的證據量。英國的解碼員在破解德國「恩尼格瑪」密碼時，半開玩笑地使用這個術語。「班」這個名字有部分原因是來自於城鎮班伯立（Banbury），因為解碼團隊使用的便條紙即在此生產。

但最後改變世界的不是班，而是位元。一九四八年是關鍵。戰後夏農仍然在貝爾實驗室工作，某天他在其他研究員的桌上看到一個奇怪的東西，於是開口詢問。

「那是一個固態放大器。」威廉・夏克萊[1]告訴他。這是史上第一個電晶體。夏克萊當時告訴夏農，這個放大器能做到任何真空管能做到的事。

它很小。夏農了解到這個新裝置是透過不同物質的接觸來運作。只要把不同物質按照期望接觸，想要做成多小都可以。

電晶體是能讓夏農許多理論實際運用的硬體。這件事發生在一九四七年底或一九四八年初，就在貝爾實驗室六月三十日推出電晶體前——夏農同時發表了資訊理論的經典論文。

這篇論文還有一個小插曲。夏農於一九四八年在《貝爾系統技術期刊》（*Bell System Technical Journal*）發表《通訊的數學理論》（*A Mathematical Theory of Communication*）這篇文章，當時他三十二歲，但其中大部分研究工作早在幾年前（約一九三九至四三年）就完成了。夏農只跟少數幾個人提過研究內容。他進行研究時習慣關上辦公室的門。

貝爾實驗室的人漸漸了解夏農的研究內容。大家對他構思出如此重要的結果，卻不讓別人知道感到無比震驚。許多朋友幾乎是以干預科學的態度，鼓勵夏農發表這項理論。夏農回想一九四八年撰寫這篇論文的過程，只覺得無比痛苦。他堅持自己發現這項理論純粹出於好奇，而非渴望提升科技發展或自身事業。

一九四八年也是夏農個人生活的轉折點。夏農時常去約翰・皮爾斯（John Pierce）的辦公室跟他聊天。皮爾斯的研究項目是雷達，且是個公認的狂熱科幻小說迷。在多次的拜訪過程中，夏農遇到皮爾斯的助理瑪莉・摩爾（Mary Elizabeth Moore），她的暱稱是「貝蒂」，負責在數學小組的電腦室用舊式桌上型電腦進行運算。貝蒂個性開朗，擁有鉚丁女工❷般的手藝。她能在實驗室的機械工作間操作鑽床跟車床。她深具吸引力，是實驗室中唯三的女性員工之一。（「其中一位已經結婚，另一位超過五十歲。」貝蒂回憶道。）她和夏農於一九四八年十二月第一次約會，並在隔年三月二十七日結婚。

一九五六年春季學期，夏農開始在ＭＩＴ授課。原本只是兼職，不過至少有一位在貝爾實驗室任職的朋友——約翰・萊爾頓（John Riordan）——知道他在那裡教課其實是有進一步的打算。這

❶威廉・夏克萊（William Shockley）為美國物理學家，電晶體的發明人之一，曾獲諾貝爾物理獎。
❷知名宣傳海報《我們能做到！》（*We Can Do It!*）中的女性人物。

讓夏農有空撰寫那本大家期待已久的資訊理論著作。

「我在ＭＩＴ度過了一段非常開心的時光，」夏農寫信給他在貝爾實驗室的老闆亨德里克・波德（Hendrik Bode）時提到：「研討班的課程十分順利，不過工作量繁重。我原本希望帶領一個約八到十人的那種愜意的小組，但第一天就來了四十個學生，包括一些ＭＩＴ的教職員，還有一些來自哈佛大學……。」

在ＭＩＴ只待了幾個月，夏農寫信給波德，說要辭掉他在貝爾實驗室的職位。他已經接受ＭＩＴ提供的教授職。他發現自己和貝蒂都喜歡劍橋這種富含智慧與文化的生活，且距離充滿人情味的紐澤西郊區非常近。「外國訪客通常會在貝爾實驗室待一天，但會在ＭＩＴ待上半年，」夏農這樣向波德解釋：「這為真正的思想交流提供了機會。綜觀所有優缺點，對我而言，在貝爾實驗室的生活與校園生活大致上看似沒有什麼不同，但待了十五年，我自覺已經有些過時、缺乏生產力，環境與同事的改變或許能給我更多刺激。」

夏農與ＭＩＴ接洽，希望能得到一份固定工作而非兼職。薪水不是問題。貝爾實驗室提供了「誘人」的加薪條件，但夏農拒絕了（他與貝爾實驗室的主雇關係持續到一九七二年結束）。他最初在ＭＩＴ的年薪是一萬七千美元。

夏農十分享受ＭＩＴ在有限條件下帶給他的刺激。他獨自完成最好的研究作品。但他或許低估了一件事：一位活生生的傳奇人物，在一所大型城市大學會面臨各種事物分散注意力。於是夏農「開始從眾人的視線中消失，」法諾回憶道：「他簡直像人間蒸發。」

夏農只指導少數幾個博士生。學生為了得到他的建議，通常得去他家找他。學生威廉・蘇德蘭（William Sutherland）回憶當時情況，他不只一次在夏農練習雙簧管時走進去。「他想睡的時候才會去睡。」貝蒂說，而且他會坐在廚房的桌前花好幾個小時思考。

夏農身為科學家的出版生涯即將結束。他從未完成那本他自己說要寫的書。國會圖書館裡所收藏的夏農論文，或許只有幾張手寫草稿與這項計畫有關。

人工智慧先驅明斯基認為，夏農之所以停止資訊理論的研究，是因為他覺得自己已經將所有值得證明之處證明完了。夏農早期研究那種全面的完美性是無可超越的。法諾也提到一個不尋常的現象。無論哪個資訊理論學家與夏農聊到某個現存的問題時，幾乎無一例外，夏農不是早就意識到這個問題，就是已經將這個問題解決了，只是沒有發表而已。

「我只是培養了不同的興趣，」夏農提及為何幾乎放棄一手開創的研究領域：「隨著生命的推移，你會不斷改變方向。」

這些興趣之中，有一項是人工智慧。一九五六年，夏農在達特茅斯學院（Dartmouth）組織召開這個主題首次大型的學術研討會。夏農的貢獻與聲望讓這個領域廣受注目。夏農建造出來的某些設備，包括早期的弈棋機以及被稱為「智勝機」的機器，在機器學習史初期都占有重要地位。夏農是個有力的倡導者，其眼界足以看到在他有生之年無法實現、但可能且能夠在未來付諸實現的神奇事物。他擁有一種能四兩撥千斤、避開那些愚蠢問題的天賦：

問：你認為機器人能夠複雜到跟人類當朋友嗎？

答：我認為可以。不過還有很長的一段路要走。

問：你能夠想像由機器人來擔任美國總統嗎？

答：有可能。我認為到時候你就不叫那個地方美國了。可能會是一個全然不同的體制。

許多世界知名科學家的信件、論文與電話湧入夏農的辦公室，想請夏農幫忙檢閱論文或是貢獻一篇，或者邀他演說、提出意見或推薦。夏農拒絕的比率越來越高。隨著名號漸漸響亮，他開始收到一些小學生來信請他擬定科學計畫，還有一些對於科學、電腦或電話公司有複雜妄想的怪人來信。（「親愛的先生，」有封信這樣寫道：「你研發的機器人貝爾（Bel），是《聖經》（但以理書十四章）裡的偶像，也是個機械怪物……你任由你的機器人蒙蔽你，會使美國總統與FBI中出現叛國者。我已經警告過紐約市的紐約電話公司要控告他們，如果你還不覺醒，我也會告你。」）

當CIA與其他機構遇到密碼相關問題時，仍會不時請教夏農，但每次只會收到十分有禮貌的回覆，說夏農已經退休了。「會聯繫您並不是偶然，」一九八三年CIA的麥卡倫（Philip H. McCallum）寫道：「我們亟需一位又見地的優秀思想家，冒著讓您覺得我們在奉承的風險，我們卻發現您仍是我們心目中的最佳人選。……雖然我們理解您並不缺這筆錢，但我們仍會支付您一筆費用。」

沒有構思出完美的回覆內容前，夏農不會回信。既然得花一段時間構思完美的回信，夏農便將這些信件隨機排列後，放進一個個檔案夾中。他會在這些檔案夾上用標籤注明，像是「擱置已久未回覆的信件」。這些信件和夏農的論文現在一起整齊地裝在盒子內，存放於國會圖書館，其中有許多仍在等待回覆。

夏農宣布提前非正式退休時，年紀才四開頭。在這之後，夏農成為ＭＩＴ的巴托比❸，只做自己私人死信的辦公室職員，最典型的回覆就是——「請容我拒絕」。

伊曼紐爾．基梅爾

雖然都住在美國，但伊曼紐爾．基梅爾（Emmanuel Kimmel）與夏農的境遇截然不同。基梅爾大概在一八九八年出生，就連他兒子都搞不清楚是哪一年。未經證實的傳言說，綽號「曼尼」（Manny）的基梅爾幼時在船上被綁架後，就再也沒見過父母。他在亞洲跳船，並在一艘牲口船上找到工作，負責把熱騰騰的糞便鏟進熱帶海洋。後來基梅爾不知道用什麼方法回到美國。他在紐華克市（Newark）猶太人區的王子街（Prince Street）度過了青春期末期，並在那裡和德．藍格（Der

❸梅爾維爾筆下的人物，一名華爾街的抄寫員。

Langer）成為好友。

藍格綽號「高個兒」，身高一百八十八公分。他在基梅爾與大部分東歐移民面前，如同天神般高大，這個社區的人幾乎將他視為神一般的存在。成群的愛爾蘭小孩偶爾會在王子街上騷擾商家，翻倒手推車，還會偷猶太人的圓頂小帽當成戰利品。每當發生這種事情時，大家都會去找藍格。藍格和他那夥人會在幾分鐘內出現在現場，痛毆那群愛爾蘭小孩。

藍格成年後搬到更大的商圈，那裡的人不太會說流利的意第緒語。他把兒時的綽號簡化成隆吉（Longy），現在他叫做隆吉·茨威爾曼。

根據所見的美國現狀，茨威爾曼總結出兩種真正能夠賺錢的方法。一個是搞政治，另一個就是賭博，而他決定投身賭博界。基梅爾則追隨他的腳步。

他們從事的生意是數字彩券，或稱搖彩（policy racket），是在國家樂透彩出現之前最盛行的非法賭博形式。顧客用零錢在一組三位數號碼下注而每天會開出一個三位數字。押中正確數字的幸運投注者，能拿回投注金額六百倍的獎金。茨威爾曼的公司能從每一千美元的投注金中抽取四百美元的利潤。

當時，每天的開獎號碼都是由數字操作機自行開出——或多或少是隨機的。茨威爾曼的合夥人史塔契（Stacher），外號「醫生」（Doc），他觀察到數字的隨機性越低，這個事業越有利可圖。一九一九年，在史塔契的建議下，茨威爾曼制定新的開獎程序。在收集當天所有的下注後，他的人馬就會先確定哪個數字押注額最低，就是最後的開獎號碼。

如此一來，獲利輕而易舉，難的是應付敵對的幫派以及法律問題，不過茨威爾曼被認為是處理這兩件事的高手。有個名叫里歐．卡普勒斯（Leo Kaplus）的小混混開始干擾茨威爾曼手下那些兜售彩券的人，被警告後，卡普勒斯說自己會踢爆茨威爾曼的蛋蛋，給他一點教訓。

茨威爾曼堅持要親自處理這件受辱之事。他跟蹤卡普勒斯到了紐華克一間酒吧，朝對方的睪丸開了一槍。

卡普勒斯馬上被送到貝斯以色列醫院（Beth Israel Hospital）的急診室，外科醫師將他體內的子彈取出。接著茨威爾曼一名手下在醫院現身，要求取回子彈。醫師將子彈奉上。這個小弟確實需要這顆子彈，因為這是唯一能證明茨威爾曼與這起槍擊案相關聯的證據。

美國國會一九二〇年頒布了《沃爾斯泰德法》（Volstead Act），禁止販售酒類，這提供了茨威爾曼與基梅爾一個比賣彩券更賺錢的事業。茨威爾曼轉而販售私酒，基梅爾則把自己在紐華克的車庫提供給茨威爾曼存放違禁品。根據估算，禁酒令期間，茨威爾曼的團隊從加拿大進口的酒總量，占全美國總量的四〇％。茨威爾曼在接下來十年間，透過這項交易賺進至少兩千萬美元，而且沒有支付稅金。

靠著販售私酒賺進的財富，讓茨威爾曼贏得了「紐澤西卡彭」的稱號，這個稱號一定讓他耿耿於懷。茨威爾曼雖然殘暴，卻擁有卡彭所沒有的一面。茨威爾曼在藝術、書籍與歌劇方面是個行家。他穿著素雅，只開美國製的克萊斯勒與別克轎車，而且都不是最新款的。

八卦專欄的讀者都知道包養女星珍．哈露（Jean Harlow）的乾爹就是茨威爾曼。根據報導，茨威爾曼借了五十萬美元給哥倫比亞電影公司（Columbia Pictures）的哈利・柯恩（Harry Cohn），或者說是賄賂，以確保當時還沒有名氣的哈露能簽下兩部電影合約。哈露在電影《國民公敵》（*Public Enemy*）中扮演黑幫大老的情婦。茨威爾曼對這位人生短暫、一頭淡金色秀髮的女子寵愛備至。在她的葬禮上，當珍妮特・麥克唐納（Jeanette MacDonald）與納爾遜・艾迪（Nelson Eddy）高唱《噢，甜蜜的生命之謎》（*Oh, Sweet Mystery of Life*）時，茨威爾曼悲痛無比。

基梅爾也從茨威爾曼身上學到了一些生意經。他發現中產與勞工階級之間，汽車變得越來越普及。在紐華克，公寓或連棟房屋的住戶都沒有車庫，也沒有空間可以多加個車位。基梅爾於是投資車庫與停車場。

據說，基梅爾曾經參與高風險的雙骰子遊戲，他的對手把錢輸光了，所以把名下的停車場拿來抵押。那傢伙顯然沒骰到想要的點數，因為基梅爾最後得到了這個位於紐華克金尼街（Kinney Street）的停車場。隨著時間流逝，基梅爾陸續取得其他停車場，並發現這些停車場能夠完美掩護賭博活動。

賭博是基梅爾的本業，也是興趣。他開始經營投注站，這種現金事業需要謹慎管理資金。有時候基梅爾需要馬上拿到一筆錢支付賭金時，會用停車場抵押貸款。他是出了名的有主見，只要他覺得有勝算，無論任何時間、任何東西他都敢下注。基梅爾說他自學微積分、三角學與機率理論，但也可能只是吹噓。他利用腦海中的生活經驗和自學知識，快速分析賭博賠率，他還會牢牢記住哪些賭局絕對贏不了。他最愛的賭法之一，就是賭在場所有人中有沒有兩個人是同一天生日。基梅爾賭局的受害者會接受一賠一的賠率。基梅爾知道，只要在場超過二十二人，他就擁有優勢。

基梅爾的優勢並不總是嚴守數學法則，也不總是嚴守道德規則。他會在餐桌上放兩顆方糖，賭蒼蠅會先停在哪一顆。訣竅是在其中一顆方糖上滴一滴DDT，然後賭蒼蠅會停在另一顆方糖上。

長期以來，曼哈頓與布魯克林的非法賭場都是由義大利黑手黨所把持。他們把賄賂紐約警察的費用當成營業支出。一九二〇年代晚期，紐約市嚴厲掃蕩賭博，這時賄賂顯然不再有用，於是這些義大利佬考慮要把賭場搬到哈德遜河對岸的紐澤西。

紐澤西的幫派分子莫萊蒂建議這群義大利人跟茨威爾曼合作。莫萊蒂深諳茨威爾曼對紐澤西政客的掌控力非常有價值，於是替茨威爾曼和包括盧西安諾與喬・阿多尼斯（Joe Adonis）在內的一夥人牽線會面。他們同意在紐澤西合夥經營連鎖賭場。

這項計畫需要接送賭客往返紐約與賭場。為此，阿多尼斯開始經營豪華轎車接送服務。紐約的接送點是一個人潮來去都不會注意到的地點：基梅爾位於百老匯與五十一街交界處的停車場。

茨威爾曼預期禁酒令不會持續太久。他相信像他這種生意人需要準備除了私酒商以外的計畫，因而提出要成立一個類似於美國製造業者協會（National Association of Manufacturers）的貿易組織。他們將劃分好地盤，停止內鬥，然後計畫下一步行動。

最後，茨威爾曼在大西洋城組織一個全國罪犯大會，於一九二九年五月十四日召開，地點在浪花酒店（Breakers），這個地方眾所周知只租給白人盎格魯—撒克遜新教徒。訂房時所有人都使用適合的假名。卡彭、杜奇・舒爾茲（Dutch Schultz）等所有主要幫派首腦都現身了。浪花酒店的工作人員在這些惡名昭彰的罪犯登記入住時認出他們，於是宣布飯店已經客滿。這些黑幫大佬只好租了豪華廂型車前往附近的麗池酒店。

這次大會標誌了聯合會的開始——媒體有時候會稱之為「謀殺公司」（Murder, Inc.）。聯合會仿效美國企業的架構成立了董事會。權力最大的人物是「六大老」（Big Six），包括紐澤西的茨威爾曼、紐約的盧西安諾、邁爾・蘭斯基（Meyer Lansky）、卡斯特羅與阿多尼斯，以及西岸的西格爾。

在這次大西洋城大會中，茨威爾曼表示要採取合法化路線。組織犯罪需要多角化經營，將獲利投資在合法生意上。這是因應禁酒令結束的避險方式，也能讓黑幫大老們在面對控訴時比較站得住腳，報稅時也能有一些合法收入以茲證明。

在此之前，黑幫的金流早已注入小型的合法事業。一九三〇年的投資報告指出，這些用不法手段獲取錢財的人，已經掌控紐約市超過五十種產業與消費品，包括毛皮加工、洗衣店、販賣猶太潔食雞肉、裁縫業、營造業、葬儀社、停車場、迷你高爾夫球場、朝鮮薊與葡萄等農產品。一旦這些不法人士掌控了特定產業，就能抬高售價。這是一種沒有競爭對手的資本主義行為。

茨威爾曼本身擁有（或說掌控）兩家鋼鐵廠、數間小型電影製作公司、紐華克的GMC貨卡經銷權、哈德遜與曼哈頓鐵路公司（這間公司後來被港口事務管理局收購，並更名為紐新捷運），以及一些涉及香菸販賣機、點唱機以及大樓洗衣機的公司。茨威爾曼是西格爾的火鶴旅館以及其他拉斯維加斯賭場的大股東，也有投資曼哈頓的荷蘭雪梨酒店（Sherry Netherlands hotel），以及像是邁阿密海灘與薩拉托加等地的豪華非法賭場。他還偷偷設置吃角子老虎機，很受小朋友們歡迎，茨威爾曼的嘍囉們得替這些小鬼準備小板凳，好讓他們能搆得到機台的手把。據說，茨威爾曼也有安納伯格那間通用新聞社的股份，但或許他最特殊的投資是另一種截然不同的有線服務，即專門將歌劇與動聽的音樂傳送至富有訂戶的家中。而當這間公司將其服務推廣至店家、辦公室與電梯後，業績才開始高漲。一九五四年芝加哥犯罪委員會認定米尤扎克音樂公司（Muzak Corporation）是由惡名昭彰的茨威爾曼所掌控，但茨威爾曼說自己不過是其中一個股東。

禁酒令施行期間，有人在麻州布洛克頓（Brockton）外海劫持一艘運送翰格威士忌（Haig & Haig）的船隻。這批威士忌是喬瑟夫・甘迺迪（Joseph Kennedy）所擁有。甘迺迪的第一桶金是透過內線交易賺來的，第二桶金則是販賣私酒，他相信只有一個人有能力犯下這起搶案——即競爭對手茨威爾曼。

根據茨威爾曼某個合夥人的說法，甘迺迪說「總有一天會處理茨威爾曼」，但茨威爾曼到死為止，都發誓不清楚這批威士忌的下落。

在茨威爾曼這個自戀者的邏輯中，他後來會跟美國政府有一連串衝突，都是因為這件陳年恩怨所致。甘迺迪支持兒子從政，其中一個兒子羅伯特（Robert）是參議員的小助理，負責協助凱弗維爾參議員的聽證會。茨威爾曼告訴朋友們，這傢伙是來替那個老頭算舊帳的。

這次的參議員聽證會只是開端。凱弗維爾之後的執法行動，對茨威爾曼的彩券、猜牌遊戲、賭場與吃角子老虎機都有影響。一九五二年六月十日，國稅局發函給茨威爾曼、卡斯特羅、阿多尼斯與已故的莫萊蒂，表示正在調查他們的所得稅。茨威爾曼一直都很聰明，知道要申報名下比較合法的收入。即使如此，聯邦檢察官格羅弗・瑞奇曼（Grover Richman）還是對茨威爾曼與其家人名下近一百萬美元的財產提出欠稅留置權。瑞奇曼試圖凍結茨威爾曼的資產，從而讓他無法繼續做生意，同時國稅局立案也起訴他。茨威爾曼的律師們抱怨，政府在審理之前就先懲罰他們的客戶。

一九五四年，阿多尼斯因為詐欺而受審。阿多尼斯不是本名。他覺得自己外表出眾，不該用平凡的真名約瑟夫・多托（Joseph Doto）。裁定後，阿多尼斯覺得自己外表出眾所以不該入獄，於是選擇被驅逐回到義大利，讓茨威爾曼黑幫在紐約又少了一個有力盟友。

幾年後，他們又失去了卡斯特羅。這件事會發生，部分原因是一件侮辱舊案。聯合會某次會議中，卡斯特羅提出一份他想拉攏進組織的罪犯名單，其中大部分是猶太人。吉諾維斯抱怨卡斯特羅想拉進一批「猶太仔」。

這話被茨威爾曼和蘭斯基聽到了。吉諾維斯是盧西安諾的手下，而讓手下閉嘴本該是老闆的事，但卡斯特羅開口了：「放輕鬆，維多哥（Don Vitone），」根據報導他是這麼說的：「你忘了自己也是個他媽的外國佬。」他的意思是吉諾維斯來自那不勒斯（Naples），而非西西里。其實「維多哥」這個稱呼也是種侮辱。吉諾維斯只是幫盧西安諾拿外套的跟班，並不是什麼大哥。

吉諾維斯一直耿耿於懷，並在一九五七年雇人刺殺卡斯特羅。五月二日，一個肥胖的槍手從一輛並排停車的凱迪拉克下車，在七十二街與中央公園西側交界（卡斯特羅那雄偉壯麗的別墅前）伏擊。「賞你的！」槍手扣板機時這樣說。

卡斯特羅中槍，但沒當場送命。他明白這個暗示，所以決定提早退休。討厭猶太人的吉諾維斯，他的權力因為此事更加鞏固。

這起槍擊案發生之後，卡斯特羅到羅斯福醫院請醫生處理頭部的輕傷，同時警方翻找他身上攜帶的個人物品，並在他西裝口袋發現了一張手寫紙條，上面寫著「截至一九五七年四月二十七日，賭場獲利總額」。賭場指的是拉斯維加斯的熱帶花園飯店（Tropicana Hotel）但飯店的賭場執照應該發給合法商人，而不該與組織犯罪集團有任何關聯。卡斯特羅告訴警方，他不知道這張紙條怎麼會在口袋裡。

一九五六年，茨威爾曼因稅務問題接受審訊，國稅局探員對他的支出做了詳盡分析。探員們提出資料，證明茨威爾曼花的錢比他申報的收入多了不少。

茨威爾曼的律師解釋，他是靠以前走私賺的錢過生活，而現在那筆錢已經過了追訴時效。

陪審團陷入僵局，茨威爾曼也因此獲得自由。不過在一九五九年一月，ＦＢＩ的竊聽器錄到茨威爾曼賄賂兩名陪審團成員的對話。探員逮捕了兩名行賄者，ＦＢＩ局長約翰・胡佛（J. Edgar Hoover）親自宣布這個消息。顯然檢察官會重審茨威爾曼的逃稅案。

一九五九年二月二十六日凌晨兩點之後，茨威爾曼在紐澤西比佛利路（Beverly Road）五十號那棟有二十房的豪宅中，下床離開熟睡的妻子，走到地下室，用一條塑膠電線上吊自殺。警方在睡袍中發現二十一顆鎮定劑，並在旁邊的桌上找到一罐剩下一半的肯塔基波本威士忌。

無可避免的，茨威爾曼被謀殺的傳言四起，兇手把現場布置得像是自殺，但他友人的證詞推翻了這個說法——茨威爾曼這些日子以來十分沮喪，從而導致了死亡。茨威爾曼與美國社會之間那種特殊的共生關係就此崩壞。

茨威爾曼的死，讓基梅爾得以掌控他旗下眾多事業。其中有合法也有非法，有些是基梅爾所擁有，有些顯然是兩人共同持有，又或是與其他身分不明的人士共同持有。基梅爾想拿這筆錢賭一把，這將是他人生中最大的一場豪賭。

而一切，就在股市。

愛德華・索普

愛德華・索普（Edward Oakley Thorp）的朋友形容他是「最一絲不苟的人」，其錙銖必較的個性在童年時便已顯現。諷刺的是，據說數學天賦與幼時較晚學會說話有關。索普於一九三二年八月十四日在芝加哥出生，快三歲才會說話。當時索普一家正在逛蒙哥馬利沃德百貨（Montgomery Ward），有一群人從電梯走出來，某個人問道：「那個某某人去哪了？」

「喔，他去買襯衫了。」索普回答。從那時開始，他幾乎跟大人一樣對答如流。說出第一句話的六個月後，索普就知道怎麼數數到一百萬。他還可以閱讀，且擁有近似於圖像記憶的能力。五歲時，索普挑戰背出英國國王與女王的名字。「埃格伯特（Egbert），西元八〇二年至八三九年，」他開始背誦：「埃塞伍爾夫（Ethelwulf），西元八三九年至八五七年；埃塞巴德（Ethelbald），西元八五七年至八六〇年……」他背誦時幾乎毫無停頓或錯誤：「維多利亞女皇（Queen Victoria），我知道她何時即位，但我不知道她何時退位。」索普是從狄更斯的《狄更斯講英國史》（*A Child's History of England*）一書中學到這些知識的，而狄更斯不可能知道維多利亞女皇於一九〇一年過世❹。

索普的父親原是陸軍軍官，在美國經濟大蕭條時期退伍，改擔任銀行警衛。他持續讓聰穎的

❹狄更斯於一八七〇年過世。

兒子學習數學與閱讀初級讀物，他告訴索普（和他自己）：「在美國，教育是成功的關鍵。」

由於成長過程的窮困，索普將他的智慧運用在如何賺錢。他跟雜貨店老闆打賭，自己心算客人消費總金額的速度，比老闆用計算機算還要快，而最後他贏了一支冰淇淋甜筒。他會用五分錢買進一包酷愛（Kool-aid）飲料粉，加水做成飲料後，以一杯一分錢的價格賣給在炎熱天氣下工作的公共事業振興署（WPA）工人。一包粉可以做成六杯飲料，因此他可以從每一包賺進一分錢。有個表哥帶索普去一間加油站，黑幫在廁所放了一台非法的吃角子老虎機。索普找到一種搖動手把的方式，讓機器在不該吐錢的時候吐出錢來。

當索普全家搬到洛杉磯的戰時國防用品工廠工作之後，他的人生也就此改變。因為雙親都要工作，索普和弟弟詹姆斯（James）成了鑰匙兒童。索普會去公立圖書館做智力測驗，得分通常在一百七十到兩百分之間。由於沒有父母監督，他迷上了把東西炸毀這件事。索普曾用大鐵鎚敲擊自製硝化纖維素（nitrocellulose）在人行道炸出一個大洞，還自製土製炸彈，在帕洛斯佛迪（Palos Verde）的山崖炸出許多坑洞，並製造用火藥作為動力的「火箭車」。他藉由混合氨水與碘結晶，製作出碘化銨（ammonium iodide）這種極不穩定的爆炸物。他把這種爆炸物塗在半球形金屬碗底部，接著把碗放在地上，等到炸藥乾燥後就會活化，只要一隻蒼蠅停在碗上，其重量就會觸發一起小型爆炸。

一九五五年春天，索普成為加州大學洛杉磯分校（UCLA）的物理系研究生，每個月的生活費只有一百美元。為了維持生活，他住在羅賓森廳（Robinson Hall）由學生經營的合作社裡。羅賓森廳是一九三〇年代由建築師諾伊特拉（Richard Neutra）所設計，俗稱「玻璃屋」，每個月房租是五十美元，加上每週工作四小時。

時間就是金錢，索普每個星期花五十至六十小時上課與學習。為了掌握如何更快速學習的竅門，他閱讀心理學相關書籍。書中建議他時不時要休息一下，念一小時書，就要休息十分鐘，吃點東西或走動一下。索普遵照這項建議，在某個週日下午參加了學院的茶會。

陽光透過紐察設計的玻璃板照射進來，話題轉變為如何輕鬆賺錢。有人提到輪盤賭，這群人一致同意賭博系統毫無價值可言，而物理學是大家討論的重點。輪盤真的完美到無法預測球可能會落在哪個數字嗎？

眾人的看法分成兩派。有些人覺得世上沒有所謂的完美，更別說完美的隨機，因此每具輪盤必定都會有細微的物理缺陷，導致其傾向某些數字。也許可以確定這些數字並下注。

另外一派則是反駁，正是因為這個原因，才會設計出輪盤特定的規格。

索普提出了一個最具原創性的論點，他說兩種狀況下都能賺到錢。如果輪盤的物理學設計無比完美，只要有簡單的物理學知識，就能預測球最後會停在哪個數字。而如果設計有缺陷，那有些號碼應該會比較常出現。

索普自行做了一些調查，他發現賭場在莊家丟出白球幾秒後仍繼續接受下注，因為球還會滾動一段時間才停下。只要莊家停止接受下注，賭場也就停止賺錢了。

索普想打造一部能預測中獎號碼的攜帶型電子裝置，其運算速度必須夠快，能在球投出後允許下注的幾秒鐘內完成預測。他草擬了一份精心策畫的拉斯維加斯逆襲行動。計畫中，一個隨行人員會站在輪盤旁，操作這部預測裝置。這部裝置會用無線電將預測結果傳給同桌的另一個人。此人坐在視野不好的位置，不用看到輪盤全貌，但他無須在意輪盤的情況，只要隨意在最後一秒鐘下注即可。

其中一人要時不時起身轉往別張賭桌——因為現場會有多組同黨，一半的人身上配備著預測裝置，另一半則負責下注。這些人可以隨機替換。

索普買了一具便宜的輪盤，把碼錶放在旁邊，並把操作過程錄下來。在一格一格檢視影片後，索普得出結論，由於玩具輪盤太不穩定，無法準確預測。

一九五八年聖誕假期期間，索普和妻子薇薇安・辛妮塔（Vivian Sinetar）薇薇安前往拉斯維加斯旅遊。薇薇安身材苗條，主修英語，她的父母曾質疑這位物理博士生的賺錢能力，畢竟依照索普的過去，他的節流比開源更厲害。索普告訴薇薇安，拉斯維加斯是個便宜度假的好去處。

他想見識賭場輪盤是如何運作的。出發之前，他的朋友給他看一篇出自《美國統計學會會刊》（*Journal of the American Statistical Association*）的文章，內容是分析二十一點撲克牌。

直到電腦時代來臨之前，精準計算二十一點與其他卡牌遊戲的機率仍是不切實際的想法。一副撲克牌有五十二張牌，可能的排列組合是天文數字。二十一點不像俄羅斯輪盤，玩家必須做決定，因此勝率取決於所採取的策略。一九五八年時，沒人知道最佳策略為何，賭場也只是從過往經驗知道這個賭局利潤很高。

這篇期刊文章是數學家羅傑・鮑德溫（Roger Baldwin）與美國陸軍阿伯丁試驗場（Aberdeen Proving Ground）的三名助理共同完成，他們用陸軍的「電腦」分析二十一點，當時電腦這個詞仍是指加法機或是處理人工作業的計算機。為了設計出二十一點的最佳策略，鮑德溫的團隊花了將近三年的時間在電腦前細細琢磨。他們的結論是，當玩家使用他們的最佳策略，賭場的優勢只剩下〇・六二％❺。索普稍作計算，他可以賭一整天，下注一千次，每次一美元，而且平均「成本」才不過六美元。

相對來說，〇・六二％的賭場優勢對賭客來說算是很好了。美式輪盤賭的賭場優勢通常是五・二六％；吃角子老虎機則是一〇％至二〇％。過去關於二十一點機率的文章，都宣稱賭場優勢為二％或三％。沒人真正了解這個遊戲，而鮑德溫團隊的策略，與「表現不錯」的二十一點玩家慣常使用的直覺判斷截然不同。

從未玩過二十一點的索普想嘗試鮑德溫的策略，於是把那篇文章列出的策略表抄在一張小卡片上。到了拉斯維加斯，他換了十枚銀色籌碼，坐到二十一點的牌桌前。

當時拉斯維加斯人認為二十一點（也就是黑傑克）是女人的遊戲，目的是讓那些太太們在男

---

❺代表每下注一百美元，賭場預期獲利為〇・六二美元。

人玩擲骰子時有事可做。這個遊戲節奏很快，索普得時時確認手中的卡片來決定下一步。莊家和其他賭客都想知道他從掌心看什麼，以及為何他打得這麼慢。當他告訴大家他在做什麼，大家都覺得很好笑。

索普的那堆銀色籌碼越來越少，但嘲笑他的那些人輸得更快。半小時後，索普離桌，身上只剩下一塊半美元。

接下來幾個月，這次經驗一直縈繞在索普的腦海。他發現一種改良這個策略的方法，這個方法取決於一個事實：手牌會拿到哪一張牌的機率並非完全獨立。

舉例來說，第一輪出現三張Ａ。拿到Ａ對玩家有利。如果剩下的牌還夠，莊家會把這一手玩完的牌棄置一旁，不會重新洗牌，用剩下的牌繼續發牌。既然剛剛已經出現過三張Ａ，就知道接下來這一手最多只會出現一張Ａ。你可以利用這個資訊來調整策略或是下注金額。

鮑德溫的小組研究沒考量到這一點，而假定每一手牌拿到任何一張牌的機率都剛好是五十二分之一。

索普越來越相信自己能攻克二十一點，便把輪盤賭的事情擱置一旁。他寫信給鮑德溫，詢問是否能取得小組研究的原始計算內容。一九五九年春天，鮑德溫把滿滿一箱小組研究的筆記寄給索普。

同年，索普開始在ＭＩＴ擔任數學講師。六月時，他為了一項夏季研究計畫獨自前往麻州。索普在波士頓的新辦公室裡度過一個個潮溼的夜晚，一邊敲打著台式計算機，一邊拍打著無所不在的蚊子。他正在研究二十一點系統。幾個星期後，他的結論是這個問題太大了，無法用人工計算出答案。接著他發現，或許能用MIT的大型主機運算。那是一台 IBM 704 電腦，能夠編寫程式的真正電腦。暑假正好是這台電腦的空檔。

索普自學 FORTRAN 這種原始的程式語言，自行在這台電腦上寫程式。計算結果顯示，有五張牌比其他大小的牌更能帶給莊家最大優勢。對莊家有利就是對玩家不利。只要持續追蹤這五張牌出現的次數，玩家就能判斷剩下的牌是否對自己有利。

索普決定發表這個系統。他堅信會接受這篇文章最具聲望的期刊是《美國國家科學院院刊》（*The Proceedings of the National Academy of Sciences*），不過投稿者得具備國家科學院院士身分。

MIT只有一位國家科學院成員是數學家，就是著名的克勞德．夏農。於是索普打電話給夏農的祕書，想約他見面談談。

一九六〇年十一月某個涼爽的午後。索普走進辦公室，祕書提醒他夏農博士只有幾分鐘的空檔，而且不會花太多時間在沒有興趣的事情上。

意識到時間緊迫，索普把論文遞給夏農，並快速說明主要概念。夏農提出一些關鍵性問題，並對索普的回答感到十分滿意。夏農告訴索普他在這個主題做出重大的理論性突破，他主要不滿意的是論文標題。

索普的標題原為「二十一點賭局的致勝策略」。夏農認為這個標題很難讓國家科學院買單，應該更穩重些。

例如？索普問道。

夏農想了想，說：「二十一點的可靠策略。」

夏農提出一些編輯上的刪減建議。他告訴索普把修改版打好後寄一份給他，他會把論文寄給國家科學院。

「你目前還有研究其他的賭博嗎？」夏農問道。

索普猶豫了一下，接著告訴夏農關於輪盤賭的想法。夏農被吸引了，搞不好比對二十一點還有興趣，因為那要製作出一個裝置。他們聊了好幾個小時。結束會面時，索普已經在不經意間，引起其中一位二十世紀最聰明的人物對於另一個領域的興趣。索普與夏農說好要合作打造一具輪盤預測機。夏農說，最佳工作地點就是他家。

玩具室

「我們家非常亂，」貝蒂曾解釋：「因為我們對什麼事有興趣就會去做。」

夏農的家位於麻州溫徹斯特（Winchester），是棟三層樓的大房子，座落於神祕湖（Mystic Lakes）一側山坡的廣大空地。夏農家有三個小孩，羅伯特、安德魯與瑪格麗塔。他們的樂趣就是找藉口讓父親替他們做些小玩具。夏農曾打造一台「滑雪纜車」，讓全家減少往返住家與湖邊的時間。夏農還把一條繩索拉緊綁在離地幾公尺高的地方，讓他和孩子們玩些雜耍。在寧靜的夏季，偶爾可以看到夏農在墨綠色的湖面上散步，靠的是用塑膠泡材製成的超大「浮力鞋」。

倉庫裡堆著幾部滿是灰塵的單輪腳踏車，以及前輪大後輪小的老式自行車。再往裡頭是夏農的「玩具室」，那是一個堆滿古怪機器、地球儀、骨骼標本、樂器、雜耍裝備、織布機、棋組與紀念品的珍奇櫃。夏農家有五架鋼琴與三十幾種樂器，從短笛到蘇沙號應有盡有，還有一支能噴火的小號，以及一個火箭動力飛盤。

夏農花了許多時間在地下室的工作間裡發明新玩意兒。「裡頭有許多房間，」索普回憶道：「有些房間放著開放式架子。我估計夏農那些剩餘設備價值約十萬美元。就剩餘比率而言，這可不是小數目。裡面還擺著全套的各類開關——撥鈕開關、水銀開關等等。還有電容、電阻、小馬達。電子與機械類的東西他都喜歡，兩者兼具的東西最符合他的心意。」

貝蒂在婚後送給夏農的第一件禮物中，有一個是「全美國最大的建造模型組，要價五十美元，所有人都覺得我瘋了」。夏農堅稱這個模型組在測試科學想法時「極為實用」。在一九六〇年代初期，機器人學與人工智慧之間不像現今有明確劃分，當時沒有價格低廉的可編程電腦，也幾乎沒有配備顯示器。最早的人工智慧實驗，是透過可移動的線控機器完成，其中很多實驗都是由夏農負責。有一個實驗是「忒修斯」（Theseus），是一隻能夠穿越迷宮的機器老鼠。在當時那個電子微型化的石器時代，忒修斯不過就是個有輪子的金屬玩具，由放在迷宮底下的特殊電腦操控磁鐵改變方向。機器老鼠的銅製鬍鬚觸碰到迷宮的鋁製圍牆，就會改變路線。

夏農其中一部下棋機，是一隻有三根手指的機器手臂，能實際在棋盤上移動棋子，當機器手臂吃掉對方的棋子時，還會嘲諷幾句。夏農還建造出一台電腦，不用他自己發明的二進位編碼，而是以羅馬數字進行運算。

夏農的「終極機器」（Ultimate Machine），形狀尺寸跟雪茄盒差不多，前端有個撥鈕開關。當不知情的訪客受邀打開開關，接著盒頂會緩緩打開，一條機器手臂出現，它會伸手往下把開關撥回去，然後縮回盒子，盒頂再緩緩蓋上。

夏農喜愛的主題正是查爾斯・亞當斯[6]式的奇幻風格中，那種放在盒中的殘缺肢體。廚房裡有根機器手指，夏農只要在地下室拉一下電線，就可以讓手指彎曲，召喚貝蒂。

另一個裝置是簡易的丟硬幣伸縮金屬手臂，可自行設定拋擲硬幣的轉動圈數。這台機器也展現出夏農最愛的主題，即隨機的相對性。在美國文化中，拋硬幣是隨機事件的典型範例，例如美式足球超級盃會用拋硬幣決定開球方。而在另一個角度，拋硬幣並非隨機事件，而是物理學。一個事件只在沒人想要預測時才會是隨機——正如索普和夏農試圖要用輪盤機器證明的想法。

輪盤

從一九六〇年初至一九六一年六月，只要有空閒，索普和夏農就會一起投入這項計畫。夏農揮霍無度的花錢方式終於派上用場，由於需要一台專業的輪盤進行研究，於是他從賭城雷諾市（Reno）訂了一台翻修過的輪盤，附有一組象牙球，總共花了一千五百美元。

他們把輪盤架在一張老舊的、滿是灰塵的板岩撞球桌上，拍攝時使用閃光燈，還用指針每秒可轉一圈的特製高速時鐘，比索普之前的研究更準確地測量移動時間。

輪盤的內部零件（轉輪）會在外部零件（賭盤）靜止的情況下轉動。莊家把轉輪往一個方向轉，再把球朝反方向丟進賭盤。一開始球移動的速度非常快，離心力使其緊貼著幾乎垂直的賭盤側壁。隨著動力減弱，球會掉進賭盤傾斜的區域，就像在軌道上動力衰退的衛星，會以螺旋形軌跡落進中央。

賭盤包含「瞄準板」或稱之為「偏向器」，（通常）是整齊排列的八片鑽石形金屬片。沿螺旋軌跡移動的球擊中偏向器後，多半會被彈往不同方向。然而，球有一半機率會滑過偏向器之間的空隙，或在軌跡沒有太大改變的情況下跳過擋板。

接著球會繼續旋轉落入賭盤的內部，掉到轉輪上。由於轉輪與球的移動方向相反，摩擦力會

---

❻查爾斯．亞當斯（Charles Adams）是美國卡通漫畫家，知名的《阿達一族》即出自他手。

增加。球會更往內滑，最後落入號碼格。

美式輪盤有三十八個號碼格。相鄰號碼格之間的隔板叫做「琴格」（fret）。球在落入其中一個格子之前，通常會數次撞擊中琴格，球與琴格的相對速度非常快，就像在高速公路上對撞一樣。這時最難預測球的軌跡。

但他們並不需要精準預測結果，只要把球在輪盤上的最終落點縮減到一半，就能獲得極大優勢。

在一次實驗期間，索普發現他能夠大致猜出球的落點。那就像是一種超能力。他和夏農找出了原因，因為這台輪盤微微傾斜，使得球傾向落到較低的那一側。

想像將一台輪盤像時鐘一樣垂直掛在牆上，球將會落到最低的六點鐘位置，而你只需要預測哪一個號碼格會停在六點鐘位置就好。預測一個移動的物體，比預測兩個同時移動的物體要容易些，而輪盤的動態，也比輪盤中移動的小球更單純。

微微傾斜的輪盤，造成了更微妙的影響。夏農與索普把籌碼放在輪盤下，實驗不同傾斜角度的差異。他們的結論是，傾斜半個籌碼的厚度，會為他們帶來可觀的優勢。他們開玩笑說要在賭場的輪盤下塞一個籌碼。夏農建議塞入一片薄冰，融化之後證據就消失了。

他們打造出一個菸盒大小的裝置，內裝十二個電晶體，可以放在口袋裡。使用者需要估算兩個移動物體，也就是球和轉輪的初始位置與速度。要做到這件事，要用心算在賭盤上選定一個參考點。在轉輪通過參考點時，使用者要踩下藏在鞋子裡，用拇指操作的開關。當轉輪再度通過參考點時，他要再踩一次，這就是轉一整圈的時間。當球通過參考點時要踩第三下，第二次通過時再踩第四下，這就是球轉一整圈的時間。

透過這些數據，這部裝置能預測球最有可能落在輪盤上的哪個部分，準確度差不多是十個號碼格的範圍，但這對通知使用者「最有可能的號碼」沒什麼幫助。將輪盤想像成一個切成八片的披薩。夏農稱這些部位為八分儀區塊。這個裝置會用八種聲音區別這八個區塊，並透過隱藏式耳機傳達其預測結果。索普在心中用 Do Re Mi Fa So La Ti Do 八個音來表示各個區塊。電腦在運算時會播放聲音，最後一個停止的音就是使用者要投注的區塊。

每個區塊包含轉輪上相鄰的五個號碼（有些區塊交疊），例如其中一個區塊是00、1、13、36、24。但同一組區塊的數字在下注桌上並不相鄰。使用者得搶時間在五個混雜的號碼下注。只要下注對的號碼，是否下注所有數字就沒那麼重要了。

夏農與索普估計，有了這個八分儀系統與適度的傾斜，他們對莊家就擁有四四%的優勢。兩人都知道這計畫有多麼不堪一擊，只要賭場交代莊家，就能輕易拒絕在球拋出後進行押注。

因此這個計畫取決於能否保密。夏農告訴索普，分析顯示，在美國任兩個人都有可能透過大約三個共同親友搭上線。（他指的一定是一九五〇年代MIT政治科學家普爾〔Ithiel de Sola Pool〕的研究，而非今日更為人所知、由哈佛大學心理學家米爾格倫〔Stanley Milgram〕一九六七年發現的「六度分隔理論」❼。）夏農擔心這件事可能已經傳出去了，或許最初UCLA的小組討論就

❼該理論指出，一個人最多只要透過六個人，就能和全世界其他人取得連結。

已經洩漏出去了。在社交網路中，只要透過幾個人就能讓MIT科學家與拉斯維加斯賭場老闆搭上線。

賭徒末路

夏農還有另一層擔憂。即使在數學上有優勢，還是很可能輸錢。

職業賭徒一定得擁有優勢，而他們嘴上總離不開「現金管理」這個棘手且至關重要的問題，意即如何在已有優勢的下注機會中獲取最大收益。就算你是世界上最棒的撲克玩家、雙陸棋玩家或是老千，但如果無法控管好現金，最終還是會破產。一個可悲的事實是，幾乎所有賭徒到最後都會破產。

下頁是賭徒的財富走向圖。一開始有賭金X元。每次賭博無論贏輸，財富走向會產生變化。如果賭博是「公平」的，也就是賭徒並未擁有優勢，也沒人從賭注中抽取水錢——那麼財富的長期趨勢將會是水平線。用數學來說，就是「期望值」為零。這表示長期來看，賭徒差不多是損益兩平。

期望值是統計學虛擬出來的數值，例如二點五個小孩。實際上，賭徒的財富會出現劇烈變化。圖表上的鋸齒線顯示出一般賭徒財富的命運。此數據是根據一個簡單的假設，即賭徒每次都

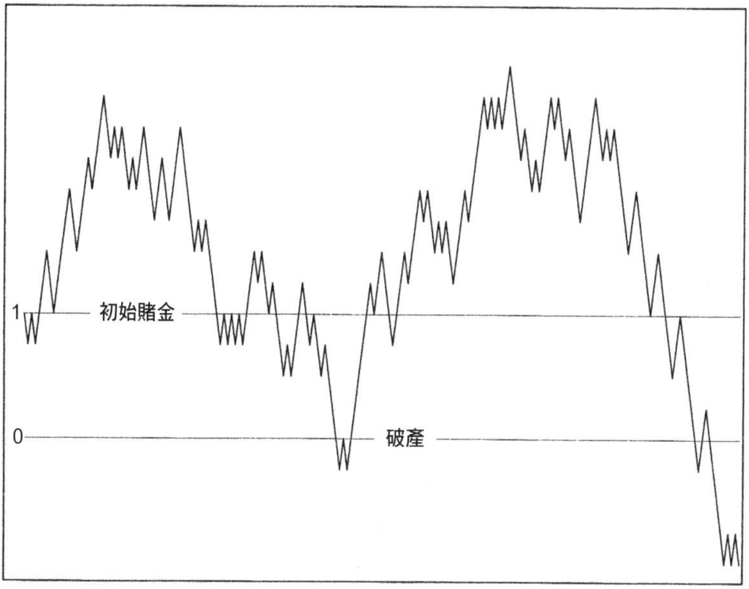

圖 1：賭徒資金變化

會下注相同金額。鋸齒線的波動沒有韻律或理由。數學家稱這個現象為「隨機漫步」（random walk）。

你可能會注意到的唯一趨勢，就是這條線上下擺動的幅度，都會隨著時間推進越來越大。這是可用數學證明的事實，且當圖表往右無限延伸時，擺動幅度會更加明顯。賭徒的富會越來越偏離初始資金的數字。如果賭徒能意識到這一點，就能長期走好運，若是無法，便會長時間走霉運。如果可以賭一輩子，財富曲線會遠離「初始資金線」無限倍。

不過請看：在這張圖表相對前期的位置，財富曲線觸及零（標示「破產」的那條線）。若發生在賭場，表示賭徒的錢花光了。他得離開賭場，輸家就該回家。

這也表示，破產右側的情形都沒有意

義了。假設初始賭金就是這名賭徒全部財產，或是他能用來賭博的總資金，這表示他永遠不能再賭了。

在賭場遊戲中，莊家通常都具有優勢。這意味著玩家一般會比較快破產。就算在玩家握有小小優勢的不尋常情況下，玩家還是有可能破產。

當上述情況發生時，賭徒的損失就是其他人（像是賭場、組頭和賽馬場）的獲利。「其他人」通常有更多錢。這也表示，賭徒在連勝之前——也就是「打敗莊家」前很有可能先破產了。賭博的淨效應就是把賭徒口袋裡的資金挖出來獻給莊家。你一定常聽說某個朋友在賭場小贏一把，然後又輸個精光的例子吧？

數學家替這種現象取了一個維多利亞風的古典名字：賭徒末路。賭徒們對於這種現象則是有好幾種說法，有「發生意外」以及「觸底」等等。過去幾個世紀，賭徒們構思出種種資金管理系統，想將走向末路的可能降至最低。

最簡單又萬無一失的系統就是不要賭博（小賭怡情或大賭身家都一樣）。如果你帶著一千美元去拉斯維加斯，並下定決心回來時至少要剩下五百美元，那就先把五百美元鎖在旅館保險箱裡，不要拿這些錢去賭。

但這不是大多數賭徒想聽的建議，也不是解決末路問題的根本之法。對於投入賭博的資金，仍然需要一套資金管理系統。畢竟把錢輸光相當容易。

最為人所熟知的投注系統是「馬丁格爾法」（martingale）或稱、「平賭法」或「加倍下注法」。這種系統是要賭客將下注金額持續加倍，直到贏為止。

一開始你可能會先用一美元進行等額押注，像是在輪盤賭中押「紅色」。如果贏了，很好，你獲得一美元的收益。如果輸了，下一次就在紅色上押注兩美元。這次贏了，就賺回兩倍，或說是四美元。注意，四美元比你之前投注的兩美元加上一美元的總額還要多一美元。

如果這次又輸了，下一輪就要押注四美元。這次贏了，你可以得到八美元，賺得一美元的收益（你總共已經押注七美元。）要是又輸了，下一輪就押注八美元……然後是十六美元……三十二美元……六十四美元……就算持續走霉運，總是會有結束的時候。到那時候，你保證能贏得一美元。就這樣不斷重複。

十八世紀的記者、賭徒兼流氓卡薩諾瓦（Casanova），曾在威尼斯人酒店賭場使用馬丁格爾法。他玩的是叫法羅牌戲（Faro）的紙牌遊戲，賠率為一賠一，莊家幾乎沒有任何優勢。卡薩諾瓦大多用他情婦的錢來賭，他叫這個富有年輕的修女為M—M—。「我一直使用馬丁格爾法，」卡薩諾瓦寫道：「不過運氣實在太差，我很快就輸得一枚金幣也不剩。由於我與M—M—共享財產，我有義務告訴她輸錢的事，在她的要求下，我把她所有的鑽石都賣掉了，然後我又把這些錢輸個精光；現在她身上只剩下五百枚金幣。」這件事擊碎了M—M—逃離修道院嫁給卡薩諾瓦的希望。這篇回憶錄剩下的部分表明，無論如何，他們的感情不太可能修成正果。

馬丁格爾法不但沒能預防賭徒的末路，反而加快了它的速度。持續賭輸的玩家很快就得一次押注一百二十八美元……兩百五十六美元……五百一十二美元……不是玩家把錢（或勇氣）花光，就是賭場在賭注變得太大時拒絕下注。這樣一來，使用馬丁格爾法的玩家就無法扳回這一連串的失利。

在西部拓荒時代，法羅牌戲的莊家時常往來聚會場所，用攜帶式賭具擺好賭局。各種跡象顯示，這些法羅牌戲的莊家大多會出老千。這種遊戲一直到內華達州讓賭博合法化初期都還存在著。對於那些自認為在莊家沒有優勢的情況下能夠玩得很好的玩家，這仍然具有吸引力。電影製作人卡爾・拉姆勒（Carl Laemmle）曾贊助希臘人尼克（Nick the Greek）在雷諾的賭場玩三個月的法羅牌戲。尼克輸光了一切。在雷諾經營賭場的老哈洛德・史密斯（Harold S. Smith, Sr.）（下文會提到此人）也曾講過某個加州女士的軼事。這個來自加州的女人迷上法羅牌戲，每個週末都能在雷諾見到她。令人驚奇的是，她能連續玩十二個小時。

這個女人乾脆不再往返住家和加州，真實生活全耗在牌桌上。她與丈夫離婚後搬到雷諾，全部時間都待在那兒。她把離婚拿到的五萬美元贍養費輸光後，在道格拉斯巷（Douglas Alley）賣淫以滿足她賭性。老哈洛德是這樣說的：

> 她稱不上漂亮，而當時雷諾那條路上聚集了許多價碼只要三美元的年輕漂亮妓女。結果這位女士只好降價求售，接受客人自行開價，甚至低到每次只收五十美分。五十美分是法羅牌戲最低的押注金額，如果贏了，也只能拿到五十美分。

隨機、無序與不確定性

夏農在一九三九年給布希的信中寫道：「我斷斷續續分析了包括電話、無線電、電視、電報等智慧傳輸等一般系統的某些基礎特性。」這封信描述了資訊理論的開端。正如夏農最終所理解到的，他的通訊理論與賭徒末路問題有著出乎意料的關連性。

在夏農之前，大多數工程師並未發現各種通訊媒體之間的關連性，因為適用於電視的並不適用於電報。通訊工程師透過反覆試驗，學習到每個媒體都有一些技術性限制——這有點像是中世紀的教堂建築師學習某些結構工程上的概念，他們透過不斷反覆試驗，理解哪些做法是行不通的。

夏農意識到這個領域應該做一波新的整合。他顯然是在布希尚未提出任何指導意見，且在進入貝爾實驗室之前，就已經想到了這個主題，畢竟這對A T & T具有明顯的經濟價值。

你的家中可能牽設了光纖纜線，傳送電視節目、音樂、網頁、語音對話與其他種種我們籠統稱之為「資訊」的所有內容。這條纜線就是「通訊管道」的一種範例，是一條為傳遞訊息而裝設的管線。就某方面而言，它就像是連到家裡的水管。管路或纜線都可以傳送大量內容，但也不能再多了。以水管為例，其容量就是水管口徑，而通訊管道的容量就稱之為頻寬。

流經水管的水是有限的，不只是因為水管容量，還有摩擦力。水與水管內壁接觸後會產生阻力與亂流，從而降低流量。通訊管道受到雜訊干擾也會擾亂訊號傳送。工程師發展出來的經驗法則之一，就是雜訊會降低資訊流量。如果雜訊太多，甚至可能完全無法傳輸資訊。

光纖電纜（或是任何通訊管道）與水管有一個極大的差異，那就是水無法壓縮，至少一般家庭的管路系統無法施加太多壓力。一加崙的水永遠會占據水管中一加崙的容量。就算想要用同一根水管傳輸更多水，也無法把一加崙擠壓成一品脫。但訊息就不同了，通常能輕易簡化或壓縮一段訊息，而不改變其意思。

第一條電報線是珍貴的物品。接線員去除不必要的文字、字母和標點符號，用最節省的方式使用十九世紀的頻寬。今日的手機使用者也會用精簡的方式傳送文字訊息或是改用一些俚語式暗號，反正接收者能搞懂訊息就夠了。

或許你可以把訊息比作柳橙汁。巴西柳橙生產者會把果汁熬成糖漿濃縮液，他們把濃縮液運送到美國，節省不少運送費用。在這段過程最後，美國消費者會加進大約（？）等同於生產者一開始使用的水量加以稀釋。有效率的傳送訊息也涉及壓縮與還原的程序。當然，訊息和柳橙汁一樣，問題在於過程中是否會失去某些微妙的細微差別。

編碼是壓縮訊息特別有效的一種方式。手機與網路連線會自動進行編碼，我們無須擔心。好的編碼方式能夠比縮寫更有效的壓縮訊息。

為了電報而發明的摩斯密碼相對來說是個不錯的選擇，最常用的字母E用最短的一點來表示，而Z這種不常用的字母則用比較長的密碼，由許多點和橫線來表示。這樣一來，使大多數訊息比早期使用的電報密碼簡潔許多。這項原則與其他許多巧妙的原則，都應用於現代壓縮數位照片、音訊與影像的編碼上。

壓縮方案的成功意味著訊息如同海綿——大部分是「空氣」，只有少量的「物質」。只要能保留物質，把空氣擠出去也可以。

夏農的前輩們試圖要處理的問題在於：訊息的「物質」是什麼，那個不能捨棄的精華部分是什麼？大多數人認為答案是意義。除了意義之外，可以把任何東西從訊息中捨棄。沒有意義，就沒有通訊。

夏農最激進的看法是，意義根本無關緊要。用數學家拉普拉斯（Laplace）的話來說，意義是種假設，但夏農並不需要。夏農對於資訊的概念與偶然性密切相關，這不只是因為雜訊會隨機干擾訊息。資訊只在傳送者說了一些接收者還不知道且無法預測的事情時才有意義。因為真正的資訊無法預測，是一系列隨機事件，如同輪盤的旋轉或骰子的滾動。

如果意義被排除在夏農的理論之外，那存在於每個訊息中那個無法壓縮的物質究竟是什麼？夏農的結論是，這個物質能用統計學術語來描述，只與構成訊息的符號流不可預測程度有關。

前陣子，有間電話公司推出一系列廣告，顯示手機雜訊造成的許多幽默誤會。一個農場主人打電話要訂兩百頭「oxen—閹牛」，由於通話品質太差，最後他收到兩百條「dachshund—臘腸狗」，根本沒辦法犁田；有個妻子打電話給正在工作的先生，要他帶「shampoo—洗髮精」回家，結果他買了一隻「Shamu—沙姆」❽，也就是一隻殺人鯨回家。

---

❽美國知名的表演殺人鯨。

無論我們是否有所察覺，這些廣告的幽默之處都是源自我們對於夏農想法的直覺理解。分析一下沙姆那個廣告裡發生了什麼事吧：一、妻子說「要帶洗髮精」。二、丈夫聽成「要帶沙姆」。三、丈夫說了再見，結束這次對話，然後在回家的路上買了一隻殺人鯨。只有第三個行為是可笑的。之所以可笑，是因為「要帶沙姆」是個發生率極低的訊息。實際對話中，我們總會嘗試猜透彼此的想法。我們對對話的發生地點、接下來的交談，以及哪些推論不合邏輯等認知，一直都不斷在更新。兩個人（個人與文化方面）越親近，對這種預測遊戲就越駕輕就熟，結婚多年的伴侶甚至能幫對方把話說完，青少年的死黨可以因為彼此一則只有三個字的訊息，而被逗得狂笑不止。

當你跟一個完全陌生的人或某個不了解你文化背景的人說話時，仰賴簡化是不明智的做法。當傳遞的是無法預測的訊息，就算是和另一半，用簡化也同樣行不通。

假設你想讓另一半帶殺人鯨回家，你不能只是說：「買隻殺人鯨回來！」你必須好好解釋緣由。訊息越是難以置信，就越無法「壓縮」，也因而需要越多頻寬。這就是夏農的論點：訊息的本質在於它的不可能性。

夏農不是第一個以這種方式定義資訊的人。他兩位最重要的前輩，都是在一九二〇年代任職於貝爾實驗室的科學家：分別是哈里．奈奎斯特（Harry Nyquist）與洛夫．哈特里（Ralph Hartley）。夏農大學時拜讀過哈特里的論文，並形容「這對我的人生有重大影響」。

夏農發展這些想法時，需要幫這些訊息中無法壓縮的物質取個名字。奈奎斯特曾用情報（intelligence）來表示，哈特里則是用資訊（information）。在早期著作中，夏農偏好奈奎斯特的用詞。軍方對於「情報」兩字的內涵，更適用於加密工作。但「情報」本身也暗指了意義，而夏農的理論與意義無關。

普林斯頓高等研究院的馮諾曼建議夏農使用「熵」這個詞。熵是物理學術語，廣泛地說，是在描述隨機性、無序性或是不確定性的一種量度。熵的概念源自於蒸汽機的研究。據了解，要想將熱能的所有隨機能量轉化成有用的功是不可能的。蒸汽機運行時需要有溫度差（熱蒸汽將活塞推向較冷的空氣），隨著時間進行，溫度差會漸漸消失，蒸汽機也就停止運作。物理學家描述這個現象是熵的增加。著名的「熱力學第二定律」表示，宇宙中的熵正在持續增加，最終事物會衰竭、分裂與消耗殆盡。

馮諾曼告訴夏農，使用「熵」這個名稱，絕對不會在爭論中落於下風——因為沒人真正了解「熵」是什麼。馮諾曼的建議不完全是隨口說說。物理學中熵的方程式，與夏農理論中資訊的方程式採用同樣形式。（都是衡量機率的對數。）

夏農接受了馮諾曼的建議。他同時使用「熵」這個詞，以及其代數符號H。後來夏農還把麻州的家命名為「熵屋」——所有看過內部情況的人都覺得這個名字相當貼切。

「我不喜歡『資訊理論』這個詞，」他在ＭＩＴ的好友法諾說：「夏農也不喜歡。」但「資訊」這個大家熟悉的字眼確實吸引人，也突顯了夏農的理論以及衡量訊息內容的方式。

蔚為風潮

夏農的成就遠遠超過他的前輩們。他提出的結果讓大家無比驚訝，當時眾人幾乎將此成果視為魔術，至今仍是如此。

其中一項發現，藉由「訊息編碼」實際上有可能利用通訊管道全部容量。這個發現令人訝異，因為沒有人能在實際操作時接近這個目標。傳統的密碼（摩斯密碼、美國資訊交換標準碼〔ASCII〕、簡明英語）都無法像這個理論描述的有效率。

這就好像把保齡球放進箱子一樣。無論怎麼安排保齡球的位置，都會發現箱子裡還有許多未使用到的空間，對吧？想像你把許多保齡球塞得很緊，完全沒有多餘空間——整個箱子裡全都是保齡球。用保齡球和箱子你是無法做到的，但夏農說通訊管道與訊息是辦得到的。

另一個意外的發現與雜訊有關。在夏農之前，人們認為使用更多頻寬，或許能夠將雜訊降至最低。舉個簡單的例子，為了以防萬一，你可能會傳送相同的訊息三次（要帶洗髮精—要帶洗髮精—要帶洗髮精。）也許其他人收到的訊息是要帶洗髮精—要帶沙姆—要帶洗髮精。藉由比對這三個版本，接收者能夠辨識並修正雜訊最多的錯誤訊息，缺點是這樣得用掉三倍頻寬。

夏農證明魚與熊掌可以兼得。無論管道的雜訊有多麼嚴重，將訊息編碼，使雜訊導致的錯誤如我們所願降到最低，這是有可能的，而且無須占據額外的頻寬。這一論點挑戰了世代以來工程師的認知。法諾評論道：

> 把錯誤率降到預期中的最低？沒人這樣想過。我不懂他怎麼會有這種想法，甚至他怎麼會相信這種事。然而，現今幾乎所有通訊工程都是以這項研究為基礎。

一開始很難想像夏農提出的結果可以付諸實行。在一九四〇年代，沒有人能想像有一天可以一邊逛超市，一邊拿著手機講電話。貝爾實驗室的皮爾斯對於這個理論的實用價值保持懷疑。皮爾斯建議，只要用更多頻寬、更多電力就行了，因為跟數位編碼所需的電腦動力相比，設置纜線的成本較低。

史普尼克衛星與美國太空計畫扭轉了這個觀念。把一顆電池送上太空就要耗費數百萬美元，因此衛星通訊必須充分利用稀少的電力與頻寬。數位編碼與積體電路這種一度為了NASA所研發的技術，現在便宜到連一般消費者都能使用。

若是沒有夏農的研究成果，我們現在生活的世界會截然不同。所有數位裝置都會受到電流驟增、靜電與宇宙射線所產生的雜訊影響。每次電腦開機，就要從硬碟讀取數百萬位元組的資訊，只要有幾個位元的亂碼，程式就會損毀且可能崩潰。夏農的理論顯示，有個方法可能忽略誤讀數據的機率，網路檔案分享這個利弊參半的做法，也出自於夏農之手。如果不是他啟發錯誤修正碼的概念，每次音樂與電影檔案在網路上傳輸或存至硬碟時，品質都會降低。二十一世紀初，有位專欄作家寫道：「沒有夏農，就沒有音樂分享平台先驅Napster。」

到了一九五〇年代，大眾媒體注意到夏農這些研究的重要性。《財星》（*Fortune*）雜誌宣稱資訊理論是人類「最值得驕傲與最珍貴的創造物之一，是能夠深切且迅速改變人們對世界觀感的偉大科學理論」。

「資訊理論」聽起來十分廣泛與開放。在一九五〇與六〇年代，這個詞時常被用在提倡電腦科學、人工智慧與機器人學（都是夏農十分著迷，但覺得與資訊理論涇渭分明的領域）上。思想家們直覺認為，一場立基於電腦、網路與大眾媒體的文化革命就要開始。

一九四九年重新印製夏農論文而出版的《通信的數學理論》一書，前言的開頭寫道：「通訊一詞將被廣泛運用，包括一個人可能影響另一個人的所有程序。當然，這不只涉及書寫與口說，還有音樂、圖像藝術、劇院、芭蕾舞，事實上就是所有人類行為。」這段話由夏農的前雇主韋弗所撰寫。韋弗的這段話體現出將資訊理論視為人文科學的看法——這或許有些誤導。

深受夏農影響的媒體理論學家馬修・麥克魯漢（Marshall McLuhan），在其《認識媒體》（*Understanding Media*）一書中發明了「資訊時代」一詞。雖然麥克魯漢的某些言論如同神諭般晦澀難懂，卻清楚明瞭的打造出這個簡練的新詞，捕捉到電子媒體（一九六〇年代仍使用類比技術）正在改變世界的趨勢。這個詞也比麥克魯漢所知，更明確的暗示夏農是這場革命的主要推手。

人們熱切的嘗試把資訊理論應用在語義學、語言學、心理學、經濟學、管理學、量子物理學、文學批評、園藝設計、音樂、視覺藝術，甚至是宗教上。（一九四九年，夏農與科幻小說家L・羅恩・賀伯特〔L. Ron Hubbard〕通信，很顯然是皮爾斯牽的線。這時賀伯特剛發表《戴尼提：現代心靈健康科學》〔*Dianetics*〕，夏農將他介紹給正在研究神經網路的科學家沃倫・麥卡洛克

〔Warren McCulloch〕。時至今日，賀伯特的山達基教派仍在其文獻與網站上引用夏農與其資訊理論的術語。賀伯特成名正是因為他遵照喬治・歐威爾〔George Orwell〕的格言——發財的方法就是創立一門宗教。）

夏農本人嘗試用資訊理論來分析詹姆斯・喬伊斯（James Joyce）的著作《芬尼根守靈》（*Finnegans Wake*）。貝蒂則與皮爾斯創作出第一批「電腦產生」的音樂。貝爾實驗室是一個跨學科研究的場所。旗下幾名科學家，尤其是比利・克魯維（Billy Kluver），都與紐約前衛藝術家如約翰・凱吉（John Cage）、羅伯特・勞森伯格（Robert Rauschenberg）、白南準（Nam June Paik）、安迪・沃荷（Andy Warhol）、大衛・都鐸（David Tudor）等人合作，上述其中幾位就在貝爾實驗室附近生活與工作，與曼哈頓西街的辦公室只有幾步之遙。這之中有許多藝術家多少都熟悉夏農的大名與其理論的重要概念。對於凱吉和勞森伯格這種正在探索將音樂與藝術極簡化的人而言，資訊理論顯然言之有物——即使沒有人能夠說得肯定。

夏農開始感覺到資訊理論已經被過度消費。在一九五六年的一篇社論中，他用平靜的口吻嘲弄資訊理論是種「時尚潮流」。那些並未深刻了解這個理論的人們，把它當成一個潮流象徵大肆利用，並誇大與其源頭天差地遠領域的相關性。像是維納與埃利亞斯等其他理論學家也開始對此一現象發表看法，埃利亞斯諷刺地寫道，是時候停止出版如「資訊理論、光合作用與宗教」這種標題的論文了。

對夏農、維納與埃利亞斯而言，與資訊理論相關的問題，定義比麥克魯漢更狹隘。資訊理論與通訊以外的任何領域有深度關聯性嗎？答案很顯然是「有」。這正是物理學家約翰·凱利（John Kelly）在《資訊理論與博弈》（*Information Theory and Gambling*）這一論文中所指出的。

約翰·凱利

一八九四年，德州科西卡納（Corsicana）市政府的高官正在鑿一口新井，但挖到的是石油而不是水。科西卡納因而成為最早的石油新興市鎮之一。這座市鎮一度相當有錢，能擁有一間讓義大利著名男高音卡魯索（Caruso）前來表演的歌劇院。隨後發生大蕭條，一切都改變了。油價暴跌至一桶十美分，這個區域的經濟也陷入混亂。該市鎮最能繼續堅持下去的產業一直以來都是郵購水果蛋糕。

約翰·凱利一九二三年十二月二十六日出生於科西卡納。他的母親莉莉安（Lillian）是老師，曾在國家教師退休計畫中擔任一職。至於與凱利同名的父親，除了他是一名註冊會計師之外，我找不到任何資料。凱利幾乎沒跟朋友聊過他的父親，或許他自己也沒印象。一九三〇年人口普查報告指出，當時六歲的約翰，和他母親、外婆與阿姨同住在一間月租金三十美元的公寓。

二次世界大戰期間，凱利到達法定年齡，在海軍航空部隊（Naval Air Force）當了四年的飛行員。接著他進入德州大學奧斯丁分校，埋首於乏味無趣的物理學，完成大學與碩士學位。他的碩士論文題目為《彈性波速度變化與沉積岩含水量之關係》（*Variation of Elastic Wave Velocity with Water Content in Sedimentary Rocks*），暗示其內容能應用在石油產業。凱利於一九五三年發表的博士論文題目為《不同物質的二階彈性性質調查》（*Investigation of second order elastic properties of various materials*），這篇論文的重要性讓凱利得到在貝爾實驗室工作的機會。

貝爾實驗室很大程度上因為夏農，成為世界上最富聲望的研究中心之一。AT&T的良性壟斷，為它提供支持大規模基礎研究的有利條件。據說貝爾實驗室就像是一所研究員不用教課的大學，而且實驗經費永遠充足。

凱利到貝爾實驗室默里丘分部任職時年僅三十歲。他長得非常英俊，不過有些人認為他看起來不太健康。臥蠶讓他看起來衰老、神祕又頹廢。凱利是個老菸槍且飲酒無度——「派對人生，其樂無窮。」他熱愛交際、嗓門洪亮且幽默風趣，喜歡鬆開領帶、脫掉鞋子工作。

他那拖長聲調的德州腔，讓他與貝爾實驗室的其他人顯得與眾不同。凱利也對槍枝很感興趣，他會蒐集槍枝，還是一間槍械俱樂部的成員。他最珍愛的是一把麥格農左輪手槍。他的另一項愛好是職業橄欖球賽與大學橄欖球賽。凱利在模擬板上打造電阻電路來模擬與預測橄欖球賽的比賽結果。球隊的勝敗紀錄會以特定的電阻值表示。

凱利與米爾德里德·帕勒姆（Mildred Parham）結婚。他們夫妻搭檔，在橋牌錦標賽上可說是所向披靡。他們有三個小孩，派翠西亞（Patricia）、凱倫（Karen）與大衛（David），住在紐澤西伯克利高地（Berkeley Heights）荷莉格倫南巷十七號的郊區住宅。

凱利在貝爾實驗室最好的朋友之一，是德州同鄉班・羅根（Ben Logan）。每天早上，凱利和羅根會一起煮咖啡喝，然後一起去羅根的辦公室。一進去，凱利馬上會把雙腳放到黑板的板擦溝上，然後點根菸抽。他揮手將菸灰彈向房間另一頭的垃圾桶。菸灰當然不會依凱利的指示落入垃圾桶，而是直接落在地上。抽完了一根，就要再點下一根。凱利會儀式般地在羅根辦公室的地板上，把每根菸屁股踩熄。

遇到難題時，凱利會將身子向後靠著椅背，把雙腳蹺在某個地方，抽一根菸，說些真知灼見的話。曼菲爾德・施羅德（Manfred Schroeder）和克魯維認為凱利是貝爾實驗室中，僅次於夏農最聰明的人。

直到夏農即將離開貝爾實驗室，才跟凱利變得比較熟。我偶然聽聞一件兩人的軼事。法諾記得大約在一九五六年時，他們兩人一同前往ＭＩＴ訪問。有天傍晚吃完飯後，他們路過學校的克雷斯吉禮堂（Kresge Auditorium）。這是由建築師沙利南（Eero Saarinen）所設計，一棟圓頂形的低矮建築，按照比例來看，它的屋頂比蛋殼還薄。有學生們覺得爬上圓頂的挑戰很吸引人。聽聞此事後，夏農和凱利也脫掉鞋子開始往圓頂爬。校警於是來逮人，法諾費了一番口舌，才得以讓這兩位「貝爾電話實驗室的貴客」脫身。

凱利的研究生涯涵蓋許多領域。起初他研究壓縮電視訊號的方法，也引領他接觸夏農的資訊理論這個新學科。凱利可能是靠著自學吸收這些知識的。

他還迷上了一項研究，後來證明只是時間、金錢與天賦的無底洞，那就是語音合成——教電腦說話。從一九三〇年代開始，貝爾實驗室的人就對這個想法很感興趣。但就像煉金術一般，研究人員始終認為只要幾年時間跟少許資金，就能出現重大且有利可圖的突破。但突破從未實現，至少在凱利短暫的人生中沒有。

目標起初不是讓電腦說話，而是節省頻寬。一九三〇年代，貝爾實驗室的荷馬．達德利（Homer Dudley）認為，電話通話可以壓縮成音標而非原始的聲音。在達德利的計畫中，這個系統能把說話者的語詞拆解成一連串的語音，並以編碼代替這些聲音傳送。線路另一端，電話會用與原始音調類似的語音重建這些語詞。這個系統就叫做「聲碼器」（vocoder），意即將聲音編碼。在一九三九年的世界博覽會，達德利在一個大型裝置藝術展覽館中展示這個系統。他的聲碼器能在一條過去只能傳送一次對話的線路上傳送二十次對話。缺點是還原後的聲音幾乎無法辨識。

貝爾實驗室不太願意放棄聲碼器的概念。直到一九六一年，貝蒂的前老闆皮爾斯半開玩笑地提議，要將聲碼器的概念擴展至電視或影像電話，他寫道：「試想聽筒旁有個像人臉的橡膠模型。」基本構想是美國每個家庭都有一個電子玩偶頭，有人打電話來時，玩偶頭會模仿來電者的容貌，你可以跟玩偶頭對話，因為玩偶頭會模擬對方的口氣與表情。

凱利研究的是一個更先進的想法，建立有規則的語音合成。一般人只要照著字典裡的音標，幾乎就能念出所有字。凱利嘗試編寫程式，讓電腦做出跟人一樣的表現。他用打孔卡片將拼音輸入電腦。就能運用這些拼音與一套規則，清楚唸出這些字。然而，凱利等人發現口語是一種模糊且有相互關係之物，字母或音節的發聲方式取決於內容。凱利試圖設定規則，找出能將語音以及聲調編碼的有效方法。

AT&T也在同一屆世界博覽會上發表了聲碼器，國家廣播公司（NBC）的沙諾夫將軍（General Sarnoff）做出了知名的誤導性預測：「高水準與第一流大師製作的電視劇，將會大大提升全國觀眾對於戲劇節目的品味。」安納伯格的兒子華特（Walter）把他的財富賭在這個新媒體上，創辦了《電視周刊》（*TV Guide*）。然而，對於帕迪．查耶夫斯基[9]這種編劇而言，總有許多商人想出各種新穎且革新的方式來濫用電視。戰後時期最新的誇張現象是「贈品秀」，節目主持人會隨機打電話給觀眾。這位幸運（？）的國民接到電話時得回答節目事先公布的通關密語，或是回答節目剛剛洩漏答案的問題，才能贏得獎品。

這種節目等同於賄賂觀眾，讓他們牢牢待在電視或廣播收音機前。一九四九年，聯邦通信委員會（FCC）曾在某段時間以守護大眾品味之姿，禁止贈品秀，其中的理由曖昧不明，說此類節目涉及非法賭博。聯邦通信委員會誓言任何播放贈品秀的電視台均不予以換照，從此之後這類節目便消聲匿跡。

美國三大電視網將這個案子告到最高法院。一九五四年最高法院裁定電視台勝訴，贈品秀是合法的。

這樣的裁決打開了防洪閘門。一九五五年六月七日，哥倫比亞廣播公司（CBS television）推出一個新的益智節目《六萬四千美元的問題》（*The $64,000 Question*）來回應此裁決。這個節目是以過去的廣播贈品秀《不要就拉倒》（*Take It or Leave It*）為基礎製作的。該節目製作人把最高法院的判決視為「能提供比過去所有節目更高獎金」的許可，而過去廣播節目的最大獎是六十四美元。

參賽者在節目中答對第一個問題可以贏得一美元。接下來每答對一題，獎金就會翻倍，五百一十二美元之後會直接跳到一千美元，好讓獎金保持整數，接著再繼續加倍，直到最高獎金六萬四千美元。最令參賽者掙扎之處在於，繼續回答下一個問題必須冒著失去一切的風險。不是獎金翻倍，就是空手而歸。

領先的參賽者會坐在「露華濃隔間」，以免聽到攝影棚內觀眾大聲的提示。製作人還會故意關掉隔間裡的空調，這樣一來，參賽者在特寫鏡頭上會看起來汗如雨下。這個益智節目轟動程度好比凱弗維爾聽證會，擁有八五%的收視率，導致接下來出現十幾個類似節目。

參賽者會變成名人，像是精通莎士比亞的史坦頓島警察歐韓龍（Redmond O'Hanlon），最了解參賽者心理的心理學家布爾斯（Joyce Brothers），精通歌劇的布朗克斯皮匠普拉托（Gino Prato）……有些觀眾會插花外賭哪個參賽者將勝出。《六萬四千美元的問題》在紐約製作，東岸是實況轉播，西岸則晚三個小時播出。有個西岸的賭徒透過電話事先得知優勝者，在已經知道是誰勝出的情況下，在節目於西岸播出前下注。

---

❾帕迪．查耶夫斯基（Paddy Chayevsky）被認為是美國電視黃金時代最具聲望的劇作家。

根據夏農一九五六年在MIT授課時的油印講義，正是這類關於詐欺的「新聞報導」，啟發了凱利設計出數學賭博系統的想法。我曾瀏覽過去的報紙與雜誌，試圖尋找關於《六萬四千美元的問題》或是這位無名西岸賭徒的資料，但運氣不是很好，我一無所獲，只找到關於近來的實境節目如《我要活下去》（*Survivor*）、《億萬未婚夫》（*The Bachelor*）以及《誰是接班人》（*The Apprentice*）等節目也使用同樣的詐騙手法的報導。這些節目都是在偏遠地區或封閉區域拍攝，參賽者與劇組人員直到節目播放前，都不可透露獲勝者是誰的相關細節。位於安提瓜（Antigua）的網路賭場 BetWWTS.com 開放下注猜這些節目的獲勝者。每次突然有大量賭注押某位參賽者時，賭場就會暫停投注，因為這表示有些人取得了內線消息。

無論是何種情況，凱利都能把《六萬四千美元的問題》這種節目的詐騙手法和與資訊理論有關的理論性問題連結在一起。夏農的理論源自於密碼學，只用在訊息編碼上。有些人在想，這個理論是否可以應用在與編碼無關的領域，而凱利就發現了一個。雖然他在另一個部門工作，而且當時跟夏農還不熟，他還是決定告訴夏農。

夏農鼓勵凱利發表概念。與夏農不同，凱利立刻付諸行動。

私人電報

凱利如此描述他的構想：一個「擁有線報的賭徒」能預先知道棒球或賽馬的結果。這些消息或許不是百分之百準確，但足以讓賭徒獲得優勢，因為他可以用未經內線調整的「公平」賠率下注。凱利想知道，賭徒應該如何利用這個資訊。

這可不像你以為的不用動腦。舉個極端的例子，貪心的賭客可能會根據內線消息，想把所有資金都押在一匹馬上。因為下注金額越高，能贏到的錢也越多。

這種策略的問題在於：消息未必準確，遲早有一匹被看好的馬會輸。總是將所有資金都拿去押注的賭客，會在線報第一次出錯時血本無歸。

反向操作也不好。膽小的賭客每次收到內線消息時都只會投注最低金額。這樣就算消息有誤也不會輸太多。但最低投注金額表示贏到的錢也最少。膽小的賭客浪費了線報帶給他的優勢。

賭客應該怎麼做呢？如何在不破產的情況下，讓線報發揮最大作用？

有些在賽馬場致富的幸運兒靠的是連續賭法（parlaying）。他們贏錢之後，再把贏得的錢部分或全部押在另一匹會贏的馬上，接著再押下一匹，以此類推，每押一次，他們的財富就會呈倍數成長。凱利的結論是，賭徒應該跟股票或債券投資人一樣，對「複合報酬率」有濃厚興趣。每次下注是否成功的標準，應該是報酬率而非金額，而最佳策略就是在不會破產的情況下，持續提供最高複合報酬率。

凱利接下來將夏農用在通訊管道雜訊理論的同一套數學，應用在貪婪卻謹慎的賭客身上。正如在某個管道的頻寬內傳送訊息能接近正確無誤，賭客以特定的最大比率累積財富而不會破產，也是有可能做到的。夏農理論中那魚與熊掌可以兼得的特性，同樣適用於賭博。

凱利分析「同注分彩」的賭博方式。在美國與許多亞洲的賽馬場，賠率是由賭客們造成的。賽馬場將某一場次比賽的所有「獲勝」投注加總起來，扣除賽馬場的費用與稅金，再把剩下的錢分給押對馬匹的賭客。

因此，報酬多寡取決於押注在獲勝馬匹的金額是多少。假設賽馬場沒有抽成，情況會最容易解釋。如果有六分之一的賭金都押在「聰明瓊斯」上，而聰明瓊斯贏了，那麼所有押注聰明瓊斯的人都將贏得六倍賭金。這樣的賠率，傳統表示方式為「聰明瓊斯五賠一」。表示如果押注十美元，可以獲利五十美元，外加原本的賭資十美元（總共拿回六十美元）。

凱利描述了一個有內線消息賭徒的下注方法，只有在賽馬場沒有抽成（根本沒有這種地方！）或是內線消息十分可靠時才有用。這個策略就是在一場賽事中投入所有資金，根據收到的消息，按照每匹馬的獲勝機率分配賭金。

按照這個系統，場上每匹馬都要投注。因為最後一定有一匹馬會獲勝，每場比賽也一定會有某一注贏錢，所以你永遠不會破產。

奇怪的是，這也是增加資金最快的方式。大多數人對此都難以置信，畢竟不可能押注輪盤上的每個數字還能致富。

那是因為輪盤賭的報酬率對莊家有利，與我們假想的不抽成賽馬場、賭客有內線消息的情況不同。望向賠率顯示板，上面公布的賠率反映出沒有內線的那些可憐蟲的想法總和。如果你按照公告賠率將所有賭金下注，你理當在每場比賽之後贏回賭金（再次提醒，是在賭場不抽成的狀況下）。假如「海餅乾」這匹馬的賠率是二賠一，代表大家相信牠有三分之一的勝場機會，那你就要把三分之一的資金押在海餅乾身上。海餅乾贏的話你就能拿回三倍賭資，或說是你原本的所有財產。無論勝率大小，用相同的策略下注在所有的馬身上。

而凱利的賭徒不用顧慮公告賠率。他會從私人電報得到一份更精確的馬匹勝率表，並能依此分配賭金。

以下是一個最明確的例子：私人電報表示「鬥士」穩贏，而過去經驗表明，電報的資訊總是正確的。你可以確定鬥士百分之百會贏，其他馬完全不可能獲勝。接著就是要思考怎麼分配資金了。把所有錢押在鬥士上，其他的馬都別押注。鬥士獲勝時，你將根據公告的賠率大贏一票。在擁有百分之百確定的內線消息時，這顯然是獲利的最好辦法。

凱利（與夏農）的系統更常用於處理不確定性。現實世界裡沒有能完全確定的事。這條線報可能會差錯，也可能刻意欺瞞——或者因為線路出現雜訊，你沒辦法保證聽到的消息內容完全正確。或者這條線報就跟天氣預報一樣只提供機率，又或者是你得自行解讀這條內線資訊的意義（例如「法爾萊普這匹馬沒吃早餐」）。

夏農的雜訊管道定理提出一個稱為「疑義度」（equivocation）的量，用來測量含糊度。在無法信賴來源的情況下（假設你選擇把這個來源視為通訊管道的一部分），疑義度取決於聽起來類似的字、錯別字、刻意含糊其詞的陳述、錯字、遁辭或謊言。疑義度描述了訊息錯誤的機率。夏農指出，先將疑義度從管道中扣除才能得到資訊率。

凱利的賭徒也必須考慮疑義度。他會根據自己手上最有可能的勝率評估情報下注。當你相信「戰爭元帥」有二四％的機會獲勝，就應該將總資本的二四％押注在戰爭元帥身上。這個方法後來被稱作「賭你的信念」。

長期來看，只要你對賠率的評估比一般大眾更加準確，「賭你的信念」就能為你帶來最大的複合報酬率。

或許你還是會納悶，為何不能只押最機會贏的那匹馬就好？答案很簡單，最有可能贏的馬可能不會贏。假設你有非常準確的線報，「北方舞者」獲勝的機率是九九％，那就把身上九九％的錢拿去押北方舞者，把剩下一％的資金留在口袋不動。

北方舞者有一％的機率無法獲勝。如果發生這種狀況，你就只剩下口袋裡那點錢了。你應該把剩下那一點錢分散押在其他所有馬上，達到更好的避險效果。這樣你一定能贏些錢回來，而且有可能是一大筆錢。在那些你覺得會輸掉的馬身上下注，實際上是份寶貴的「保單」。當極為少見的災難發生時，你會因為買了保險而感到慶幸。

「賭你的信念」有一種優雅的詩意。你扮演快樂的傻瓜，忽略賠率顯示板上的賠率，根據個人的信念對每一匹馬下注。沒有比這樣更簡單（不用思考）的事，沒有別的投資能比這樣有得更多報酬了。

腦袋不夠浪漫的人，會發現到「賭你的信念」實際到賽馬場卻一點用都沒有。美國賽馬場抽取的費用是總賭金的一四％至一九％，日本則是二五％，代表每一場比賽都投入所有資金的人，都要付他總資金的一四％至二五％給賽馬場。一定要有無比準確的內線消息才能克服這一點。

凱利又根據同樣的系統基礎，描繪出另一種且更實用的替代版本。我在描述此方程式時，會與凱利一九五六年的文章內容有些微不同。這個方程式比較好記，且能運用在各式各樣的賭博中。賭徒們現在稱其為「凱利方程式」（Kelly formula）。

凱利方程式表明，你應該在有利的賭注上投入下述比例的資金：

優勢（edge）╱賠率（odds）

「優勢」是你假設能一直以相同機率下注時，所期望的平均收益。這只是賭賽其中一部分，因為獲利永遠與你投注的金額有比例關係。

「賠率」意指公開的或賠率顯示板上的賠率，用以評估你賭贏之後的獲利。賠率可能是八賠一，代表賭贏了，能拿到賭注金額八倍的錢，再加上原本的賭注。

在凱利方程式中，賠率未必是計算機率的好方法。賠率由市場的力量決定，根據每個人對於獲勝機率的信念而來。這些信念可能是錯的。事實上，必須是錯的才行，這樣凱利的賭徒才能有優勢。凱利的賭徒收到的內線情報並不包含賠率。

例如：賠率顯示板上「祕書」的賠率是五賠一。賠率是一個分數（一分之五或整數五），而你需要的只有五這個數字。

電報傳來的消息令你相信祕書事實上有三分之一的獲勝機率，於是在祕書身上押注一百美元，而你將有三分之一機率贏得六百美元。平均下來，這個情報價值兩百美元，淨獲利為一百美元。優勢就是一百美元的利潤除以一百美元的賭資，也就是一。

根據凱利方程式，「優勢／賠率」為「1／5」。這代表你應該把五分之一的資金押在祕書身上。

有幾項觀察能幫助你理解。首先：**優勢在沒有內線的情況下是零或負數**。你沒有任何內線資訊，就無法得知其他人不知道的事。這時的優勢將會是零（假如賽馬場有抽成，優勢會變成負數）。根據凱利方程式，當優勢為零則「優勢／賠率」也是零，所以不要下注。

在一場人為操縱的賽馬比賽中，優勢會等同於賠率。你能從私人電報中得到最有幫助的資訊，即比賽受到操縱、某匹馬一定會贏。你能從一場受人為操縱的賽馬中賺到多少錢，要視賠率而定，如果必贏的那匹馬賠率很高，會比較有利。假設是三十賠一的話，一百元賭金能讓你獲利三千元。加上你確定這匹馬百分之百會贏，那「優勢」跟「賠率」會完全相同（三十）。凱利方程式就是 30/30 或是一〇〇%。儘管把所有錢都押下去吧。

除非你懷疑那些操作比賽的人不全然值得信賴，否則就押注吧。「疑義度」會降低你估計的「優勢」，也會降低你的賭金。

凱利有個如同 $E = mc^2$ 一樣美麗大膽的方程式，他指出：

$$G_{max} = R$$

G 代表賭徒財富的成長率，表示賭客「投資」的複合報酬率。下方的 max 代表我們在討論的是最大可能報酬率。

凱利認為這個最大報酬率等於 R，也就是夏農理論中的資訊傳輸率。最大報酬率等同於「內線資訊」的流量。

對於許多與愛因斯坦同時代的人而言，「$E = mc^2$」毫無意義。物質與能量是完全不同的概念。凱利的方程式也引發了類似疑惑。金錢等同於資訊？你怎麼會把位元與位元組和美元、日圓與歐元等同視之？

好的，首先貨幣單位不重要。G_{max} 描述的是報酬率，像是每年獲利百分比，或許多基準點（基準點就是年度報酬的〇．〇一%）。無論用哪種貨幣，七%報酬就是七%報酬。

R是每個時間單位內，以位元或位元組表示的資訊量，等式兩邊的時間單位必須相同。若是用年度百分比估算報酬率，就必須用年度位元數來估算資訊率。

今日，賽馬場的內線消息可能會透過手機或網路傳遞，這些相對高頻寬的管道可能會使用數千或數百萬位元，只為了表達「海餅乾一定會贏」。報信之人可能還會閒聊一下，占用更多頻寬。

顯然閒聊不會增加賭徒的潛在收益，而當同樣的資訊能夠以文字訊息或其他更精簡的方式用更少位元傳達，那也沒必要用語音來傳達。凱利方程式只設定透過特定頻寬獲得的利潤上限，而最大值只會發生在用最少位元發送勝利馬匹訊息時。請用更接近原始電報服務的方式來思考，像是傳訊者用打閃光或不打閃光這樣的密碼發送獲勝馬匹的名字。

標示出八匹賽馬中哪一匹獲勝最精簡的方法，就是使用三位元密碼。三位元的二進位數字一共有八個（000、001、010、011、100、101、110、111）。每個號碼各自代表一匹馬，你只需要三個位元就可以辨認出勝利的馬匹。

這個三位元的消息若是絕對可信，下注者就能把所有資金都押在這匹馬上。在一場大家判斷八匹參賽馬匹勝算相同，且沒有抽成的比賽中，在獲勝馬匹身上押注一元，就能獲得八元報酬。凱利的下注者每次收到三位元的資訊，他的財富都會增加八倍。請注意八等於二的三次方。三是指數，決定賭徒財富的增加速度，也等同於值得用多少位元數來接收這個內線。

在現實狀況中，內線消息不會總是正確，扣掉疑義度，每場比賽真正的資訊率會少於三位元。當消息不是完全可信，賭徒財富的最佳成長速度就會比較緩慢。

「$E=mc^2$」意味著少數物質就含有足以推動甚至摧毀整座城市的能量；「$G_{max}=R$」宣稱幾個位元就能生成遠超過任何投資組合經理人或放高利貸者夢寐以求的報酬。每年（或你自己選擇的時間單位）一個位元——諸如有人用一個字說明一場賠率為一賠一、有人操縱的職業拳擊賽結果，就能讓下注者拿到兩倍賭金。這樣的話，一個位元的報酬率是一〇〇%。

把「$G_{max}=R$」翻譯成華爾街的語言：一位元價值一萬個基準點。

負號

就最廣義的數學形式而言，凱利的賭博系統稱為「凱利準則」，能應用在任何形式的有利投注，以獲取最高報酬。實際上，最大的問題在於找出那些讓賭徒有優勢的罕見情況。凱利意識到有一種人人都能執行的有利投注形式：股票市場。一般來說，願意在股市「賭博」的人，平均報酬率通常高於選擇債券、儲蓄等風險較低投資的其他人。貝爾實驗室替凱利工作的伯利坎普記得，凱利說賭博與投資只差在一個負號。有利的投注被稱為「投資」，不利的投注則被視為「賭博」。

凱利一九五六年發表的論文中，有此方法能應用於投資的暗示。

雖然此處採用的模型是來自於現實生活中的賭博，卻也可能應用在某些特定經濟情境。此理論生效的基本要求，是將獲利再次投資的可能性，以及在不同項目中控制或改變投資、下注金額的能力。這個理論的「管道」可能與真實通訊管道，或投資人可取得的內線資訊總量相符。

「投資人可取得的內線資訊總量」的意思可能代表內線交易。夏農曾被問到何種「資訊」適用於股市。他說出了一個驚人的答案：「內線資訊」。

資訊上的優勢不一定違法。如果投資人能運用研究或電腦模型找出比市場其他股票更有價值的證券，那他就可以使用凱利系統。但不得不承認，凱利系統一直處於道德上的模糊地帶。凱利本人在描述系統時，採取道德上有瑕疵的例子（在賽馬比賽中動手腳、益智節目中的花招……），他的潛台詞是人們不會刻意提供凱利系統討論的有利機會。這個系統的使用者對於自己正在做的事要守口如瓶。如同蒸汽引擎在溫度差消失後就無法運作，而當私人資訊變成公開訊息時，凱利的賭徒就得收手。

凱利系統的故事是保密的故事──你也能稱其為熵的故事。

某些AT&T的高階主管發現凱利的文章有著不健康道德的論調。他已經把這篇文章投稿至《貝爾系統技術期刊》。這些高階主管對於《資訊理論與賭博》這個標題有些顧慮。他們怕媒體看了這個標題後，會認為貝爾實驗室正在進行有利於非法組頭的研究。這個問題對ＡＴ＆Ｔ來說相當敏感，因為當時組頭還是他們的大客戶。

凱利是個好員工，他把論文標題改成低調的《資訊率的新詮釋》（*A New Interpretation of Information Rate*），夏農幫忙審閱內容，最後以這個標題刊登在一九五六年七月號的期刊中。

凱利並未在文中提到電視益智節目。他還不知道有很多參賽者事先被告知相關知識或答案（該節目造假的醜聞到了一九五八年才爆發）。凱利選擇賽馬場電報服務作為隱喻，在後凱弗維爾時代就已經擁有足夠的話題性。這個例子還具有一個或許連凱利自己都沒有意識到的重要意義。

長期以來，胡佛局長一直否認全國犯罪聯合組織的存在。凱弗維爾聽證會也不過稍稍改變他的立場。胡佛傳記的作者們認為，這位ＦＢＩ頭頭認為聯合會各個山頭之間的聯繫太過緊密，無法將他們消滅，於是傾向不挑起一場打不贏的戰爭；強力的反共主義者胡佛對白手起家的黑幫分子懷有同情，把他們看成是美國資本體制的例證；也可能是蘭斯基或卡斯特羅持有胡佛跟男性友人的性愛照片，並藉此勒索他。

最有力的解釋（無須排除其他推論）是：每當有賽馬時，胡佛和搭檔托爾森（Clyde Tolson）就會離開辦公室。他們坐防彈汽車前往皮姆利科（Pimlico）、布伊（Bowie）、查爾斯頓（Charleston）或其他地區的賽馬場。攝影記者捕捉到胡佛在兩美元下注窗口的身影，而胡佛有一封制式信函，專門用來回應不滿他賭馬的憤怒群眾。信中寫道，他是為了不冒犯生意上的合作夥伴，才會捧場用最低金額小賭幾把。

ＦＢＩ探員蘇利文（William C. Sullivan）在《調查局：我在胡佛的ＦＢＩ走過的三十年》（*The Bureau: My Thirty Years in Hoover's FBI*）一書中指出，胡佛「要他底下的探員……替他到一百美元下注窗口押他真正想買的馬。如果他賭贏了，跑腿的之後幾天就能愉快地跟他一起工作」。

根據八卦專欄作家溫契爾（Walter Winchell）在ＦＢＩ的線人與員工的消息指出，胡佛從卡斯特羅那裡獲得內線消息。當幫派操縱比賽，顯然代表有接近一〇〇%的勝率時，卡斯特羅就會透過共同友人溫契爾，把獲勝馬匹的名字告訴胡佛。這些消息讓胡佛賺進一小筆財富，想必也讓他不願控告卡斯特羅與他的事業夥伴。

胡佛一九七二年過世後，卡斯特羅告訴某位司法部主管：「你不可能會知道我為了他拙劣的眼光，必須要安排多少場賽馬結果。」

第二章

賭神的籌碼

凱利系統表明，最大獲利的前提在於「優勢」——索普如何找到優勢、打敗二十一點莊家，並在各地掀起一陣腥風血雨？

珍珠項鍊

一九六一年一月，美國數學學會於華盛頓舉行冬季會議，索普在會上解說夏農那份提交給國家科學院的論文的改寫版。由於不是提交給國家科學院，索普將標題改為《財富方程式：二十一點的致勝策略》（*Fortune's Formula: A Winning Strategy for Blackjack*）。

這個標題吸引一名駐華盛頓美聯社記者的注意。索普後來接受即興訪問與拍攝，到了一月二十一日早晨，《波士頓環球報》（*Boston Globe*）與其他全國性報紙的頭版都出現一篇專題報導。

全國各地的賭徒打電話到索普下榻的旅館，希望索取這篇論文的影本。有些人想購買索普的二十一點系統，或請他私下授課，還有些人想要贊助索普上賭場藉此分得利潤。

他回到家後還是不斷收到這種訊息。薇薇安記錄這些留言，寫滿了一整本記事本，後來她實在受夠了而不再理會留言。電話鈴聲與家中不和諧產生的制約反應，也對索普的小女兒造成影響，只要電話響了她就會大哭。

索普在MIT與系上同仁共用六名祕書，他因為那篇二十一點論文而收到的信件，比其他數學系講師所有論文加總起來收到的回應還多。校方告訴索普，不允許祕書再繼續處理任何關於賭博的信件。他一共收到好幾千封。

索普找夏農討論這個狀況——索普想接受其中某項提案，到真正的賭場嘗試這套二十一點系統一定很有趣。夏農建議索普，不妨利用凱利方程式來決定押注的金額。索普讀過凱利一九五六年發表的那篇論文，馬上了解其相關性。其內容表明針對牌面的優劣可以決定投注金額。儘管凱利方程式理論上能防止破產，但夏農與索普都認為賭場還有許多變數。他們有了共識：索普得要確保出資人能承受把錢輸光的風險，因為有些出資人看來是沒有退路了。

索普認為，最佳提案即資金最高的提案。有兩名富有的紐約人願意聯合提供十萬美元，讓他去內華達州的賭場賭。索普撥打信中的電話號碼，要求跟伊曼紐爾．基梅爾通話。

一九六一年二月某個星期天，一輛深藍色凱迪拉克停在索普位於劍橋的公寓前。駕駛是名穿著貂皮大衣、年輕耀眼的金髮女人，她身旁是另一名穿著貂皮大衣的金髮美女。直到兩個女人都下了車，才看到還有一個人剛才坐在她們中間。他正是「曼尼」．基梅爾。

基梅爾年紀很大，身高大約一百六十五公分，看起來像個地精。他頂著一頭濃密白髮，皮膚白皙、臉色紅潤，身穿喀什米爾羊毛大衣。他介紹兩位金髮美女是他的姪女，聽起來不像是玩笑話。

嚴寒的天氣證明貂皮大衣和喀什米爾羊毛大衣有其必要。基梅爾抱怨紐約的那場雪，讓他損失了一百五十萬美元。問他原因，他解釋他名下六十四座停車場，因為大雪被迫停業兩天。

基梅爾說，我希望你有練習過。索普說自己有練過。基梅爾拿出一副牌，開始發牌給索普。

二十一點的勝利條件是拿到一手不超過二十一點的牌，且總點數比莊家多。超過二十一點就算輸。

在賭場，一次會有一到六名玩家。下注後，莊家會發給每個人兩張蓋起來的牌，也給自己發兩張，但其中一張牌面朝上。數字牌就按照數字計點，十和人頭都算十點，A可以視情況有利當作一或十一。一開始就拿到一張點數十的牌和一張A最好，這樣就是「黑傑克」。拿到黑傑克的玩家就贏了，除非莊家也拿到黑傑克，算平手。以黑傑克獲勝的玩家，會以二賠三的的賠率計算獎金。

另外，玩家可以選擇加牌，每次一張。追加的牌在發牌時會直接翻開。只要手上的牌總點數低於二十一，玩家就能繼續「叫牌」。一旦點數超過二十一就輸了。技巧在於知道停止叫牌的時機，應考量到莊家那張打開的牌。莊家與其他玩家不同，必須遵照固定策略，直到牌的點數大於等於十七前都得叫牌。

假設你拿到一張Q和一張六，點數總和為十六，牌面並不算好。但此時你如果再叫牌，就得冒著爆掉的風險（有很多十點的牌，會讓你總點數會變成二十六）。電腦已經研究出每一種玩家點數和莊家牌面的應對之策。若莊家翻開的牌面是七，你最好繼續叫牌。一般牌面贏牌的賠率是一賠一。

基梅爾似乎只想確認索普的系統是否有用，對索普的論文一點興趣也沒有，且就索普所知，基梅爾對數學一竅不通。基梅爾要求先試玩一局。

索普運用了一種「數十」系統，與他論文中詳述的數五系統不同。雖然五點對勝率的影響比十點更大，但一副牌裡有十六張「十」（包含人頭牌J、Q、K），這樣數比較能輕易辨識有利或不利。這一天接下來的時間還有隔天，他們一直不斷玩牌。

基梅爾表示願意贊助索普，條件是他跟他的合夥人要分得獲利的九〇%。

索普同意了。比起大賺一筆，他更有興趣的是證明這個概念。索普也擔心作弊問題，他認為莊家作弊是唯一可能干擾這個系統的因素。基梅爾這個經驗老道的賭徒向索普保證，自己就是抓老千專家。

達成協議後，基梅爾把手伸進喀什米爾羊毛大衣口袋，抓出一把珠寶，從裡頭挑出一條珍珠項鍊送給薇薇安當禮物。

索普每週三都會飛到紐約跟基梅爾打牌。通常是索普贏，這也令基梅爾對索普的玩牌技術，以及算牌系統的價值深信不疑。基梅爾偶爾會送索普義大利臘腸當做禮物。

某次會面中，索普與另一個金主艾迪・漢德（Eddie Hand）見面。漢德是個快五十歲的黑髮魁梧男子，身高約一百七十五公分，穿著一套俗氣、鮮豔的休閒服。他經營一間貨運公司，替克萊斯勒運送轎車與貨車，且常常與卡車司機工會周旋。漢德說話的聲調總是帶著暴躁，但女人都無法抵擋他的魅力。

漢德娶了一九四〇年代的網球明星「極美的古西」莫蘭（"Gorgeous Gussie" Moran），她曾穿著露出蕾絲內褲邊緣的球衣而轟動溫布頓網球賽。漢德自己也是網球好手。莫蘭曾表示，她很驚訝漢德能在打了一整天的網球後整晚做愛。

索普有一次在飛機上看到漢德翻閱《時代》雜誌。漢德看到一篇關於智利銅業大亨之女再婚的消息而哽咽，因為他們有過約會。

關於基梅爾，索普還有許多不知道的事情。

基梅爾當時是紐約市最大的組頭之一。「你問他是什麼的組頭？他什麼都做！」漢德在某次訪問中說：「拉斯維加斯、橄欖球、棒球，賽馬。基梅爾非常善於說服別人下注，總是能找到冤大頭。」

基梅爾的經營範圍遍及東岸賽馬場與拉斯維加斯牧場飯店（El Rancho Hotel）的運動賽事投注。「過去在薩拉托加時，他擺平了騎師。」漢德解釋道。擺平騎師就是操縱賽馬比賽。基梅爾活脫脫就是凱利對於資訊率新詮釋的典範。

一九六〇年代，基梅爾曾接受過有史以來最愛豪賭的人之一，德州石油大亨杭特（H.L. Hunt）的賭注。杭特曾在撲克賭局中贏得一座油田，雖然貴為億萬富翁，但他仍熱愛風險的滋味，根據報導，他曾在一場橄欖球賽下注高達一百萬美元。

ＦＢＩ多年來監視著基梅爾的生意。「眾所皆知基梅爾是許多國際知名罪犯的終身合作夥伴，」一九六五年的ＦＢＩ備忘錄寫道：「他是個公認的賭徒，並與全國許多知名賭徒勾結。」

基梅爾也比他表現出來的樣子更精通算牌。基梅爾有個賭友叫做伯恩斯坦（Joe Bernstein）。一九六〇年，伯恩斯坦來到舊金山一間由黑幫經營的俱樂部，他欠了組頭三千美元，但身上只有一千五百美元。正當他思考該怎麼辦的時候，他注意到二十一點的賭桌上，有四分之三的牌已經發出去了，卻沒有出現過A。伯恩斯坦一人玩兩手牌，各押五百美元，最後兩手都贏了（其中一手是黑傑克），也賺到足夠的錢還給組頭。

賭性堅強的伯恩斯坦認為自己發現了生命的奧祕。他很快地認定那次情況（所有A都在剩下四分之一的牌裡）極為罕見。經過兩天輸贏參半的嘗試之後，伯恩斯坦打電話給人在紐約的基梅爾，告訴他這個重大發現。於是他們一起到拉斯維加斯試驗各種算牌系統。接著基梅爾聽說了索普論文的事，他們正好需要一位數學家來設計實用的策略。

基梅爾沒有對索普說過這些事，同時叫手下去調查索普和薇薇安的底細，確保他們不是騙子。

算牌首戰場：雷諾

基梅爾不想去拉斯維加斯，他暗示索普自己在那裡太出名。於是在MIT放春假期間，索普和基梅爾飛到雷諾去做實驗，基梅爾身旁又有兩名年輕女性作陪。他們在凌晨兩點左右住進梅普斯旅館（Mapes Hotel），漢德則是兩天後才來會合。那裡是內華達州第一間提供大飯店豪華服務的高樓層汽車旅館，基梅爾堅持要替自己和兩位女士訂一間大套房。

休息一晚後，索普和基梅爾驅車前往城外的一間小賭場。這只是練習，要等漢德到了才會開始實驗。索普每一次都押最低賭金，並贏了一點小錢。這鼓舞了他，提振了他對於算牌能力、調整賭注大小以及面對實戰的信心。

算牌者一定要根據剩餘的牌來調整賭注大小。在大多數情況下，二十一點是個賭注對賠遊戲，這意味著賠率是一（一賠一）。凱利方程式的優勢／賠率可以簡化成只看優勢。

優勢變化取決於還沒發的牌堆裡剩下什麼牌。可能是正數、零或負數。凱利系統提到，除非擁有正數優勢，不然就別下注。索普擔心如果他坐上牌桌，聚精會神觀察賭桌狀況，卻只是偶爾才下注，看起來會很可疑，於是決定每一局至少都要押最低金額。

在稍微有利的情況下，算牌者可能有五一％的勝率。下注一百次一美元，他可能會贏五十一次，結算總金額為一百零二美元，優勢是二％（兩美元獲利除以一百美元的賭本）。當整副牌的組成出現類似情況時，凱利方程式會建議每次要押總資金的二％。

因為還有分牌和雙倍下注等玩法，這樣的估算並不精確。在某些罕見情況下，增加原本投注的籌碼對玩家更有利，但這麼做會導致在某種程度上會降低最適投注額的效果。

那間賭場位在城外，耶穌受難日為了舉行儀式需要關閉三小時，於是索普和基梅爾驅車返回雷諾，尋找可供練習的小賭場。由於各家規則略有不同，他們想選擇規則最有利的賭場。

他們選的那間賭場認識基梅爾，所以他先迴避。說自己最好不要在那露面。（整段旅程中，基梅爾總是會在賭場遇到認識的人，而且似乎雙方都不樂於見面。）之後索普獨自玩牌一整天，且大多處於連敗，但因為賭注很小，所以只輸了約一百美元。這讓索普非常惱火，不願回家睡覺。

到了凌晨五點，索普跟莊家起了爭執，那張賭桌上只有他一個玩家。

索普問：**為什麼我不能玩兩手牌？**

對方告訴他：**公司規定。**

其他八個莊家都讓我玩兩手牌，這不可能是公司規定。

這樣你才不會影響其他玩家。

這張牌桌又沒有其他玩家，你這樣說不過去。

莊家只得盡量快速發牌，索普算牌的速度也差不多。牌堆裡剩下的牌變得對他極為有利。索普先等個幾輪不下重注，接著每把都下注二十美元。等這副牌玩完，他已經把之前輸掉的一百美元賺回來了。

星期六下午，基梅爾與索普共進一頓豐富的早午餐，他的情況比索普更精采。基梅爾在一間大飯店用這個算牌系統贏了一萬三千美元，接著又輸掉兩萬美元。原因是：莊家作弊。

賭場找來一個「殺手莊家」，是專門替賭場作弊的專業老千，是一個不苟言笑、髮色黑中帶白的四十多歲女性。基梅爾識破她的手法，當她發牌給自己時，會偷看最上面那張牌，如果不喜歡這張牌，就會改發第二張牌給自己。基梅爾以為算牌系統強大到足以克服老千（其實不然），他不願這樣離開牌桌，結果把剛剛賺的錢都吐了回去，還倒賠七千美元。基梅爾要求見賭場老闆，並指控莊家作弊。老闆辯稱昨晚一位有錢的德州佬贏走一萬七千美元，他們沒辦法再輸下去了。

用完餐後，索普和基梅爾回去前一天去的城外小賭場。由於增加了投注額，索普在幾分鐘內就贏了幾百美元，這激起了基梅爾的鬥志，他在同一張賭桌坐下。兩個小時後，他們總共贏了六百五十美元。接著莊家在剩下的牌還很多的情況下，提早洗牌。這可不妙，因為洗牌會洗掉算牌賴以確認的有利集中牌面。不過他們兩人投訴無門，於是離開了。

當晚漢德抵達，實驗正式展開。

基梅爾和漢德一開始提供資金十萬美元，索普說服他們把資金降至一萬美元。有十萬美元資金的話，就算只有中等優勢，用凱利方程式計算也得押注幾千美元。索普不喜歡拿那麼多錢賭博，況且這超過當時賭注上限。要測試這個系統，一萬美元就已足夠。

為了簡化計算，索普決定最低押注額為五十美元。當牌組有大約一％的優勢時，他會加倍押注額到一百美元；有二％優勢時會加至兩百美元；到最後，優勢大於等於五％時，就押注五百美元（一九六一年最普遍的賭注上限）。

基梅爾掏出一疊鈔票，點了一萬美元給索普。索普跟漢德一起開賭，基梅爾則自己玩自己的。他們首先在雷諾市中心、巡迴表演藝人家族經營的哈洛德俱樂部（Harold’s Club）試手氣，此處以淳樸、沒有壓力聞名，莊家甚至會幫新手下指導棋，且會忍受美國各種勞工階級的壞脾氣。據說經理偶爾會出面，退還百分之十的賭輸金額給輸得很慘的賭客，還會友善地建議對方盡快離開雷諾這個賭城。賭場內各處都張貼著標語：「**沒人能一輩子贏錢。哈洛德俱樂部建議您量力而為。**」

索普與漢德坐到最高下注金額五百美元的牌桌，在十五分鐘內贏了大約五百美元。隨後莊家按下地板上的祕密按鈕。

命運之輪

這個按鈕直接連到老哈洛德·史密斯的私人辦公室。老哈洛德平常都在門板雙層加厚，有雙重鎖設計的辦公室裡工作，用電話和保全人員所在的通道聯絡，那裡有一群人在單向鏡的另一邊監視賭場動靜。老哈洛德一天要喝十幾杯熱的黑咖啡來保持清醒，甚至許多天不回家。只要有賭客在短時間內贏了很多錢，哈洛德俱樂部的莊家就會通知他。老哈洛德很清楚，現在的作弊方式越來越科學化。最近就有老千在牌上用紅外線照射才看得到的墨水做記號，並戴著能看到記號的特殊隱形眼鏡。

再來是超能力。老哈洛德懷疑有些玩家靠著心電感應超能力贏錢。

他這輩子都在研究運氣，篤信有個更高等的力量主宰著運氣的流轉，稱這股力量為「幸運女神」。畢竟史密斯一家是靠著幸運之輪遊戲起家的。老哈洛德的父親雷蒙·史密斯（Raymond I. Smith），外號「老爹」，受到娛樂場所誘惑而離開了佛蒙特州，在露天遊樂園經營輪盤選號遊戲。玩家押注輪盤上的號碼，隨後老爹轉動輪盤，如果停留在選中的號碼，玩家就能贏到一把摺疊刀。

長時間工作與省吃儉用下，老爹存了一筆錢。他不是好賭之人，卻把這輩子辛辛苦苦存下來的錢都投入股票市場。一九二九年股市大崩盤時，老爹幾乎把所有錢都賠光了。

命運之輪是徹底的機率遊戲，也是違法的。老爹必須在警長勒令他停業、處以罰款之前賺到足夠的錢，然後移至下一個城鎮。當內華達州宣布賭博合法化時，老爹看到了安定下來的機會。他與自己曾經拋棄的二十六歲兒子哈洛德聯手，用五百美元買下雷諾一間賓果遊戲廳。這對父子於一九三六年讓這間遊戲廳以哈洛德俱樂部之名重新開幕。

哈洛德俱樂部的主題為舊西部，員工打扮成牛仔的模樣。此外，俱樂部內陳列了「世界上最豐富的槍枝收藏」——德林加手槍、一般手槍、來福槍、加農砲、機關槍——且大部分的槍枝都真的使用過。一九三七年某天早上，這些火力派上了用場。哈洛德收到風聲，黑幫想砸了哈洛德俱樂部。有組織犯罪集團已經在雷諾至少經營一間以上的俱樂部，且控制了賣淫業。大約上午十點，俱樂部裡頭幾乎沒人，七個黑幫分子突然闖進來，明目張膽推倒家具。

哈洛德從輪盤賭的桌子下拿出一把裝滿子彈的點三八手槍。「你們如果不是來擲骰子的，那就給我滾出去。」根據他本人的說法，這些黑幫分子馬上轉身走人，再也沒來找麻煩。

老爹年紀漸增，也開始煩惱交棒的事情，他那個與賭場同名的兒子哈洛德是個酒鬼兼賭鬼，可以飲酒作樂整個星期，同時一邊賭博，一邊穿著牛仔裝去騎馬和玩槍。與其競爭的賭場都迫不及待增加哈洛德的信用額度。他們最想要的就是最大最成功的對手——哈洛德俱樂部的經營權。老爹害怕兒子賭博時會把他手中哈洛德俱樂部的股份拿去抵押。

老爹並不持有俱樂部的股份，只領薪水。哈洛德俱樂部只有三位股東：哈洛德、他的前妻陶樂絲（Dorothy），以及他的哥哥雷蒙。

哈洛德從小就討厭雷蒙。他到了中年，依舊對小時候雷蒙強迫他吃雞屎的事情耿耿於懷。他相當後悔自己決定給雷蒙三分之一股份讓他回來幫忙。哈洛德沒想過這三分之一股份，很快就讓雷蒙成為百萬富翁。

哈洛德安慰自己，他的持股是雷蒙的兩倍——直到他離婚。他的妻子陶樂絲偏愛穿制服的男人，而這種人在戰時的雷諾隨處可見。史密斯家族抓準時機，掌控了雷諾的第二大產業，而陶樂絲得到了房子、孩子，以及丈夫的一半持股。

陶樂絲和雷蒙都跟老爹一樣，憂心哈洛德的酗酒問題。一九四九年，老爹想到了解決方法，那就是股票選擇權。史密斯家族強迫哈洛德簽下一份文件，如果他在接下來五年內出售股票，老爹有權以五十萬美元買下他的所有股份。當然這些股份的價值遠遠超過這個數字，可能高達八百萬。重點在於：除非哈洛德瘋了，不然他絕對不會出售這些股份。即使真的發生了，選擇權可以防止這個醉漢把股份賣給外人。

這個家庭財務的威權實驗算是成功了。哈洛德沒有把繼承的財產賭掉。直到一九五四年選擇權期滿，都沒有執行。

老哈洛德對於自己被當作不負責任的孩子始終憤憤不平。他開始大量服用眠爾通（Miltowns），這種處方鎮定劑跟酒混合服用是很危險的。老哈洛德的行為越來越脫序。一九五六年八月九日，他發現有隻蛾在他房裡飛來飛去，但牠沒有朝向燈光飛，反倒遠離燈光。他對此事印象深刻，認為這幾乎是超自然現象。醫生勸老哈洛德住進聖瑪麗醫院。他直到護士用一根金屬溫度計替他量體溫，才真正明白自己身在何處。這裡是精神病院。

精神崩潰後，老哈洛德發誓四年內不再碰一滴酒。他做到了，但當時間一到，他又狂喝十三天以示慶祝，接著再度發誓接下來六年不喝酒。當那道通知他賭場有事發生的鈴聲響起時，他仍在戒酒期間。

比廉價妓女更難搞

老哈洛德和他的兒子小哈洛德都來到索普與漢德那張二十一點賭桌旁。聽莊家說明始末之後，雙方展開禮貌的應答。老哈洛德解釋，有些人會集中精神觀察還沒發的牌裡剩下的牌。徵兆是玩家會在這副牌快發完時提高賭注。

有個叫伯恩斯坦的傢伙曾靠著「數A」的技巧，在拉斯維加斯的薩哈拉飯店（Sahara Hotel）贏走七萬五千美元。據說伯恩斯坦想來哈洛德俱樂部。哈洛德已經提醒員工們提高警覺，但他直到伯恩斯坦在他店裡贏了一萬四千美元時才收到通知。伯恩斯坦會在一張桌上一個人玩七手牌，不給其他人留位置。當同時有八手牌（包括莊家）在賭的情況下，一副牌只能玩兩輪。第一輪，伯恩斯坦每把只下注五美元，同時記住A出現了多少張。如果他喜歡第一輪的出牌狀況，下一輪每把就會下注五百美元。

老哈洛德指示索普與漢德那桌的莊家，在剩下十二至十五張時就洗牌。史密斯父子仍在牌桌旁觀察結果。

索普又贏了幾次，哈洛德要莊家剩下二十五張就洗牌。

索普又贏了，哈洛德說剩下四十二張就洗牌。這表示洗好牌後，只會用到前十張牌。

索普與漢德在這種條件下無計可施，離開了哈洛德俱樂部。

索普對基梅爾遇到的老千莊家十分好奇，想見識一下，於是一行人前往她上班的俱樂部。索普買了一千美元的籌碼，每次下注三十美元。原來的莊家還沒發完牌，賭場經理就上前阻止，並把牌交給另一個莊家。正是那位一頭灰髮、不苟言笑的女人。

索普拿到一對八。二十一點規則允許玩家分牌，這表示要把兩張點數相同的牌翻開拆成兩手牌，而這兩手牌會各自得到一張蓋著的新牌，然後像正常牌一樣繼續玩。分牌的玩家必須加倍下注，因為他同時玩兩手牌。

索普加注三十美元，把兩張八進行分牌。他又得到兩張牌，結果兩手牌分別是二十點和十八點，贏面非常大。

莊家翻開的那張牌是三點，接著她翻開底牌，是十。她只有十三點，必須補牌。由於索普與漢德都知道要注意什麼，於是靜靜看著接下來發生的事。莊家握著牌把邊邊往上推，然後用一根手指飛快的把第一張牌的邊角往上扳。是一張紅心Q，會讓她點數爆掉。她用難以察覺的方式動了手腳，把第二張牌發給自己。那是張八，她拿到了二十一點。

漢德大聲揭發莊家作弊，索普也加入行列，但莊家面無表情，也沒有臉紅。賭場經理聽完投訴之後，表示愛莫能助。這只是他們兩人的片面之詞。

每次賭博結束後，索普就會跟基梅爾碰面，把口袋裡的錢都掏出來放在飯店的床上。他們會計算籌碼和現金，判斷索普的實驗有多順利。「他會像頭老鷹般盯著我，」索普回憶道：「有一天我忘記把一個口袋裡的錢拿出來，我也不知道為什麼，可能是累了，或興奮過頭了。他臉上露出古怪的表情說『我們似乎少了些錢』，我回答『喔，我這裡還有一些』。我確信這加深了他的猜疑。」

猜疑從不嫌多。跟那個老千莊家交手隔天，索普、基梅爾和漢德開車到城外的小賭場。索普去打了通電話，等他回來時，基梅爾和漢德告訴他，賭場禁止他們進入。樓管說索普贏得太過頻繁，認為他們必定用了某種策略系統。

索普又回到梅普斯旅館。他自己一個人玩，都只押五美元上下。賭場經理走過來告訴他，這間賭場不再歡迎他，也不歡迎他那兩個朋友——以及他其他的朋友。

隔天下午，三人開車前往位於塔荷湖（Lake Tahoe）南端的一間賭場。索普買了兩千美元的籌碼，好不容易在二十一點牌桌前找到一個位置坐下。兩千美元讓他在這裡被當成豪賭客。賭場經理過來打了個招呼，並招待免費餐點與表演。索普問可不可以一起招待他的兩個朋友，賭場經理同意了。玩了幾分鐘後，索普贏了一千三百美元，而基梅爾贏了兩千美元。

他們在免費招待的晚餐中點了菲力牛排和香檳。這頓晚餐激起了他們的感激之情，於是他們改去隔壁的賭場大展身手。

這裡是哈維馬車輪賭場（Harvey's Wagon Wheel）。索普又換了兩千美元的籌碼。他設法在最低下注額二十五美元的賭桌占到一個位置開始贏錢，基梅爾也加入他這一桌。按照計畫，索普會算牌然後打暗號給基梅爾。他們花了三十分鐘把莊家的錢全都贏走。

這種事情極為罕見，錢應該是被賭場贏走才對。「噢，幫幫我，拜託幫幫我。」莊家懇求道。

賭場經理帶了隨從過來。索普玩牌時，賭場經理試著將他的好運歸因於莊家，於是指定了一個新莊家。這麼做並沒有阻止索普與基梅爾的連勝氣勢。大約過了兩個小時，換了五個莊家後，賭場再次把這桌的錢都輸光了。索普贏了六千美元，基梅爾則是贏了一萬一千美元。

索普告訴基梅爾他累了，該走人了。正當索普要去把籌碼換成現金時，有一個年輕漂亮的女人走過他身旁。她特意對著索普微笑，接著又有另一個美女對他拋媚眼。

索普無暇細想自己為何突然那麼受歡迎。基梅爾還待在那張二十一點賭桌，他告訴索普，她有繼續賭下去的好理由。

牌面正好呢，他說。

索普試圖把他拖走。基梅爾抓著桌子不放。「我絕不離開這裡！」他嚷嚷著。

索普只好再次坐下來坐上牌桌，繼續算牌，打暗號告訴基梅爾。索普覺得既然他在算牌，也就繼續下注。

他們很快就開始輸了。索普一直嘮叨著要基梅爾快點走。四十五分鐘後他終於放棄了。他們兩個人總共輸了一萬一千美元。

正如漢德所說，基梅爾這個人「比廉價的妓女更難搞」。

雖然經歷這場災難，他們這次仍贏了一萬三千美元。隔天在市中心另一間賭場輸了兩千美元後，索普開始另一段連勝，這再度引起賭場老闆的注意。莊家收到指示，只要索普改變下注金額就馬上洗牌。

這對任何可行的算牌系統來說都是致命打擊。索普為了應對，試圖在牌組有利時同時玩超過一手牌。於是，索普只要玩超過一手牌，莊家就會重新洗牌。

接著索普抓抓鼻子，莊家就重新洗牌。索普問莊家是不是只要他抓鼻子就要洗牌。

莊家說，是的。

索普聽完又抓了一下鼻子，莊家又洗牌。

他又問她是不是只要他有任何行為不一樣，她就會洗牌。

是的。

索普原本是用二十美元的籌碼下注，他想換一些五十美元和一百美元的籌碼，但賭場老闆拒絕再賣給他。這時換了一副新牌，莊家把牌的正反兩面展示給大家看，這樣通常是為了讓玩家確認所有牌的正面和背面都沒有記號。但這一次卻是賭場的人在仔細檢查牌的背面。莊家說他們認為索普目光銳利，可以從背面辨認這些沒有做記號的撲克牌的差異。他一定記住了這些牌的印刷瑕疵或汙漬。

索普執意要繼續玩。賭場老闆在大約五分鐘之內，連續換了四副全新的牌。現在莊家的理論是，索普可以記住整副牌，完全清楚牌堆裡還剩下什麼牌，並根據狀況下注。

索普說這種事沒有人辦得到。

莊家堅持賭場經理辦得到——那人可以記住整副牌。索普賭五美元賭場經理辦不到。

賭場經理和莊家都沉默了。

那賭五十美元如何？索普問道。漢德很大方地把賭金加到五百美元。賭場的人不接受。索普和漢德便離開了。

他們又試了另一間賭場。當他們要求私人賭桌時，換成另一位看起來像黑手黨的經理接待他們。這位經理說自己知道他們這夥人在幹什麼，這裡不歡迎他們。

實驗就此終結。按照索普的估計，他們在大約三十個工時內，把一萬美元的本金增加到兩萬一千美元。（若不是基梅爾失心瘋，他們的結算金額可能是三萬兩千美元。）

在前往機場前，他們還有一些空檔。基梅爾想去拜訪在當地經營歌劇女伶賭場（Primadonna casino）的朋友。他命令索普不要在那裡使用這套系統。索普發現他的口袋裡還有三枚一美元的銀幣，就拿出來賭。索普在牌面組合有利的情況，五分鐘之內就賺了三十五美元。若不是基梅爾事先警告過，他可能會一次下注五十美元而不是一美元。

台面下的凱利準則

馬丁格爾法與其他眾多賭博系統都聲稱，無論莊家有無優勢都能夠正常運作。凱利系統則不然，當優勢是零或負數（在賭場裡的情況幾乎總是如此），它的建議是根本別賭了。

你或許會說，這就是幻想與現實的差別。現實是，你無法期望從不利的押注中賺到錢。如果不是這樣，那當然很好，但世界並非這樣運作的。

假設賭局是有利的，凱利系統能保證最大獲利，又能避免破產。這兩個目標或許聽起來互相牴觸，所以觀察凱利方程式在賭場如何運作值得一試。

凱利系統讓賭徒免於破產的方式相當簡單，就是使用「比例」投注，每一次的投注的金額要按照現有資金調整。既然是按照現有資金的比例投注，就絕對不會把所有資金花光。當你陷入任何遊戲都可能發生的連敗時，投注金額的比例也會隨著資本減少而縮小。

賭場和賽馬場都有最低投注額限制。凱利系統有一個潛在問題，連敗會使得資金餘額低於最低投注額。但實際上這個問題很少發生。只要你的初始資金比最低投注額高，這種狀況發生的機率就能忽略。

凱利系統下的財富會急速成長，這也是依比例下注的結果。當資金增加，你的賭注也會增加。假設你擁有優勢，長期下來你贏的會比輸的多，所以會連本帶利繼續賭。

想像你連續下注賠率對等的丟硬幣遊戲，你知道兩面有誤差，有五五％的機率人頭朝上，你自然每次都會賭人頭。

但這個誤差本身不保證獲利。下頁有張圖表呈現出四種資金管理系統的結果，全都是投注五百次丟硬幣遊戲。

最單純的「系統」就是定額下注。押注金額設定為初始資金的一〇％，接下來不另做調整。定額下注法的賭徒財富曲線呈現緩慢上升。然而，這個策略存在破產的可能。如果不幸連敗，就

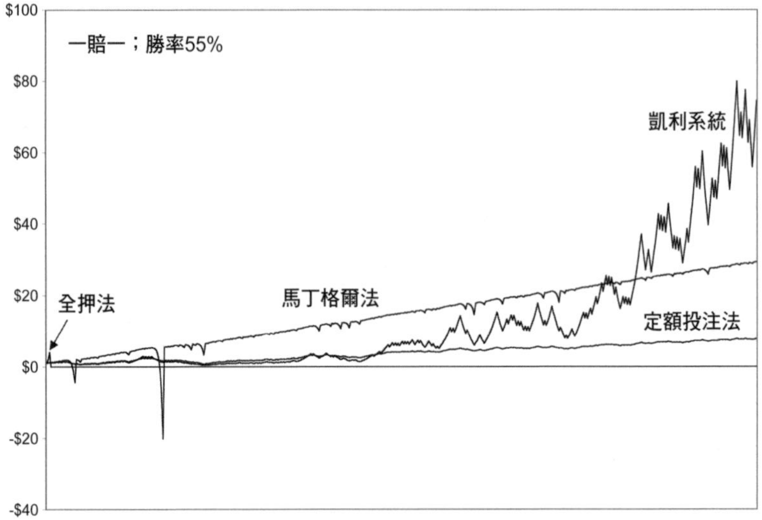

圖 2：四種資金管理系統

會讓定額下注的賭客破產。

其他三種系統的投注金額會隨著資金多寡而改變。其中一個極端的方法是全押。第一次丟硬幣就把所有資金都押下去，如果贏了，第二次丟硬幣也把所有錢都押下去。能撐多久是多久。

二〇〇四年，一個名叫阿什利・雷威爾（Ashley Revell）的倫敦人將包括衣服在內的所有家當通通賣掉，把共計十三萬五千三百美元的資產一次全數押在拉斯維加斯廣場飯店（Plaza Hotel）的輪盤賭遊戲上。雷威爾穿著租來的燕尾服，下注紅色。他贏了。他決定不再賭，免得血本無歸。

雷威爾玩的是一場不公平的遊戲，他就算在有優勢的狀況下，賭身家還是太過魯莽。全部下注的策略只有在輸掉以前才管用。

圖表中，全押法的曲線一開始在最左邊呈

現小幅度的上揚。前兩次丟硬幣出現的都是人頭，這也讓全部下注法的玩家資金翻了四倍。第三次照樣全押，結果出現的是字，就這樣破產了。輸掉這次之後，全押法的玩家總財產歸零。

乍看之下，馬丁格爾法好像表現得不錯，其走勢在進行了幾百次丟硬幣時都優於其他系統。不過在馬丁格爾法的曲線中出現了向下尖刺，代表了不同的情況。向下突減代表連續輸錢。只要輸了，馬丁格爾法的下注者就得加倍下注。這會導致損失快速攀升。

不幸的連敗幾乎不會影響其他系統的曲線，但對馬丁格爾法的下注者則會產生致命打擊。在這次模擬實驗中，馬丁格爾法的下注者在連輸十九次後破產，而破產後的延長線就都無關緊要了。

凱利系統的線條走勢有兩個特徵。請注意定額下注與馬丁格爾系統的走向都是直線，凱利系統則是一條上升的曲線。也請注意凱利系統的波動遠比其他賭法要劇烈。

對定額下注法與馬丁格爾法下注者來說，財富變化是呈等差級數成長。兩種方式基本上就像賺取固定時薪，總財產雖然增加，但不會因此提高投注額。他們坐擁金山銀山，卻無用武之地。

相較之下，凱利系統下注者的財富呈等比級數增加，因為他使用最適當的方式運用資本。凱利策略得要先花一點時間才能離開底部。圖表左側代表約前兩百五十次的下注，凱利下注者的線條緊靠著定額下注者的線，而後者定大多是領先的。接著凱利策略就開始起飛。線條走勢猛然上揚，把其他兩個系統遠遠拋在後面。這次模擬實驗中，凱利系統的下注者在五百次押注後，使資金增加到大約七十四倍。

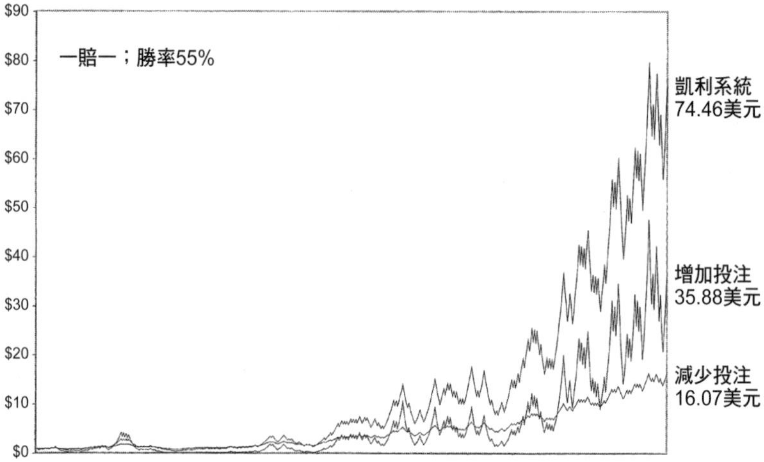

圖 3：減少投注 VS. 增加投注

凱利系統並不是唯一的比例下注系統，類似的系統有無限多種。你可以永遠都下注資金的一%、一〇%或九九%。你也能把押注額設定為優勢平方除以上一個出現號碼的立方，再乘以你的資金。凱利發明的系統究竟有何特別之處？答案很簡單，就是這個系統增加財富的速度比其他系統都快。

以下是比較凱利系統與其他兩種比例投注系統的圖表，同上一張圖表，這張圖追蹤五百次丟硬幣賭局的結果。凱利系統的下注者把財富從一美元增加到七十四．四六美元。

標示「減少投注」的線，是按照凱利系統下注邏輯，把投注額減半的比例投注系統。減少投注額的人，其財富成長比凱利投注者更穩定，這通常是件好事，但減少投注額最後賺到的錢也明顯較少（十六．〇七美元）。

標示「增加投注」的線，則是把投注額加倍。在此次模擬中，這個系統賺到了三十五．八八元。「兩倍凱利」並不可靠，它在連勝時會有不錯的表現，但所有收益都只是暫時的。請注意，一開始增加投注是三種系統中表現最好的（左側最下方有個小小的火山形狀突起），然後資本會跌回接近零的位置，且在接下來很長一段時間內都保持這個情況。如果這次模擬無限制的延長下去，兩倍凱利投注者的財富將跌回最初的一美元，或比一美元少無限倍的金額。

情況還可能更糟。就算採用的是比例投注系統，增加投注仍然有可能導致破產。還有一條代表使用四倍凱利系統（每次都押總財產的四〇％）投注的線，但因為緊貼著X軸，所以在圖表中看不到。以這種下注法計算，經過五百次丟硬幣遊戲後，原本的一美元會變成〇．〇〇〇〇〇三八美元。如果持續下注，資金也會無止盡的下跌，減少到比一分錢的百萬分之一甚至十億分之一。

嚴格來說，按比例投注者永遠都會剩下極微小的資本（假設這些錢可以無限分割且沒有最低投注額限制），但這個小錢根本無法下注。

驅動凱利系統的原理是「大數法則」。瑞士數學家雅各布．白努利（Jakob Bernoulli）在一七一三年出版的機率專著中，提出了一項未來不斷被賭徒們（與投資人）誤解的法則。

此書談論的是期望值這個詭譎的概念。在美式輪盤賭遊戲中，假如輪盤完美平衡，押紅色有三十八分之十八的機會獲勝。這是否表示每玩三十八次，紅色保證會出現十八次呢？當然不是。（誰能這樣「保證」？）或者在先前已經出過超級多次黑色，是否再來就「應該」是紅色了呢？

也不是（雖然有許多賭徒都這麼想）。

期望值究竟是什麼意思？多數想把這個數學概念用文字表示的人，會說「長期來看」，他們會這麼說：「長期來看，會出現紅色的機率是三十八分之十八。」

這只是一種比喻。無論玩輪盤多少次，紅色出現的次數永遠不會跟期望值一模一樣。

你能否斷言，如果轉動輪盤三十八兆次，會有十八兆次的紅色？不行。那紅色出現的次數會接近十八兆次嗎？這端看你對於「接近」的定義為何。如果你的問題是：「出現次數會介於十七兆九千九百九十九億九千九百九十九萬九千九百九十五次與十八兆〇五次嗎？」答案幾乎能說是否定的。事實上，隨著轉動次數增加，出現紅色的實際次數與期望次數差異也就越大。

白努利的大數法則（只）表明，隨著輪動次數增加，出現紅色的機率傾向於接近期望值。轉了幾兆次之後，出現紅色的機率會非常接近三十八分之十八，或說是四七．三七％。

世代以來，沒有數學腦袋的賭徒們發現，這個結果的實際價值沒有他們以為的那麼高，這項法則完全無法幫助他們在負期望值的賭博遊戲中獲利。

你可能會想，如果運氣夠好，找到一個正期望值的賭局，大數法則就意味著長期來看你會有不錯的收益。這也不盡然！正如先前所見，每個人都有可能在短時間內破產。就算使用比例投注系統，實際上也有破產的可能。

夏農在資訊理論中不斷引用大數法則。在一個每個位元都帶有不確定性、充滿雜訊的通訊管道中，唯一能確定的就是任何事都有可能發生。

凱利運用類比方式，從正期待值的賭局中賺錢。凱利系統能夠管理好資金，好讓賭徒在賭局中堅持到大數法則發揮效用之時。

裝置初試啼聲：拉斯維加斯

索普把握在雷諾的機會，仔細地觀察輪盤。它們看起來跟夏農放在家裡地下室的那台差不多，不過有許多台都微微傾斜。

輪盤賭電腦在一九六一年春末完成。雖然只是模擬，但在持續數小時的測試中，夏農和索普把幾百美元的虛擬資金增加到驚人的兩萬四千美元。

索普在夏農的工作室全副武裝進行排練。他們使用一種當時最細的電線（跟頭髮一樣）來連接耳機與口袋型裝置，並用阿拉伯膠把電線黏在皮膚上。那種萬用膠是雜耍演員用來貼假鬍子和肌肉用的。接著再將電線上色，與索普的膚色和髮色相近。

六月，索普與薇薇安先前往拉斯維加斯，夏農與貝蒂稍後與他們會合。「大家都非常、非常緊張。」索普回憶道。在一九六一年，使用預測輪盤賭的設備完全是合法。但這個團隊很清楚，賭場的人不會容許這場實驗。不同於二十一點，這個計畫使用了電子裝置，一旦被發現就絕對賴不掉。

他們下榻在汽車旅館而非大型賭場的飯店。「因為我們不確定賭場會不會在房間裝竊聽器或是搜查行李，」索普說：「如果住在他們的地盤，感覺會很不利。」四人團隊開始分工合作。首先他們「偵察」找出傾斜的輪盤。當他們找到合適的輪盤時，夏農會假裝成使用系統的玩家，站在輪盤旁，拿出紙筆記錄出過的數字——這是障眼法。夏農其實在用腳趾上的開關記錄球和轉盤的速度。電腦會以音調將預測結果傳給下注者（索普或貝蒂），而下注者要假裝不認識夏農。貝蒂看起來最不可疑，而且她的頭髮比索普的平頭更容易隱藏電線。薇薇安則是負責把風。為了避免有人緊張出錯，他們一次只押十美分的籌碼，押對數字就能贏得三．六美元。

細電線頻頻斷掉。每次發生這種情況，他們就得回房修理。他們有帶電焊棒來。

這些問題讓他們無法專心賭博。在拉斯維加斯期間，索普向夏農展示他的二十一點系統。他的表現無可挑剔，卻沒有贏太多錢，彷彿這個系統不再有用了，或者幸運女神在跟他作對。

他們帶著幾個尚未成熟的構想離開拉斯維加斯。他們要做一台電線更堅固的輪盤賭電腦（或者兩位男士把頭髮留長）；一台二十一點自動算牌電腦（也可能這次索普出錯了，但他不這麼認為，還質疑這種裝置的必要性）；以及一台命運之輪遊戲的計算機。索普和夏農看到幸運之輪這個遊戲之後，發現這比輪盤賭更容易預測。它沒有球，只要考量輪盤的轉動就好，也沒有讓結果更隨基的擋板。眾人高談完這些構想之後，索普說：「我相信這個團隊再也別想回來這裡。」

史上第一位絕對贏家

拉斯維加斯之旅結束後，夏農與索普之間的合作關係也宣告結束。當年同月，索普收到新墨西哥州立大學數學系的工作邀約，那時MIT還不確定是否續聘索普，而新墨西哥州立大學提出的薪水，比索普現在的薪水多了一半，而且那邊的生活費也低很多。索普需要錢，他和薇薇安現在已經共組家庭了，於是他接受這份工作，和薇薇安搬到新墨西哥州拉斯克魯塞斯（Las Cruces）的一棟農場住宅。

數學教授如果沒有發表著作就會被淘汰。索普的研究領域是泛函分析（functional analysis），發表過的學術論文標題多半是「緊緻線性運算子與共軛數之間的關係」這種題目。不過他最有名的論文卻是無心插柳之作。

一九六一年春天，有個出版社業務員造訪MIT。索普發現自己對二十一點的研究或許能整理成書。業務員鼓勵索普先提出大綱。索普照辦了。紐約一間叫做布雷斯代爾（Blaisdell）的小出版社願意出版，一九六二年秋天以《打敗莊家》（*Beat the Dealer*）之名上市，立刻成為博弈文學的經典之作。

後來布雷斯代爾出版社被藍登書屋（Random House）收購。雖然書名取得不錯，但新老闆卻覺得內容太過數學，不太願意幫它做行銷活動。即使沒有太多支持，這本書還是登上了暢銷排行榜。

索普因為這本書變得小有名氣。一個電視脫口秀節目安排索普與目中無人的小哈洛德・史密斯再次相會。「系統玩家們儘管來！」小哈洛德怒氣沖沖地說：「我們會派計程車在機場等他們！」

小哈洛德完全不相信這一套，他試著把索普的系統看作是馬丁格爾法等其他輝煌一時但毫無價值的系統。早在索普出現之前，史密斯家族就禁止算牌行為。正如其他賭場業者，他們有很多憂慮的理由。賭場已經採取許多行動，讓算牌的賭客難以得逞。

小哈洛德在過去那段放蕩的日子裡，曾向內華達州各大賭場要求擴張信用。這是個拓展人脈的絕佳辦法。他在內華達州的社交網路中，算得上是第一級人物。小哈洛德與索普的衝突發生不過幾個小時，就傳出有個戴牛角框眼鏡、頂著小平頭的男子，與毫無疑問是漢德的男子聯手使用算牌術。

一九六二年冬季的賭博之旅，索普帶著撲克牌騙術專家麥杜格爾（Michael MacDougall）同行，後者是內華達州賭博監管委員會（Nevada Gambling Control Board）前調查員。索普從麥杜格爾身上學到的詐騙手段，遠比基梅爾教的要多。兩人在拉斯維加斯待了六天，在雷諾待了兩天。麥杜格爾的結論是，索普沒有什麼疑心，但大家確實都在設法對付他。許多莊家都使出基梅爾在雷諾抓包的那個伎倆，也就是發第二張牌。

一九六六年修訂版的《打敗莊家》一書中，索普提出更優秀的「算點」策略（這個系統至今仍十分流行，又稱「高低法」）。每次看到桌面上出現一張低點數（二、三、四、五或六）的牌就加一，看到高點數（十或A）的牌就減一。這個方法做起來比聽起來更容易，你可以在心裡把高低牌配對（然後抵消掉）。這套系統比數十法更容易判斷牌組狀況。

索普在書中也提到後來被電腦驗證的驚人結論，即鮑德溫的研究團隊算錯了莊家優勢。事實並不是莊家擁有〇・六二％的優勢，而是玩家大約擁有〇・一％的優勢——這還是沒有算牌的情況。

鮑德溫研究小組的基本策略也不完全正確。索普那個稍微改良後的策略，讓不算牌的玩家優勢提升至〇・一三％。多年來，賭場都在不知情的情況下提供了一個對玩家有利的賭局。

索普在《打敗莊家》一書中，只用「X先生」與「Y先生」來指稱他的兩名金主（夏農則是化名「知名科學家」在書中短暫出現）。書籍大賣後，基梅爾告訴朋友，他才是這算牌系統的真正策畫者。他的賭友傑克認為他在吹牛，不然為什麼讓索普去寫他的系統，基梅爾回說：「傑克，我覺得這個系統不值幾分錢。我以為索普只是要做一本小冊子，而且印得不多，沒人會相信。所以我就放手讓他去做，甚至幫他寫了一部分。」

索普不認同這些說法。他後來向博弈專欄作家魯奇曼（Peter Ruchman）表示，他認為基梅爾是個「利用各種故事操弄人心的金主，從其背景就可見一斑，那是他生存與發展的方式」。如果索普在一九六一年就知道基梅爾與黑幫的關係，「那我就不會跟X先生與Y先生一起去內華達州了」。

索普和他的書創造出一個次文化英雄。想不勞而獲嗎？嚮往變裝、迷人與五光十色的絢爛生活嗎？有數千人回應了這個召喚。然而，算牌者通常是孤獨的角色，必須掩飾自己的外表，一分一毫都是辛苦賺來。

有名記者在報導中寫道：「就賭場觀察，典型的算牌者通常是年輕男性，嚴肅且內向。」算牌者史奈德（Arnold Snyder）也寫道：「他們身懷絕技，進入賭場要打敗莊家，知道賭場會極盡所能辨識並消滅他們這種威脅者。他們會體驗〇〇七情報員諜對諜的冒險氛圍。這種感覺像是我小時候和鄰居玩官兵捉強盜。我都快忘記那種躲藏、偷偷摸摸、逃跑、屏息以待有多好玩了。」

有好幾個年頭，索普也是他們其中一分子。一九六四年《生活》雜誌有篇專題報導這樣形容索普：

> 在數萬個年輕人中，他看起來再平凡不過。他那深色短髮、牛角框眼鏡，快速而虛弱的不同說話方式，以及他那身深色西裝，都是某種迷惑他人的手段。他可以是個鞋子銷售員、年輕主管或電視維修員。他盡其所能運用他掌握的隱匿性。他用假名住進內華達州、配戴隱形眼鏡，時常裝扮得像是來度假的洛杉磯理髮師。

某年夏天索普留起鬍子。在拉斯維加斯成功賭了兩天，然後消息傳了出去。所有蓄鬍的玩家都成了可疑人物。索普改去塔浩湖的賭場，結果發現那邊的賭場早已聽說鬍子的事了。

索普發現自己能注視著莊家，只用眼角餘光算牌。理論上一定會有人在監視，所以他每次前往內華達州，都會嚴守儉樸讀原則，吃簡單的早餐，住便宜的汽車旅館。他越來越能看出老千，然後適時走人。有這些能力，索普開始連勝。到了一九六六年，索普經歷了數十次內華達州之旅後，總共贏了約兩萬五千美元。

以拉斯維加斯的標準來看，這只能算是零頭，走狗屎運的豪賭客說不定都能贏得更多。算牌技術是不是人類史上最偉大的發明，仍有討論空間。並不是讀過索普著作，就能持續用這個系統得到優勢。在每個成功的算牌者眼中，都有千百個自以為能算牌成功的外行。

算牌當然比抽象的凱利方程式更能吸引眾人眼光。一九六六年《生活》雜誌介紹索普的文章，可能是第一個提到凱利系統的大眾刊物：

> 索普的策略最巧妙的一面，與他如何運用凱利系統有關——那是管理資本的數學理論，由貝爾電話實驗室的科學家所發現……正是這個因素確保他免於破產（持續增加投注的人，就算處於優勢，也必定會破產），而這讓他成為史上第一位絕對贏家。

不過，只是稍微瀏覽索普著作的人，可能無法理解按照資金設定投注的重要性。情勢大好時，人會本能性地下重注。對許多人而言，這必定是昂貴的錯誤。

厄運莊家多蒂

「我怎麼會知道他是怎麼辦到的？我猜大概是有數學天才或驚人的記憶力，諸如此類的。」

上述這段話是在討論索普。說話者是金沙飯店（Desert Inn）的賭場老闆西蒙斯（Cecil Simmons）。當時西蒙斯正在跟他其中一個競爭者，沙灘飯店的克恩（Carl Cohen）通電話。

「我只知道，」西蒙斯繼續說：「他寫了一本書，教大家玩二十一點百戰百勝。我告訴你，這個書呆子混蛋把我們毀了。」西蒙斯說他已經「退出二十一點的生意」。另一個賭城老鳥表示，《打敗莊家》是自凱弗維爾聽證會後，博弈產業所遭受最嚴重的打擊。

西蒙斯召集各個賭場老闆以及東岸犯罪家族的代表進行祕密會議，地點在金沙飯店後方的私人房間。賭場經理維克瑞（Vic Vickrey）回憶，當時有個硬派人士毫不遲疑地說出了能解決大家問題的方法：「打斷幾個人的腿，我敢說風聲很快就會傳出去，誰敢在我們的地盤上耍算牌伎倆，就會被弄殘……除非他們喜歡吃醫院伙食。」

會議的主席持反對意見。他們再也不用這種方法做事了，因為他們是合法的生意人，得要用合法生意人的角度來思考事情。

另一個人建議把「厄運莊家多蒂」請來。她是業界最厲害的老千。

在場一些比較冷靜的人發現，要賭場辨識出所有算牌者是不切實際的作法，因為太多了。最後大家決定改變二十一點的規則。

他們改變了「加倍下注」的規則，那通常是有利的選擇，但許多不諳此道的觀光客不懂得善加利用。修改規則後，玩家只能在合計十點或十一點的「困難狀況」時加倍下注（困難代表沒有A）。分牌後則禁止加倍下注。這些改動會讓莊家面對使用基本策略的玩家時擁有優勢，且讓算牌者難以獲得優勢。

一九六四年四月，拉斯維加斯度假飯店協會公布了新的二十一點公定規則。

新規則打斷了每個人的腿。就算是原本不算牌的人，也知道這個賭局比以前更沒優勢。於是二十一點的業績下滑，莊家收到的小費變少。莊家們紛紛向管理階層抱怨。幾週後，各個賭場又改回原來的規則。

賭場繼續實驗其他做法。他們多數採用一開始被稱為「教授終結者」的方案，這個名稱多少是在向索普致敬。教授終結者，或稱之「發牌箱」，允許莊家把兩副至八副數量不等的牌混在容器裡一起洗牌，從有多副牌的牌堆中發牌。牌堆會混進一張正面朝上的牌，通常會在剩下約五十張牌時出現，發到那張牌時莊家就會重新洗牌。

使用多副牌，讓玩家更難算牌，也更難獲利。而且由於不會發完，玩家碰到好牌集中在最後的狀況也無可奈何。

索普算過在理想狀況下，他一年可以靠著二十一點賺進三十萬美元。所謂理想狀況，是假設每週玩四十小時，投注金額在賭桌限制範圍之內，且不受賭場干預。

不受干預這個條件成為不切實際的假設。有一次，索普在拉斯維加斯大道一間賭場玩牌，賭場招待一杯飲料。他要了一杯加鮮奶油和糖的咖啡。喝完後，他發現自己無法集中精神，於是搖搖晃晃地離開賭桌，回到房間。他的瞳孔放大，過了約八個小時症狀才消失。

隔天索普回到同一間賭場，又被招待飲料，這次他只要了水。他小心翼翼喝了一口。「喝起來像是他們把整盒蘇打粉倒了進去，如果再多喝一點，我大概就完蛋了。光是舌頭沾了幾滴，我整個晚上都處於茫茫然的狀態。」

「我聽說過三起揍人事件，」索普說：「有個知名的二十一點算牌者被打到半張臉凹陷；另外一個我認識的人則是雙手被架住，每次他試著喘氣，對方就會狠狠朝他心口揍去。」

後者曾被警告離開，但他不理會繼續玩牌。索普自我訂立了一個原則，當對方希望你離開時就離開，那些打手在動用暴力之前，總是會提出「善意」的警告。

《打敗莊家》出版隔年，艾德．瑞德（Ed Reid）與奧維德．迪瑪里斯（Ovid Demaris）合著《綠毯叢林》（*The Green Felt Jungle*）一書，揭露了賭場黑幕，其中證實直到一九六〇年代，賭場仍會雇用黑幫分子處理爭端。暴力通常發生在會計室，隔音良好的房間是「折磨人的理想地點」。瑞德與迪瑪里斯提到，在里維埃拉（Riviera）有個作弊的玩家，兩個打手強迫他把雙手平貼桌上，另一個人用鍍鉛棒球棍把他的手掌砸爛，然後在賭客面前拖他出去。黑幫的醫生幫他包紮，但沒有固定骨頭。這個人被載到城市邊界，流氓拿走他的鞋子後把他推下車。「你這個王八蛋，」一個流氓說：「給我走到巴斯托，別想給我搭便車，我們會盯著你。」

雙人腳踏車

凱利再也沒有出版關於賭博的著作。就大家所知，他從未試著用「$G_{max}=R$」的公式賺錢。他的好友羅根甚至不確定他有沒有用自己設計的橄欖球電路來下注過。

凱利成為貝爾實驗室的重要人物，晉升為資訊編碼與程式部門的主管。他將夏農的理論應用於衛星傳輸回音效應的修正問題。凱利設計出方塊圖編譯器，能讀取簡單的邏輯圖並產出執行編碼。

他還教電腦唱歌，機型是索普用來首次研究二十一點的IBM704。一九六一年凱利與卡蘿．洛赫鮑姆（Carol Lochbaum）展示新的語音合成系統，讓電腦背誦《哈姆雷特》的片段，並演唱又名《雙人腳踏車》的歌曲《黛西貝爾》（*Daisy Bell*）。

語音合成研究有一項職業傷害是「鸚鵡效應」（parrot effect）。研究者在長期接觸下，會比其他人更容易理解自己的創造物所說的內容。施羅德回想一九五〇年代中期，他曾驕傲地向兩位貝爾實驗室的高階主管展示語音合成系統。「他們非常客氣，但我確定他們根本聽不懂我的機器說了什麼。」

讓電腦「唱」一首大家耳熟能詳的歌，算是有點作弊——熟悉的曲調會讓人自行聯想正確歌詞，所以要製造出及格的歌聲相對容易，不過記者們根本不在乎這個事實，他們認為會唱歌的電腦很有新聞價值。

皮爾斯認識英國科幻小說家亞瑟・克拉克（Arthur C. Clarke）。克拉克曾於一九六〇年代中期造訪貝爾實驗室，試圖為史丹利・庫柏力克（Stanley Kubrick）即將拍攝的電影《二〇〇一太空漫遊》（*2001: A Space Odyssey*）尋求AT&T的協助。克拉克與庫柏力克的想法是，電影裡出現的未來科技會貼著當代公司的商標，例如AT&T的影像電話。皮爾斯曾播放凱利錄製的《雙人腳踏車》娛樂克拉克。

AT&T一向謹慎的高階主管們決定不參與這部電影。他們顧及電影裡頭的科技可能是錯誤的，或者永遠無法實現，那會讓AT&T十分難堪。克拉克在寫電影劇本時還記得凱利的那段錄音。在電影中，殺人電腦哈爾被拔掉插頭，回復它兒童的狀態，並唱了凱利那台電腦唱的那首歌。

克拉克與庫柏力克假設到了二〇〇一年，像凱利這種人能夠達成讓合成語音與人類聲音聽起來完全相同的目標。他們的理解是，哈爾的聲音聽起來不應該像機器人。最後是由演員道格拉斯・雷恩斯（Douglas Rains）替哈爾配音，包括演唱《雙人腳踏車》。

到了二〇〇一年，數位語音廣泛應用於電腦、電話與網路，也替世界上最傑出的物理學家之一發聲。但從某種方式來看，AT&T高階主管們的看法是正確的，這些語音的品質進步速度相當緩慢，仍然無法跟人類說話的聲音相提並論。

據說克拉克會想出「哈爾－ＨＡＬ」這個名字，靈感是把「ＩＢＭ」三個字母都倒退一個。凱利過世前也正好要前往ＩＢＭ。一九六五年三月十八日，他和幾個同事搭貝爾實驗室的公務車前往曼哈頓ＩＢＭ電腦公司開會。走在路上時，凱利突然雙手抱頭，大喊著：「等等！」沒過多久，他就倒在人行道上。他死於腦溢血，享年四十一歲。

凱利的名聲之所以流傳後世，是因為他與一部他從未看過的電影有意外關連，以及以他為名的那條賭博方程式。

第三章

走鋼索的交易者

索普雖然不知道市場走向，但他看見了獲利的新方法。憑藉精準的套利策略，他相信自己的避險基金確實打敗了市場。

保羅·薩繆爾森

薩繆爾森熱愛哈佛大學，但這份愛並未得到同等回報。他二十五歲時，就已經在學術期刊中發表過至少二十五篇論文。這種卓越表現在哈佛似乎不算什麼，他受限於經濟學講師的低薪職位，獲得終生教職的希望渺茫。薩繆爾森有一位同事由於資格不符而未獲終生教職，因為他來自堪薩斯州。薩繆爾森則來自印第安納州的加里市。那個來自堪薩斯州的傢伙不是猶太人，但薩繆爾森是。

一九四〇年他接受ＭＩＴ的工作邀約，搬到近五公里外劍橋的另一頭。在某些人看來，ＭＩＴ比哈佛大學低了一級，是科學與工程的名校，但經濟學系卻名不見經傳，從未培養出美國經濟與政治界的領導人物。在那個年代，長春藤聯盟的學校通常會暗中排斥猶太人，願意正視猶太人的聰明才智而雇用他們的，顯然是ＭＩＴ權力核心之外的人。

ＭＩＴ的技術重心十分符合薩繆爾森的天賦。薩繆爾森將經濟學視為數學性科學，這在當時是突破性的想法。從亞當·斯密到約翰·凱因斯，經濟學多半只是論述。在哈佛大學，經濟學也只是論述。而在ＭＩＴ，薩繆爾森讓它變成數學。

薩繆爾森處理微分方程式跟物理學家一樣厲害。他稱自己的研究結果為「定理」，他的論文裡頭隨處可見。除此之外，他還結合精闢的幽默語言，讓他的著作與授課內容有別於那些偉大、沉悶經濟學家的論述。薩繆爾森是十分優秀的老師，或許當時沒有任何經濟學家能和ＭＩＴ的薩繆爾森一樣，接連培育出許多卓越的學子。他的影響範圍遠遠延伸至劍橋之外。一九四八年時，薩繆爾森將他淵博的知識和語言天賦，整理成一本「經濟學入門」的教科書，書名就叫做《經濟學》，暢銷了很多年。他曾說：「國家的法令交給想寫的人去寫，至於教科書就讓我來吧。」

薩繆爾森是民主黨黨員，曾為總統候選人史帝文森（Adali Stevenson）與甘迺迪總統講授經濟學，在整個卡美洛時代❶都是深受信賴的顧問。到了一九六〇年代中期，薩繆爾森在經濟專業的影響力已無人能出其右，幾乎以一己之力，將MIT經濟系的聲望拉抬到與他個人聲望一樣高。

一九五〇年左右，薩繆爾森對認股權證產生興趣。認股權證是一種由公司發行的股票選擇權，讓人可以購買公司股票。有些人認為認股權證比股票更容易賺到錢。薩繆爾森花了一百二十五美元訂閱一年份的《RHM認股權證與低價股調查》（*The RHM Warrant and Low- Price Stock Survey*），這份刊物宣稱能提供有利可圖的市場消息。他心想，只要一年內大賺一筆就好。

結果證明，這個訂閱根本不是懶人的致富之路。薩繆爾森從這次失敗中學到許多致富要領，他推論，如果認股權證的情報真的有幫助，那訂閱的收費應該要遠遠高過一百二十五美元。而且為什麼這些情報會有幫助？又為何認股權證的擁有者要用低於其真正價值的金額賣給你？

一九五三年，英國統計學家莫里斯・肯德爾（Maurice Kendall）在倫敦皇家統計協會（Royal

---

❶指是甘迺迪總統在位的黃金時期。

Statistical Society）發表了一場演說。就算對統計圈子來說，他的主題也相當枯燥乏味：芝加哥期貨交易所每週的小麥價格（除了一八八三至一九三四年，一九一五至一九二〇年）。肯德爾想探討，能否從歷史中預測小麥的期貨價格。

他做出令人出乎意料的結論——人們根本無法預測小麥價格。他說小麥價格那種無意義的波動，「幾乎就像機率的惡魔每一週選出一個隨機數字……然後把這個數字加到目前的價格中，來決定下一週的價格」。

肯德爾表示，同樣結論可能也適用於股票。自認為能預測市場走勢的人（幾乎包括每個股票經紀人、顧問或資金管理人）其實都只是自欺欺人。

肯德爾的言論被貼上「虛無主義」的標籤，據說還「重創了經濟科學的核心」。解構主義認為：經濟科學就是要展現事情可以預測，而且必定可以預測。

薩繆爾森經由一名參加這場演說的友人，聽聞了肯德爾的看法，天生反骨的他喜歡肯德爾虛無主義的論調，決定試試在股票與商品價格無法預測的假設下，自己能夠撐多久。他收到李納．莎維奇（Leonard "Jimmie" Savage）寄來的明信片後，更加深了對這個計畫的決心。

莎維奇也是統計學家，美國人，戴著一副跟玻璃瓶一樣厚的眼鏡，熱愛打領結。當時他在芝加哥大學任職。莎維奇在著作中的署名皆為「李納」，但大家都叫他「吉米」。此外，他也以人如其名（savage 在英文有野蠻人之意）著稱。在他眼裡，只要不同意他想法的人都是笨蛋。據說莎維奇不斷更換工作，就是因為他習慣說同事們很蠢。

一九五四年，莎維奇在圖書館書架上找一本書時，偶然看到路易・巴舍利耶（Louis Bachelier）一本薄薄的著作。巴舍利耶這本書的理論是：股票價格的改變是全然隨機的。莎維奇寄明信片給許多他認為可能對此有興趣的人，也包括薩繆爾森。莎維奇在明信片上寫著：「有人聽說過這傢伙嗎？」

答案是「沒有」，世界遺忘了巴舍利耶。他一九〇〇年的論文《投機理論》（*A Theory of Speculation*）主張，每一天的股票價格變化基本上無法預測。當股票價格反映出該公司的公開消息以及所有合理預測，按照定義，未來股價的變動應該就無法預測。股價不會因為要符合大眾期待而上漲，而是超乎大家預期時才會上漲；下跌則是因為表現不如預期。因此，股價應該是隨機變動的，取決於連續不斷的影響（無法預測性、有好有壞的新聞事件）。

這意味著，如果有個人買了股票後立即賣掉，賠錢與賺錢的機率是相等的。巴舍利耶寫道：「投機的數學期望值是零。」

這篇論文只得到中等評價。巴舍利耶其後的職業生涯皆沒沒無聞，人們對他人生也一無所知，只知道他生於一八七〇年，死於一九四六年。過世十年，莎維奇才重新翻出他的論文，後來薩繆爾森讓他成為二十世紀經濟思想上影響最深遠的人物之一。

諷刺的是，就統計意義來說，股票價格的不可預測性反而讓股票在某種程度上擁有預測性。巴舍利耶相信股價會遵循「隨機漫步」，這是統計學課程中一個經典練習題。一名醉漢在路燈下睡著，每隔一陣子他會起身，搖搖晃晃地朝隨機方向走幾步，然後倒下來再睡。這個過程會無限重複。經過多次這種無目的的路線之後，醉漢會離路燈多遠？

你也許會認為不可能有知道答案的方法。確實，沒有方法能算出確切數字，但我們可以計算出醉漢與路燈之間的平均距離。

想像有一大群醉漢，全都從同一支路燈出發，全都像前文描述的方式移動（忽略彼此碰撞）。所有醉漢的分布狀況將保持以路燈為中心，因為沒有人「推動」這些漫遊的醉漢到特定方向。對他們來說，所有方向都一樣。隨著時間推移，醉漢會朝各個方向往外擴散。這是我們熟悉的情況，當你迷路且毫無方向的移動時，往往會離出發點越來越遠。

若觀察某個特定醉漢的路徑，你會發現有許多倒退走與「繞圈圈」的動作。有少數醉漢最後會走到離路燈很遠的地方，因為他們有很多次的移動正好都是同一個方向，幾乎是一直線。醉漢每次踏出去的方向都是隨機，正如輪盤不太會連續開出同一個號碼。

這群人與路燈的距離會隨著時間推移而越來越遠。更精確地說，平均距離會與時間的平方根呈正比。假如醉漢從路燈漫遊到一條街外，平均要花一小時，那麼要漫遊至兩條街外的平均時間就是四小時，三條街外則大約是九小時。

隨機漫步發生在許多情境。正如前文所述，在機率遊戲中，下注者的資金波動也構成一種隨機漫步（財富只能增或減，所以是一種單面向的隨機漫步）。賭徒的財富隨著時間變化，離初始值越來越遠，最終破產。

巴舍利耶撰寫論文時，愛因斯坦正在苦思布朗運動（Brownian motion）——即微粒子在流體中的隨機振動的成因。愛因斯坦推測，由於看不見的分子從四面八方撞向粒子，而這種隨機碰撞造成可見的運動。愛因斯坦於一九〇五年發表的布朗運動數學理論也類似，但不如巴舍利耶早已悟出的股價理論先進。愛因斯坦也跟其他人一樣，從未聽過巴舍利耶這個人。

隨機漫步黑手黨

薩繆爾森將巴舍利耶的觀念融入自己的想法，正如他的性格，他努力讓大家知道巴舍利耶的天才。但也正如他的性格，他總說巴舍利耶的觀點「非常離譜」。

為什麼？薩繆爾森點出巴舍利耶著作中的一項錯誤，其模型並未考量到這點：股價不能跌到零以下。

當股價按照傳統隨機漫步所敘的改變時，可能會漫遊至零以下，成為負數，但真實世界中不可能發生這種事。投資人受到有限責任保護，無論公司出了什麼差錯，投資人最後都不會因此負債。

這破壞了巴舍利耶的完整模型。不過薩繆爾森發現一個簡單的修正方法。他指出，每天的股價都是隨機係數（如九八％或一〇五％）的乘積結果，而非依照某個隨機的幅度波動。例如在某段時間內，一檔股票的價格翻倍與腰斬的機率是一樣的。這個模型被稱為對數常態或幾何隨機漫步，能防止股價變成負數值。

對薩繆爾森而言，隨機漫步表示股票市場是一個比較高尚的賭場。如果每天的波動跟樂透號碼一樣無法預測，那麼在股市中賺錢的人，其實就跟樂透彩金得主沒什麼兩樣，都是因為運氣，而不是聰明。這樣看來，建議客人要買進哪一檔股票的人都是騙子。有個比喻深受眾人喜愛：要選股票時，不妨拿報紙的財經版來丟飛標。

這種懷疑論演變成正式的「效率市場假說」，聲稱市場擅於替股票設定公平價格，沒人能靠股票得到比別人更好的報酬，除非純粹靠運氣。芝加哥大學經濟學家尤金．法瑪（Eugene Fama）從理論與實務方面詳述了這個觀點。

效率市場假說有其道理，爭議在於這個理論可以延伸多遠。問市場是不是有效率的，就像在問地球是不是圓的，最好的回答取決於發問者的期望與知識水準。如果有人像十五世紀的歐洲人一樣，問說地球是圓的還是平的，那麼比較好的答案是「圓的」。不過，如果那個人已經知道這一點，他想問地球是不是一個完美的幾何球體，那答案則是否定的。

股票市場比許多散戶投資人認為的更有效率。研究顯示大多數主動式管理基金比證券市場指數的表現更差，但民眾還是會把資金投入這些基金，相信基金管理的表現必定值得它們收取的費用。比較困難的問題在於，究竟有沒有能打敗市場的天才投資人？

薩繆爾森對此抱持開放態度，他寫道：「上帝或熱力學第二定律並沒有規定一小群有智慧與資訊靈通的投資人，不能在較低平均變動下，獲得較高的平均投資組合報酬率。」然而，薩繆爾森也沒看見這些人確實存在的有力證據。他的立場可能會讓你聯想到現今「懷疑論者協會」對通靈或ＵＦＯ的態度。他向那些資金管理高手下戰書，要他們證明自己優越的能力。

尤金・法瑪與傑克・特雷諾（Jack Treynor）、威廉・夏普（William Sharpe）、費雪・布萊克（Fischer Black）與麥倫・休斯（Myron Scholes）等經濟學家，非常希望找出能夠確實打敗市場的投資人或投資技巧。優秀的投資組合基金經理人（就像特異功能人士）似乎都習慣大肆吹捧成功，卻刻意忘記失敗。多數情況下，如果仔細檢視，那些號稱能擊敗市場的人往往都站不住腳。

在此值得注意的是，這些經濟學家尋找的表現是什麼，以及效率市場理論學家沒說的事情又是什麼。他們顯然沒有說「沒人能在市場上賺錢」。大多數長期投資人會得到不錯的報酬，這也是他們應得的——否則，為何大家要投資？

他們的意思也不是沒人能賺到比平均報酬更多的利潤。「平均」報酬的標準，就例如道瓊工業指數或標準普爾５００指數，這類指數能追蹤一群代表性股票的表現。有許多投資人都能拿出比這些指數更好的績效，且維持數年，少數人甚至能維持數十年。

這些理論學家也沒有說，所有打敗市場的人都只是運氣好。有一些風險較大的高獲利方法，其中一種是運用槓桿。非常積極的投資人可能會借錢買進超過能力所及的股票，這樣會讓預期獲利呈倍數增加，但風險也倍增。

基於上述理由，界定優秀投資人的概念時必須非常謹慎。特點必須擁有能打敗市場、校正風險的報酬率，他們靠的不是運氣，而是某種邏輯系統。經濟學家一直無法找到這方面的具體證據。

現在很多人都聽過華倫・巴菲特這個名字，他曾說：「如果市場有效率，我現在就會在街上乞討了。」巴菲特因為成功操作避險基金，並在奧馬哈創辦波克夏海瑟威控股公司（Berkshire Hathaway）而聲名大噪，當時薩繆爾森寫道：「『效率市場』或『隨機漫步』的假說，大致上與人生經驗的事實相符。」他又補充：「我必須強調，這個事實指的是紐約（以及芝加哥和奧馬哈）的事實。」

顯然，薩繆爾森認為巴菲特的成功頂多只能歸類為少數的「無解案例」。懷疑論者不可能一一調查所有自稱有特異功能的人、被ＵＦＯ綁架的人，或是打敗市場的投資人。經過許多調查卻苦無證據，這也難怪有些人對此抱持嘲諷的態度。

不過薩繆爾森自己也下了避險賭注，把一部分私人財產投入波克夏海瑟威控股公司。

市場自有效率的說法深深困擾著許多人，最明顯的就是經營共同基金或替有錢人操盤的專業選股人。如果效率市場的假設為真，他們提供的服務就毫無價值。

不滿的情緒也蔓延至華爾街外。很多人追尋美國夢，希望付出較少的努力，在短時間內賺得比別人更多。莫萊蒂在凱弗維爾聽證會上，給了黑幫這個詞一個貼切的定義：「比其他人多賺六％的就是黑幫。」

不是只有罪犯才懷抱輕鬆致富的信念。長期以來，散戶投資人周遭充斥著共同基金與經紀業務的廣告，暗示如果只滿足於「平均」報酬，你就是個笨蛋。美國人堅信，他們能從晨星星等評級（Morningstar ratings）中挑選出「好」的共同基金。「好」的意思大概是比指數型基金獲利更高。有個信條更令人意想不到，散戶投資人以為只要在網路上搜尋一下，聽聽財經頻道那些專家的說法，就能自行選出打敗市場的股票。

這裡引出一個重點，即市場資訊與報酬之間的關聯。「在效率市場中，」法瑪寫道：「許多聰明參與者的相互競爭會導致一個結果，即個別證券在某個時間點的實際價格，早已反映出發生過的事件以及預期未來市場上會發生的事件這些資訊。」

這段話讓人想到夏農的完美密碼系統，密碼透過信號模組就能破解，因此，所有密碼都需要雜訊。在市場上，只要找到可預測的模組就能獲得超額報酬。猜測市場下一個變化的「相互競爭」，能有效消除這種模組，因此沒人能夠打敗隨機漫步與效率市場。

法瑪並未跟凱利一樣，以位元為單位推估市場的資訊量。儘管如此，資訊仍然是法瑪分析中的主要特點。他在一九七〇年發表的一篇論文中，以資訊來源區分三種不同的效率市場假說。

法瑪的「弱式效率市場假說」斷言，你無法從過去的股價預測未來的股價而打敗市場。這一點著重於技術分析，人們習慣觀察股票走勢圖，並試圖從中找出能預測未來走向的模式。弱式（事實上，所有效率市場假說的形式都是如此）的意思是，技術分析毫無價值。

「半強式效率市場假說」是指你無法透過運用任何公開資訊來打敗市場。公開資訊不只包括過去的股價，還有所有新聞消息、資產負債表、彭博社的報導、分析報告以及權威人士的評論。無論你有多密切關注這些新聞，也不管你有多擅長用直覺或各式軟體從新聞中雕出結論，你就是無法打敗市場。基本分析（研究公司財務與其他經營與經濟要素）毫無價值。

最後，「強式效率市場假說」又加入了私有訊息這個因素，主張即使你能獲得公司尚未公開的消息也無法打敗市場。「內線交易」也毫無價值！

法瑪並未深入研究，只是列出邏輯上的可能性。當然也有許多公司內部人員，用內線消息買賣股票而獲利的案例。也有很多研究提出證據，說明私有訊息在公開宣布前洩露至市場上會影響股價。內部人士可能會發現市場已經就他們的內幕消息自己調整股價了。

法瑪這三種效率假說的共同點，在於它們都宣稱股票市場上不存在可利用的「私人電報」，也不存在讓報酬持續優於市場的方法。

沒有人能和薩繆爾森一樣，把反骨提升到藝術層次。他最知名的批評刊登在《投資組合管理期刊》（*Journal of Portfolio Management*）一九七四年的創刊號，部分內容如下：

出於對證據的尊重，我被迫假設大多數投資組合決策者應該辭掉工作——去當水電工、教希臘文，或擔任企業高階主管以提升國民生產毛額（GNP），即使滾到一邊去是個好建議。但這明顯不是讓人樂於遵從的忠告。若是沒人推一把，幾乎沒人願意自殺。

在法瑪與薩繆爾森的大力倡導下，效率市場假說在一九六〇與七〇年代橫掃整個學術圈（這正好也是「明星」投資組合經理人、主動式管理共同基金，以及媒體大舉報導股票投資新聞掀起一陣熱潮的時期），其影響力獲得諾貝爾獎委員會的背書。薩繆爾森捧回第一座頒給美國人的諾貝爾經濟學獎（一九七〇年），而且每個人都看好法瑪之後也會獲獎。之後大部分經濟學獎項都由薩繆爾森的學生或研究夥伴包辦，這些人自然認同他對於市場效率的看法。此派系的影響與態度從他們綽號之一便可得知：「隨機漫步黑手黨」。

對某些人來說，MIT這群「黑手黨」讓人很難在金融期刊或其他權威性刊物上發表不同觀點的文章。一九八〇年代中期，MIT資訊理論學家法諾寫了一篇論文，主張股價並非完全的隨機漫步，且存在可預測的循環。他把這篇論文拿給幾位MIT經濟學家看，希望得到建議，但他們光是對前提就非常反彈。法諾描述：「除非你用特定方式、特定觀點進行研究，不然你就是錯的。」他被告知這篇論文沒有發表的機會，因為審查委員會先打電話給MIT的某些人，而對方會說：「喔，沒錯，他是個不切實際的瘋子。」

不是買股票的好時機

諾瑪與夏農離婚之後搬到好萊塢，並加入共產黨，接下來二十多年，夏農都沒有跟她見過面。諾瑪和第二任丈夫巴茲瑪（Ben Barzma）在麥卡錫年代都被列入編劇黑名單。他們後來逃到法國，因為美國政府似乎有意強迫他們供出其他共產黨員的名字，否則可能入獄。

一九六三年諾瑪回到劍橋，幫就讀哈佛夏季班的女兒布置宿舍房間，這時她主動聯繫了夏農。

他們約在指揮官飯店（Commander Hotel）的酒吧聊聊近況。「我現在有個好妻子和好到無法挑剔的孩子。」夏農告訴她：「我忙教課、做研究，也收集了二十三輛轎車。我也做了些勞作。」講到「勞作」這個詞，他不由自主笑了。諾瑪伸出手，夏農握住她的手親吻她的掌心。

他們回到諾瑪的房間做愛。完事之後夏農問：「妳快樂嗎？」

「還好。你呢？」

「還好。」

夏農對諾瑪說，無論如何，他們倆的婚姻都會完蛋：她激進的政治傾向跟他的祕密加密研究無法相容，而且共產主義與夏農最新的研究對象——股票市場，完全格格不入。

對夏農周遭的人來說，他對金錢的態度是個無解謎團。在密西根州長大的他，生活並不匱乏，但也沒有什麼揮霍的機會。布希這樣寫道，夏農還是研究生的時候「窮得要命」。

夏農第一次婚姻期間有了轉變。諾瑪有錢的母親雇請一名室內設計師，用時髦家具布置夏農位在普林斯頓的寒酸公寓。諾瑪說，夏農始終無法適應這種改變，一直抱怨自己好像住進了舞台布景。

夏農之所以對投資產生興趣，則要拜貝蒂所賜，他再婚前把所有積蓄放在沒有利息的支票帳戶裡。貝蒂建議他買一些債券甚至股票，這樣比較好。

成年的夏農培養出一種形象，是無欲的真理追求者，忽視市場的價值。「我一直都在追求自己的興趣，」他曾向某個記者說過：「不太在乎財務價值或對這個世界的價值。」貝蒂解釋道：「當他研究理論時，都是從數學角度來看非常美麗的事物。」他解決了感興趣的抽象問題後，已經準備好要找下一個問題。貝蒂說：「他一旦完成了某件事，就真的結束了。」夏農承認，每一個看過他玩具室的人都清楚知道這件事：「我花很多時間在完全無用的事情上。」

還有很多趣聞可以說明夏農對金錢的態度非常淡漠。貝爾實驗室長期以來都是薪資保密制度。一九五五年，生物學家鮑伯．舒爾曼（Bob Shulman）列出一張一百名員工的清單，對每個成員提出一個難以拒絕的提議——把自己的薪資填上去，然後我會讓你知道其他人的薪水，包括夏農在內的大多數人都填了。這份清單顯示，夏農的薪水並沒有比其他無名小卒多。貝爾實驗室十分羞愧，於是替夏農加薪五〇％。

夏農外出時，有個同事借用他在ＭＩＴ的辦公室，發現一張未兌現的高額支票，上面寫著夏農的名字，而且支票是一年前開的。ＭＩＴ一直有傳聞說夏農辦公室裡有一堆未兌現的支票，這件事足以為證。

一九五〇年代晚期，出於對知識的好奇與賺錢的欲望，夏農開始深入研究股票市場。三個大書櫃被他擺滿上百本經濟學與投資相關書籍，有亞當・斯密的《國富論》（*Wealth of Nations*）、馮諾曼與奧斯卡・摩根斯坦（Oskar Morgenstern）的《賽局理論與經濟行為》（*Theory of Games and Economic Behavior*）以及薩繆爾森的《經濟學》，還有許多投資方面的實用書籍。夏農最喜歡的就是弗雷德・史維德（Fred Schwed）的諷刺經典《客戶的遊艇在哪裡？》（*Where Are the Customers' Yachts?*）。

當時夏農正在與索普一起設計輪盤電腦，夏農在ＭＩＴ的筆記本上做了注記，一部分內容關於輪盤裝置，一部分則記錄他對股票市場的零碎想法。夏農想知道股票市場隨機漫步的統計結構，以及資訊理論是否能為其提供實用的見解。他提到像是巴舍利耶、班傑明・葛拉漢（Benjamin Graham）以及大衛・杜德（David Dodd）、約翰・馬吉（John Magee）、阿爾弗雷德・瓊斯（A.W. Jones）、奧斯卡・摩根斯坦與本華・曼德博（Benoit Mandelbrot）等人的名字。夏農思考信用交易、放空、停損訂單以及市場恐慌效應、資本利得稅與交易成本。他繪製利頓工業（Litton Industries）的放空股份圖（對照股價：結果發現股價波動毫無脈絡可循）。他寫下像是「孤狼」伯納德・巴魯克（Bernard Baruch）在十年間將一萬美元變成一百萬美元，以及「華爾街女巫」海蒂・格林（Hetty Green）在三十年間將一百萬美元變成一億美元的成功事蹟。

夏農也曾走進ＭＩＴ研究生柯連洛克（Len Kleinrock）的研究室向對方借書。（柯連洛克後來享有盛名，開創了我們這個世代的電報服務，網際網路。）夏農想借的這本書中有美國財富分布表，詳述美國有多少位百萬富翁，有多少人擁有財產淨值超過十萬美元等資料。柯連洛克百思不解，問夏農為什麼需要這些資料。夏農說他正在設計一套投資股市的系統。

仍一頭霧水的柯連洛克又問：「你對於在股票市場裡賺錢有興趣？」

「對啊，難道你不想嗎？」夏農回道。

朋友技巧性地詢問夏農在做什麼，他說自己正在用數學方法投資股票市場。傳言夏農用投資賺了一大筆錢，但不是所有人都相信這個故事。「就我的經驗，確實有極少數人能突然發展出一個低風險、高報酬的訣竅而迅速致富，而且這也會顯露在他們的日常生活方式。」薩繆爾森告訴我：「我不記得ＭＩＴ的茶水間有任何八卦，說夏農一家人的生活奢華到超越學術階級。」

有些人則懷疑這種「在股票市場發大財」的說法，不過是他想離開科學界的藉口。「你並未受到投資成功的影響吧？如果有的話，你是否失去了努力研究的必要呢？」在一九八六年一次專訪中，記者利弗賽奇（Anthony Liversidge）這樣問道。夏農的回答是「當然沒有」，並繼續說道：

我是做了一些股票以及股票市場理論的研究，但跟其他論文一樣沒有發表。大家都想知道內容究竟寫了什麼！……我二十幾年前在ＭＩＴ演講過這個主題，概略描述了這個題材……不過從未整理發表，直到今天還是有人會問起。

儘管夏農從未就這個主題發表過隻字片語，但股票市場仍是他生平最熱切的研究目標之一，貝蒂也是如此。蘇聯數學家波里斯・奇巴科夫（Boris Tsybakov）回想一九六九年造訪美國時，夏農直接切入這個話題，並把市場理論畫在ＭＩＴ教職員俱樂部的餐巾紙上，後來還因為奇巴科夫無法將這些想法在蘇聯付諸實行而開口道歉。

夏農不是第一個認為應該把天賦擴展到股票市場的偉大科學家。號稱史上最偉大數學家的高斯（Karl Friedrich Gauss）也玩股票。年薪只有一千塔勒（thaler）的數學家尤拉（Euler），死後也留下了價值十七萬零五百八十七塔勒的現金與證券。人們對高斯的投資方法一無所知。

另一方面，牛頓因為投資南海貿易公司（South Sea Trading Company）而損失兩萬英鎊，大約等於現在的三百六十萬美元。牛頓說：「我能計算出天體運行，但無法計算群眾瘋狂。」

夏農告訴他的博士班學生恩斯特（Henry Ernst），在股票市場賺錢得靠套利。在資訊時代，「套利」這個詞彙不斷被重新定義。

它的原意是指在兩個地理距離遙遠的市場之間，靠微小的價差獲利。在一八七〇至一九〇〇年的鍍金時代（Gilded Age），金融業者傑伊・古爾德（Jay Gould）發現倫敦與紐約的黃金價格有些微差異，於是他從比較便宜的那邊購入黃金，再運往較貴的地方賣掉，從中快速獲利。

即時電子通訊消弭了大部分地理上的價格差異。今日的「套利」，是用來描述透過市場的不理性來獲利的行為。這跟古爾德的行為有些類似，通常目的是獲利，幾乎同時買進並賣出相同物品。由於套利可以在短時間內獲利，投資報酬率可能遠高於傳統的股票或債券投資。

「套利」是個可能引起激烈反應的字眼。左派人士通常視套利為不勞而獲之舉，是華爾街「貪婪」行為的縮影，認為賺取這些財富時，對社會效益幾乎是毫無貢獻。對於效率市場論者來說，套利或許是種侮辱。就定義而論，效率市場中並不存在套利的機會。很多極度偏頗的學術金融觀點，論述時都將「無套利」視為公理。許多金融「定理」都假設不存在套利機會，接著再用嚴謹的歐幾里德方式來證明。

這種循環論證引發了一個笑話。有個MIT（或芝加哥大學）的經濟學家說，在街上尋找百元鈔票是愚蠢的行為。為什麼呢？因為如果路上真的有百元鈔票，早就被人撿走了。

事實並沒有乍看之下的矛盾。街上是否有百元鈔票，端看路人掉錢的頻率，以及其他人把鈔票撿走的速度。效率市場理論者宣稱，撿錢這件事很簡單，是撿錢者之間的競爭，他們要趕在別人之前把鈔票撿起來。這種競爭能迅速把街上的一百元紙鈔都清光，橫財就像是熱鍋上的雪花一樣迅速消失。所以能合理推論，世上沒有飛來橫財這種事情。

反對效率市場假說的一方提出較客氣的說法。有時候掉錢的速度會比其他人撿起來的速度要快。在某些地方，百元鈔票會在街上停留一會兒。

夏農顯然將凱利方程式視為套利的數學要素。一九五六年春季學期，夏農在MIT開了一堂資訊理論研討的課程。其中一個授課主題為「投資組合問題」。這堂課的講義，現在只剩下當時的學生彼得森（W. Wesley Peterson）（知名資訊理論學家）留存的影印稿，以及收藏在國會圖書館的夏農論文手稿檔案。

這份講義會讓任何尋求投資建議的人十分困惑。課堂講的是凱利的賭博系統，其中提到《六萬四千美元的問題》以及傳送賽馬結果的電報服務。這堂課除了名稱之外，根本無關投資組合或股票市場的任何事。

夏農應該是在課堂上口述其中的關聯。他的論點在於，賽馬就像快節奏且詭譎的股票市場。參觀大型證交所，看到一地無用的股票憑證，這景象令人心驚。再看看賽馬場，大多數馬票都會在幾分鐘內變成廢紙。

把所有資金都押在被看好的（馬匹或股票）是非常愚蠢的。唯一求存的方式就是分散投資。有些人會押注每一匹馬，或是購買指數型基金，至少能享受到平均報酬，此外要扣掉交易成本。「平均報酬」在賽馬場上不是個熱門選擇，畢竟賽馬場的抽成頗高，不過這對股票市場來說則是個漂亮的數字，例如比通貨膨脹率高六%。對於採取「買入並長期持有」策略的投資人來說，手續費與稅的金額都很低。

夏農對高於平均的報酬更有興趣。打敗市場（股票或賽馬）的唯一方法，就是知道其他人不知道的事。股市行情表正如賠率顯示板，會公開賠率。要打敗市場，交易人得擁有優勢，更精準地看出那些股票真正值得押注。

賽馬場與證交所當然有許多不同之處。賽馬場上一定有前三名，一定也有輸家：賽馬為的是錢，賭的是一種明確結果。股票與其他證券的結果是連續性的，會以任意幅度漲跌，也可能會有配息配股、分割或合併。以時間來看，每一場賽馬各自獨立，股票市場則是連續性的，投資人可以按照自己的想法進行長期或短期投資。

這些差異並不是最根本的。任何類型的隨機事件都有所謂的「機率分配」，即計算每一種可能的結果與其機率。以賭場上某一種簡單的遊戲來說，結果可能只有兩種（贏或輸），各有相關的機率和收益。你可以用長條圖的兩條線標示出「贏」與「輸」的分配狀況。

若是股票投資，機率分配的曲線比較接近鐘形，線形會隨著時間逐漸改變。你往往會落在曲線中間的某個地方，也就是中等收益，更好或更糟的機率很小。統計學家對於這兩種機率分配類型都相當熟悉，資訊理論中也有提到這兩者。

凱利的賭徒內線情報故事，前提就是效率市場理論否定之事：沒有人能夠提前知道市場動向。效率市場最簡單的概念，就是假設所有人都同時看見所有金融新聞，並同時採取行動。當然事實並非如此。比較務實的效率市場模型承認，人們需要花幾分鐘、幾個小時或幾天才會根據新聞消息採取行動。在這整個過程中，必定有人暫時獲得比他人更多資訊。

某些經濟學家認為，有些人儘管有資訊優勢，卻還是無法從中獲利。交易成本是他們最常提出的理由。透過內線資訊獲得的收益可能還低於佣金。也可能是套利者承受了未知的風險，自以為「完全準確」的消息其實並不準確。賺小錢的代價在於不會血本無歸，因此承受較小的風險。總之，長期來看沒有人能夠打敗市場。

凱利的分析引發大家對這個定論的懷疑。如果獲利的唯一限制是內線消息的資訊率，則難以說明為何交易成本總是會超過獲利。投資人有了資訊充分的內線消息，應該可以克服成本問題、打敗市場才對。

「你知道嗎，經濟學家探討效率市場時，都認定所有條件相等，且沒人能真的賺到錢，一切憑藉運氣，諸如此類。」夏農曾這樣說：「我完全不相信那是真的。」

夏農已經嚐過在市場上首次勝利的甜頭。但那與套利無關，而是他社交網路的緣故。一九五四年，夏農認識的貝爾實驗室科學家查爾斯・哈里森（Charles William Harrison）創辦了自己的哈里森實驗室，替彩色電視機這個後勢看漲的新產品製作電源供應器。夏農當時認購了一些該公司的股票。現在大家可能沒聽過哈里森實驗室這個名字，因為它在一九六二年被惠普收購，股價也因此飆漲。因為那一次併購，夏農得到數量可觀的惠普股票。帳面上的金額讓他相信，在股票市場中確實能賺進真金白銀。

哈里森的經驗讓夏農輕易接受另一個朋友辛格頓（Henry Singleton）要開公司的事。辛格頓是夏農在ＭＩＴ念研究所的好友，時常一起下西洋棋。辛格頓有陣子住在貝爾實驗室附近的格林威治村，後來搬到西區，投入蓬勃發展的國防工業。一九六〇年，辛格頓與柯茲梅斯基（George Kozmetsky）成立名叫特勵達公司（Teledyne）的國防用品承包商，專賣數位導航系統給當時仍使用類比系統的五角大廈。夏農以每股一美元的上市價格認購了幾千股，而該公司成為六〇年代的當紅炸子雞，在一九六七年漲到每股二十四美元。

隨著公司股價飆升，辛格頓利用膨脹的市值併購其他公司，買了大約一百三十間。特勵達旗下有保險公司、離岸油田以及洗牙機器的製造商。

一九六二年，一群ＭＩＴ人員創辦了科德克斯公司（Codex Corporation），為軍方提供編碼技術。夏農購入該公司股票。科德克斯公司推出第一台主機電腦使用的數據機（九千六百鮑率，要價兩萬三千美元）。很少有企業會用到它，因為當時在ＡＴ＆Ｔ的電話線安裝第三方數據機是違法的，但一九六七年美國聯邦通信委員會提出一項規定，推翻ＡＴ＆Ｔ的設備壟斷權。於是科德克斯的數據機業務量急遽上升，隨後被摩托羅拉收購，讓夏農又一次成功獲利。

夏農夫婦買過的新科技公司，不只這三個精明的選擇，其中有些是賠錢收場，且至少有一個案例是賣得太早。他們曾買進全錄影印機公司（Xerox）的股票，在獲利後馬上出場，後來錯失能賺進大筆鈔票的機會。

在投資初期，夏農試圖找出市場操作的正確時間點。一九六三年或六四年的某一天，夏農警告伯利坎普「現在不是買股票的好時機」。伯利坎普就跟大多數研究生一樣，連房租都快繳不出來了。當伯利坎普禮貌地詢問原因時，夏農解釋，因為他已經發明出一台電子裝置，能模擬股票市場資金進出流動方式。

那是個類比回饋電路，且一定類似於凱利的橄欖球電路。（我訪問過的人都不記得是夏農或凱利先完成電路。）市場的謎題之一，在於股價變動往往比企業盈虧更加劇烈。這通常歸因於回饋效應——跟高中校長在禮堂演講時，麥克風發出狂暴噪音的原因如出一轍。人們把錢投入股市，買壓造成股價上漲。賺到錢的人開始高談闊論，他的朋友們因為羨慕，也開始買進該股票。這種正向回饋會持續發生，但只會維持一小段時間。

如果公司獲利沒有迅速增加，股價不會永遠上漲。在某些時間點，壞消息會觸動恐慌性賣壓（負面回饋）。「壞消息」不必真的非常壞，它只是一種催化劑，好比刺破泡泡的細針。而夏農顯然有辦法調整輸入電路板的數據，讓它與投資基金的波動相符。他的結論是，市場早就該修正了。

牛市行情一直持續到一九六五年底，一進入一九六六年，標準普爾500指數就下跌了一三%。無論時間點或跌幅，一九六六年的回檔都不符合夏農那個裝置的預測。

有次索普到夏農家中拜訪，看到黑板上寫著夏農研究中的方程式，算式為：

$$2^{11}=2048$$

索普問那是什麼意思，夏農與貝蒂都沉默不語，思考了一會兒才解釋。他們一直在買賣新發行的熱門股票，幾乎每個月都能讓財富翻一倍，他們想算清楚自己將會有多少錢。加倍十一次之後，每投資一美元變成了兩千零四十八美元。

首次公開募股

夏農不是唯一靠著新股票賺得驚人獲利的人。索普來拜訪他時，基梅爾正打算發行他停車場事業的股票，也就是「謀殺公司」部分產業的首次公開募股。

機運或混亂決定市場與企業命運的想法，讓許多人難以接受。確實，上帝並不是在跟股票市場玩擲骰子。基梅爾發行股票一事，或許就是個有趣的反證。

首先要記得，基梅爾當初之所以搞了停車場事業，其實就是靠著擲骰子幸運贏得的。他一九四五年成立公司，以紐華克的金尼街名命為「金尼系統停車公司」，即第一座停車場的所在之處。然而，因為茨威爾曼當時沒有留下遺囑，金尼系統停車公司的所有權歸屬不明確。一九六〇年，有個叫做霍華．史東（Howard Stone）的男人剛好在跟茨威爾曼的女兒約會。茨威爾曼的遺孀告訴史東，他們家族擁有金尼系統停車公司外加好幾間拉斯維加斯的飯店。如果他成為女婿，將來這一切可能都是屬於他的。

一九六二年二月的股票發行說明書上，公司定名為金尼服務公司（Kinney Service Corporation），其中並未提到基梅爾與茨威爾曼的名字，並宣稱這間公司最大的股東是基梅爾的長子凱薩（Caesar）。據說這位年輕版的基梅爾擁有十六萬九千五百股，占了公司股權的一〇．八％。

一九六二年三月，該公司開始在美國證交所發行股票，代號ＫＳＲ，發行價格為一股九美元。這讓凱薩（或他的家族？）的股份價值高達一百五十萬美元。

金尼服務公司開始跟美國其他公司一樣，製作精美的財務年報。他們在第一份年報裡自誇：「服務就是我們的名字。」但他們的企業文化中，仍留有過往的印記。「有一天，有個黑人走進來想偷車，」一九六〇年代初期任職於金尼服務公司的瑞奇海默（Judd Richheimer）說：「結果車庫主管布奇（Butchie）把空氣壓縮機打開，讓現場吵到聽不見。然後他將這個男子帶到樓下，打斷他的四肢扔到大街上。」

金尼服務公司最近跨足了一項新的經營項目：禮儀社。該公司在股票發行前，併購紐約的河濱紀念教堂（Riverside Memorial Chapel）。禮儀社的經營狀況比停車場還要好。更進一步的好處在於，金尼公司獲得一位極具天賦的年輕禮儀師史帝夫・羅斯（Steve Ross）。雖然單看背景令人難以想像，但羅斯其實是個能幹的經理人，也是個傑出的交易人才。很快地，這間公司就變成由羅斯，而非基梅爾家族經營了。

羅斯是個天生賭徒。他讀過《打敗莊家》，基梅爾教過他算牌。他在經營公司方面也樂意賭一把。六〇年代是企業集團的年代。羅斯多角化經營許多與殯葬業，以及與停車場本業沒有明顯關聯的產業，收購辦公大樓清潔公司、出版《超人》的DC漫畫公司、《瘋狂雜誌》（*Mad magazine*），還有一間經紀公司。

一九六九年，羅斯大膽競購電影製片與唱片公司的華納兄弟（Warner Brothers）。參與競標的公司還有兩家，這反映出那段時期的浮華景象。羅斯以些微之差，在這場競標戰中險勝，金尼以四億美元買下華納兄弟。到了一九六九年，金尼的股價已經超過三十美元，表示自股票公開發行以來，年度報酬率約為一九％。這次併購的隔年，凱薩的股份總值已超過六百萬美元。

此次併購讓金尼服務公司成為大眾焦點。一九七〇年《富比士》雜誌稱金尼本益二十倍的現象是一種「市場謎題」，認為該公司可能涉嫌不法作帳。除此之外，雜誌裡有個側欄提到金尼服務公司與黑手黨有掛鉤的傳言。有記者請凱薩發表回應。這位年輕版的基梅爾在照片裡看起來儀表堂堂，跟知名時裝品牌「布克兄弟」（Brooks Brothers）雜誌廣告模特兒差不了多少。「許多年來，我們是由黑手黨經營的指控一直追著我，」凱薩對雜誌記者說：「這完全不是事實。我們不會隨身帶槍，也從沒被任何黑社會團體影響。」

他告訴雜誌記者，自己是公司併購委員會的主席：「我們大可以收購很多我們認為腐敗的企業，但我們完全沒有跟他們接觸。」

當凱薩被問及，他父親「大賭徒」曼尼．基梅爾是否曾擁有這間停車場公司時，他回答：「從來沒有。」他認為之所以會有這個傳聞，是因為一九四〇年代晚期，這間公司位在市中心的停車場，一直被用來停放往返紐澤西接送骰子賭客的豪華禮車。

採訪的《富比士》雜誌記者對此表示懷疑：「難道黑手黨的傳言一次又一次不斷出現的原因，只是因為這樣？跟你父親在一九四八至五〇年間，涉及的賭博生意沒有關係嗎？」

「老實講，我不是我父親的監護人，」凱薩回道：「他有他的人生……我也有我的。你愛怎麼寫就怎麼寫，總之這個傳言不是真的。」

羅斯經歷了華納兄弟併購案與《富比士》雜誌的事情後，領悟到一件事：金尼服務公司的過去對他建立商業帝國的未來目標是一大阻礙，於是他將這間公司重新命名為華納傳播公司（Warner Communications）。一九七一年底，他們將停車場事業分拆出去，並出售禮儀社事業。

一九九〇年，華納與出版巨人時代公司（Time-Life）合併，成為時代華納公司（Time-Warner）。華納的股價漲至七十美元。時代華納也成為世界上最大的媒體公司，年收益約為一百億美元，股票市值達到一百五十億美元。不過這次的合併，與二〇〇〇年時代華納和美國線上（America Online）合併後達到的三千五百億美元相比，可說是小巫見大巫。基於揭露利益的全面性，在此說明：我上一本書正是由時代華納旗下的子公司所出版。

一九八二年，基梅爾於佛羅里達州的博卡拉頓（Boca Raton）逝世。他留下了年輕貌美的瑞典妻子艾葳（Ivi），她嫁給基梅爾時才二十幾歲。

賭你的信念

對索普而言，二十一點不再像過去那樣有利可圖或有趣了，他說：「我發現如果我再賭下去，內華達州遲早會發生一些糟糕的暴力衝突。」到了一九六四年，他決定將天賦用在地表最大的賭場——股市。

索普靠二十一點贏了約兩萬五千美元，另外加上存款一萬五千美元，後者主要是著作的版稅收入。他在一九六四與六五年在新墨西哥州的暑假期間，系統性地自學股票市場相關知識。他閱讀的其中一本書是保羅・庫特納（Paul Cootner）的《股票市場價格的隨機性質》（*The Random Character of Stock Market Prices*），這本書由麻省理工學院出版社出版於一九六四年，收錄隨機漫步模型的關鍵文章。

索普讀到一篇有人在收購白銀的新聞報導。白銀供不應求的情況已持續好長一段時間，一般是靠著熔鑄回收的舊珠寶和各式銀器來補足市場需求，但可回收的白銀存量越來越少。

索普用存款買進一些白銀，價格大約在每盎司一點三美元。後來漲到約兩美元。接著他用融資（也就是借來的錢）買進更多白銀，但白銀的價格開始跌了。索普無力追加保證金，賠了大約六千美元，在當時可是一大筆錢。「我學到了昂貴的一課。」他說。這個教訓是：你不可能靠著新聞報導的消息掌握優勢。

有兩個德州投資人找上了索普，他們在之前的二十一點事件對索普有所耳聞。這兩人自稱是挑選壽險股的專家，詢問索普是否願提供協助。索普在達拉斯跟這些人會面。他花時間研究壽險產業，好不容易有足夠信心把錢投資到這兩人推薦的公司，結果股價「快速直線下跌」。這次經驗中，索普唯一收穫是兩人送他的禮物：一組次等的牛排刀。

回到新墨西哥州的拉斯克魯塞斯，索普做了其他散戶投資人會做的事情，查看財經雜誌裡頭的「快速致富」廣告。市面上有上百種股市分析系統待售。《巴倫》（*Barrons*）周刊的一則廣告吸引了他的目光，那是一間叫做ＲＨＭ的認股權證服務公司。

薩繆爾森曾經訂閱這間公司的雜誌，該公司仍在營運，老闆叫弗里德（Sidney Fried），他宣稱能夠用小錢買進權證，再高價賣出。索普派人去買了這間公司的書。

閱讀的時候，「我思考的是，什麼是決定認股權證價格的因素。」索普說：「我思考，然後在紙上塗塗寫寫大約一個小時之後，發現有個近乎確定的簡單方式能夠為這些東西定價。」

認股權證是當時唯一廣泛交易的股票選擇權。索普首先追蹤的認股權證之一，是由斯佩利蘭德公司（Sperry Rand）所發行的，這是做出第一部量產型數位電腦的公司。一九五八年三月十七日，斯佩利蘭德公司發行一份讓擁有者能以二十五美元一股的價格（履約價）買進斯佩利蘭德公司股票的認股權證，一九六三年九月十六日到期，代表當天收盤之後，這個認股權證就成了廢紙。

認股權證的合理價格是多少？如果斯佩利蘭德公司的股票漲到超過二十五美元，認股權證就會立刻變得很值錢。若是漲到二十九美元，認股權證至少有四美元的價值，因為你可以靠著認股權證，以低於現價四美元的價格購入斯佩里．蘭德的股票。

但這並不表示如果斯佩利蘭德公司的股價跌到二十五美元以下，認股權證就毫無價值。你還是能把認股權證賣給覺得股價在失效日前會超過履約價的人。

報紙上會列出各認股權證的報價，就像它們列出賽馬比賽的盤口賠率那樣。投資人判斷認股權證的價格時，有很大一部分是憑直覺。當你說這個認股權證價值多少多少，實際上是在提供股價在認股權證失效前會漲到履約價以上的機率，並更進一步要猜測超過的幅度有多大。這整個判斷過程非常複雜。認股權證的價格必定會受到諸如以下狀況的影響：新產品上市失敗、法律訴訟的結果，或是高階主管為了購入畫家馬諦斯（Matisse）的畫而拋售大量股票等。蝴蝶效應引發的海嘯，可能會導致斯佩利蘭德公司高階主管乘坐的遊艇翻覆，使得股價重挫，又有誰能有系統地預測這類意外事故？

接著索普想到隨機漫步模型。假設不可能預測造成股價波動的事件，那麼買股票的選擇權就是押注在隨機漫步上。索普知道已經有精準的方式可以計算出隨機漫步的機率分布，得視隨機運動的平均幅度而定——在上述案例中，就是股價每天上漲或下跌的幅度。

索普做了一些計算，發現大多數認股權證都像嘉年華會的遊戲，就獎品價值與得獎機率而言，成本太高了，尤其是對再過幾年就要到期的認股權證來說更是如此。交易者對這段期間內的股價漲勢，預期通常過於樂觀。

面對嘉年華中要價太高的遊戲，除非你拒玩，否則無能為力。但如果你發現認股權證的定價過高，可以選擇放空，藉此將對自己不利的賠率扭轉為優勢。

放空的交易者就是投售「並未持有」的證券，從第三方借來證券，以現行股價售出，並約定在未來某天將同一證券歸還給第三方。交易者希望屆時價格會下跌，這樣就能夠用比放空價更低的價格買回證券。

放空附帶了一個令人不快的風險。如果公司的股價飆漲，認股權證也會跟著漲價。理論上，股票（或認股權證）的價格漲幅沒有上限，這表示放空者可能損失的金額也沒有上限。

將此情況與買進股票或認股權證（買空）的一般情形做比較，你損失的錢不會超過購入這張證券的金額。這個可能性已經夠痛苦了，不過至少損失是有上限的。而放空者則有可能要承受無限大的損失。

有一個老方法能減少這種風險，即幾乎同時買進、放空同一標的。古爾德在「價格過低」時買進黃金，並在「價格過高」的地區售出。他不必知道哪個價格「正確」，甚至不必理會「正確」兩字是否有意義，也無須預測金價上漲還是下跌。在買進與賣出的過程中，古爾德實際上消除了持有黃金的一切風險，他鎖定「不理性」的價差作為確定利潤。

大多數的套利形式都遵循著古爾德的計畫。套利者買進價格過低的證券，同時放空價格過高的「相關」證券。「相關」是指該證券的價格會與原始張證券同步漲跌。就認股權證或選擇權來說，「相關」證券就是這間公司的股票。

這個計畫乍聽之下或許會令人困惑，但它有點類似凱利的「賭你的信念」賽馬系統。在一場只有兩匹馬參加的賽馬比賽中，一定有一匹馬贏，一匹馬輸，由於這種顯著的相關性，要消除賽馬押注時一般會出現的風險是有可能的。只要兩匹馬都押，你就不會輸。

選擇權或認股權證的價值會隨著股價的潛在價格而升高。透過買進股票與賣出選擇權，你就創造出一場「賽馬比賽」，交易的一方必然會贏，而另一方會輸。如果你比其他人更能掌握「真正的」賠率，憑你的信念調整投注額，就能預期獲利。

這種買空—放空的交易就是「凱利最適」（Kelly-optimal），不過早在凱利之前，這個方法已經被運用在股票市場上。索普的創新之處在於準確計算出得買進多少股票，才能抵消放空認股權證的風險。這個技巧現在被稱為「德爾他避險」（delta hedging），以象徵「量的變化」的希臘字母Δ為名。

在德爾他避險中，股價小幅度變動的獲利（或損失），都能被認股權證價格的變動所抵消，當「不理性」的認股權證價格變動至與股價持平時，你就能賺錢。

凱因斯曾說過一句名言，市場保持非理性的時間，長過你維持償付能力的時間。除非你確信自己能夠以「合理」價格售出而獲利，否則用不理性的價格購入任何東西都沒有好處。你必須知道其他「不理性」的人何時才會恢復理智，且認同你的看法。

這就是索普計畫的美妙之處。市場不可能一直堅持對認股權證不理性的價值評估。失效日一到，認股權證就會灰飛煙滅！——隨之覆滅的還有對其價值所有不理性的看法。

持有認股權證堅持到最後的人只有兩種下場：一是股票價格低於認股權證履約價，什麼都沒了；或是二，股票售價高於履約價，馬上淨賺一筆。對該認股權證價值所有不理性的看法不過是一種回憶。（股價本身也有可能「不理性」，但誰知道呢？——這並非討論重點。）

打敗市場

一九六四年夏天，索普的人生有了改變。支持他在新墨西哥州大學任教的補助金已經用完了，數學系似乎要落入「團體理論學家派系」手中。索普開始尋找下一份工作。加州大學在橘郡（Orange County）的爾灣（Irvine）成立新校區。索普和薇薇安在南加州都有一段美好回憶，於是索普前去應徵，他通過面試，得到這份工作。

索普在加州大學爾灣分校的第一天，碰巧向電腦科學系系主任費爾德曼（Julian Feldman）提起自己對認股權證的興趣。費爾德曼說，喔，我們系上也有個傢伙在做同樣的研究。

他說的是經濟學家席恩・卡索夫（Sheen Kassouf）。卡索夫在哥倫比亞大學念書時，所撰寫的博士論文就是關於如何決定認股權證的公平價格，他並未提出精確的答案，但他對此的見解非常實際，本身也有操作認股權證交易。

費爾德曼把索普介紹給卡索夫認識。他們決定就這個主題每週舉行一次研究研討會。這個研討會沒有學生，索普和卡索夫只是每個星期碰面，一起研究致富的方法。

索普也開始進行認股權證交易。他的避險系統一如預期地發揮作用，到了一九六七年，他已經將原始資金四萬美元增加至十萬美元。

這個系統並非萬無一失。當時市場上的認股權證相對來說較少，因此市場流動性不足。放空太多認股權證的人可能會發現，很難在有需求時買進。藉由交易本身所創造出來的「人為」需求，會促使認股權證價格上漲。這不是好事，因為索普賭的是認股權證的價格會下跌。

德爾他避險法只能保障不受股價小幅波動影響。如果股價波動太大，就必須藉由買進或賣出更多股票或認股權證重新加以調整。這代表交易者必須密切觀察股票與認股權證的價格。

有時候發行公司會修改認股權證的條件，這對交易而言是場災難。基於種種原因，不是每一筆認股權證交易都能獲利。跟許多年輕交易者不同，索普深諳賭徒末路的概念。他有辦法評估獲利機率，並運用凱利方程式確保他不會在任何一筆交易中投入太多資金。

一九六五年底，索普希望在爾灣分校獲得正教授的職位，他寫信給夏農請他幫忙寫推薦信。索普在信中寫道：

> 經過幾次錯誤嘗試後，我終於在股市賺錢了。我針對股市的一小部分（但其實ε乘以「無限」的結果並不小）建立了完整的數學模型。我能用這個模型證明每年的預期報酬率是三三%，而且這個模型的經驗性假定可以，能在大幅度範圍內變動（遠超過那些懷疑論者所指出的範圍）的情況下，但又不會對數據造成太大影響。以往的紀錄也證實了三三%這個數字。假設我每年會修改一次投資組合，加之持續關注投資組合報酬率，每年似乎可以有超過五〇%的毛利率。但我尚未釐清細節部分，因此我只能確定目前現在這個較低的報酬率。我已經將手中大部分資金進行投資好幾個月了。我們曾經「設定」的第一個試驗探性目標是每兩年將資本翻一倍，現在距離這個目標已經不遠了。

儘管三三%這個數字太樂觀，但索普的報酬率確實打敗了市場的報酬率。他在信中邊緣的空白處畫了一個指向「股票市場」這個詞的箭頭，並加上一個問題：「您是否還在朝它進攻？您的戰果如何？」

薩繆爾森創造了「ＰＱ」一詞，或者說是表現商數（performance quotient）。這個術語就像ＩＱ一樣，應該是用來衡量投資組合經理人的能力。ＰＱ的平均值為一百。問題是，有人的ＰＱ超過一百嗎？

薩繆爾森推論，若這種人真的存在，也幾乎會把自己隱形起來。你不會看見他們在投資銀行或福特基金會（Ford Foundation）任職。「他們的智商太高，不會為這些機構工作，」薩繆爾森寫道：「就像那些兜售賽馬情報的人一樣，他們會跟可以從中獲取最多利潤的富人分享（他們的天賦），並收取一定的費用作為代價。」

薩繆爾森的結論為，高ＰＱ的人會用自己或朋友的資金祕密投資。他們不會把自己的「系統」洩漏出去，一旦洩漏出去，效率市場就會複製他們的作法，讓這個系統的優勢消失殆盡。

有好幾年的時間，索普都是典型高ＰＱ交易者，他默默執行自己的認股權證系統，用自己的錢，外加一些請他幫忙投資的親戚的錢。很快地，他用於投資的本金就超過了一百萬美元。

接著索普做了薩繆爾森認為不會發生的事。他告訴卡索夫，他們應該公開這個系統。索普精心盤算著兩件事，一是專業化資金管理，二是撰寫一本關於認股權證避險系統的書。「我們能得到一定聲望，」索普回憶道：「這會讓我們更容易募資。」索普自認為擁有源源不絕的賺錢方法，能承受公開認股權證避險系統的代價，這就跟當初公開二十一點系統的狀況極為類似。

卡索夫同意他的看法。寫這本書，他們拿到五萬美元的預付款，這對卡索夫而言是「天文數字」。這筆預付款大約是他五年薪水。

這本書叫做《打敗市場》（*Beat the Market*），講述專為散戶投資人設計的簡化版認股權證避險系統。當時不是每個人家裡都有電腦，必須先在方格紙上畫出圖表，才能確定哪些認股權證價格過高。

這本書似乎是第一本探討德爾他避險法的著作，但每年建議散戶投資人如何投資的書有好幾百本，大多數學者完全沒注意到這本書。

作品豐富的薩繆爾森是例外。他替美國統計學會會刊審閱此書。「像天文學家討厭占星學一樣，科學家也討厭他們的專長被世俗化，並且以他們的立場提出謬論。」所以薩繆爾森一開始並不看好這本書。雖然他認同這個系統能讓少部分讀者賺到錢，但也擔心對於那些無疑想快速致富的大半讀者來說，要懂這本書要先投入大量精力與深厚的數學能力。「食品藥物監督管理局應要求作者不得做出這類誤導民眾的主張，」薩繆爾森批評道：「或至少要求他們印上警告標語，告訴讀者他們自己比一般人更了解這個系統。」

索普與卡索夫討論成立合夥投資公司的想法。卡索夫提出一條協議，由索普、他自己和他的兄弟擔任負責人。索普擔心公司權力會過於偏向卡索夫兄弟。兩人在投資理念上也存在差異，卡索夫相信有時能預測特定股票的走勢，會買進他覺得會漲的股票，也會放空他覺得會跌的，但索普不會。索普不相信任何人能夠準確預測市場動向，包括卡索夫。正如索普告訴我的：「我們對於市場投資的大膽程度不同，我沒那麼大膽。」

他想要開一間「市場中立」策略的合夥投資公司，意味著其報酬會獨立於股票市場的表現。就算股票不景氣，這間合夥投資公司的收益仍有可能是高報酬——這只是他的想法，但這個想法本身就是個絕佳賣點。索普希望吸引到的大型投資人會把部分資金投入這間合夥投資公司，如果他能證明這間公司的表現並非與股市連動，那些已經持有大量股票的人，就能透過投資他的公司降低整體風險。

索普詢問律師開設合夥投資公司事宜，律師說這個想法不太實際。索普反駁，巴菲特就開了一間合夥投資公司。律師告訴他，巴菲特的公司並非設在加州，加州有太多法規禁止索普所想的那種自由運作經營模式。

這位律師開給索普的諮詢費用是二十個小時，金額為兩千美元，這占去索普大部分的薪水。索普跟律師談好降價。這次經驗澆了他冷水，也讓他更窮了。

詹姆斯・瑞根

詹姆斯・瑞根（James "Jay" Regan）是少數讀過索普與卡索夫的著作，並且意識到其重要性的金融專家之一。一九六九年，瑞根聯絡索普，並提出與他會面的要求。

瑞根比索普年輕十歲，於達特茅斯學院主修哲學，後來改行成為股票經紀人。瑞根曾在三間證券商任職，最後一間是費城的巴契與許瑞德公司（Butcher & Sherrerd）。他對於只能奉命行事感到厭煩。會面時，瑞根告訴索普，他有意成立一間合夥投資公司，且已經有四個潛在合夥對象，巧合的是，這四人都住在西岸，索普是其中之一。瑞根小心翼翼的拿著這份名單，好似拿著一副好牌。

瑞根早上起床上廁所時，把名單擱在桌上。索普翻過名單看了一下，上面有他、卡索夫跟另外兩個名字。索普相信卡索夫不會有興趣，斷定瑞根八成會選自己。而這個預測是正確的。

瑞根天生的推銷好手，個性十分外向。「他會去做那些我不想做的事，」索普解釋道：「像是：找股票經紀人交流、會計工作，在華爾街遊走打探消息之類的。我想做的是思考——構思理論並試著付諸實行。我們真的很高興能分工合作，因為我們的做事風格和個性都截然不同。」

「分工合作」是公司最奇特的安排之一。索普不想放棄他在加州大學爾灣分校的教職，以及加州的生活。因此他們一開始就商定好分隔兩岸的合作方式，藉由線路——電話或數據連線的方式聯繫。索普和一名公司員工會在加州負責數學方面的運算，他們會把交易指示傳給位於東岸的瑞根與其他公司員工。東岸分部負責處理營運端事宜，包括絕大多數募集投資人的工作。

索普出身自藍領階級家庭，他大多數朋友都是數學家，但除了夏農，那些數學家平常身上都不會有多餘的錢。瑞根出身東岸富裕家庭，透過家人、達特茅斯學院，以及擔任股票經紀人的人脈，他認識許多有錢人。他也擁有索普目前缺少的市場實務經驗。瑞根就像是賭場界的基梅爾，是經驗老道的老鳥。

索普和瑞根創立了「避險基金」，這個術語要追溯至一九四九年。曾擔任《財星》雜誌專欄作家的社會學家艾福瑞德．瓊斯（Alfred Winslow Jones），是最早創辦「避險基金」的人。當瓊斯看好某一檔股票時，他會借錢多買一點。槓桿會增加他的獲利與風險。為了對抗風險，瓊斯會放空他覺得價格過高的股票，這就是對這個基金的賭注進行「避險」技巧。瓊斯稱這種槓桿與放空方式為「獲得保守收益的投機工具」。

到了一九六八年，大約有兩百個避險基金在爭取數量有限的富有投資人的青睞。許多成名的經理人，像是喬治．索羅斯（George Soros）、巴菲特和麥可．史坦哈德（Michael Steinhardt）都創辦了避險基金。在這個過程中，「避險基金」這個術語漸漸偏離其原始意義。不是所有避險基金都能避險。目前避險基金與普通的共同基金的差別，部分在於監管，部分在於社會經濟地位。主要投資人為美國中產階級的共同基金，在嚴厲監管下，通常無法進行放空或利用槓桿。避險基金的投資人限於富人與組織機構。監管機關給予避險基金經理人更多操作的空間，是因為他們相信那些有錢的投資人會自行多加注意。

避險基金投資人往往對效率市場假說嗤之以鼻。避險基金通常會向投資人收取獲利的二〇%（索普與瑞根的收費也是如此）。現在的避險基金通常每年會加收資產價值一%（或以上）作為費用。除非投資人相信這個避險基金在收取高額費用後，仍然能夠打敗市場，不然不會付錢。要確定這個避險基金是否能達成這不可思議的目標看似簡單，其實不然。不同於共同基金，避險基金並不需要將其績效數據公之於眾。經濟學家們只是為避險基金建立了公開資料庫TASS，裡面的數據基上是倖存者提供的偏差結果，充滿了偏見。這些基金都是自行將收益回報給TASS的。

索普和瑞根將新的避險基金取名為「可轉換避險合夥公司」（Convertible Hedge Associates）。「可轉換」意指可轉換債券，是索普發現的新型態投資機會。於是他們正式開始招募投資人。

爾灣分校研究所所長雷夫．傑拉德（Ralph Gerard）碰巧是傳奇價值投資人班傑明．葛拉漢的親戚。當時傑拉德正在尋找投資標的，因為他原本的經理人結束和他的合作。在正式投資索普前，傑拉德希望他的資金管理人去見見索普，並掂掂對方的斤兩。

這位管理人是巴菲特。索普夫婦與巴菲特夫婦某天晚上在巴菲特位於爾灣沿岸翡翠灣（Emerald Bay）某個社區的家中打橋牌。索普對巴菲特廣泛的興趣留下深刻印象。當巴菲特提到非遞移骰子（non-transitive dice）這個索普同樣深感興趣的遊戲時，兩人一拍即合。那是一種數學上的奇特現象，這種骰子「把戲」能混淆大多數人對於機率的看法。

當晚會面結束，索普告訴薇薇安，他相信巴菲特有一天會成為美國最有錢的人。巴菲特對索普的評價也十分正面。於是，非常信賴巴菲特的傑拉德決定把錢交給索普投資。

瑞根去法院查閱有哪些人已成為其他避險基金的合夥人。他主動電訪，得到一些收獲，其中有一對富有的兄弟檔，查爾斯與鮑伯・伊凡斯（Charles and Bob Evans）。查爾斯靠著販售女性休閒褲致富，而他的兄弟鮑伯，原本是一名演員，後來成為派拉蒙影業公司（Paramount studios）的製片主管。索普和瑞根在紐約與伊凡斯兄弟見面。這對兄弟對索普在二十一點上的成功事蹟十分好奇。

鮑伯對當時的情形略有了解。他擔任電影製片主管第一個出人意料的舉動，就是買下馬里奧・普佐（Mario Puzo）的黑手黨傳奇故事，《教父》（*The Godfather*）的電影版權。像他的作品一樣，普佐跟黑幫脫離不了關係。他曾告訴鮑伯，他欠了黑幫一萬美元的賭債，如果不還錢，對方就會打斷他的手臂。鮑伯付給普佐一萬兩千五百美元，請他寫這部電影的劇本。

伊凡斯兄弟都投資了這個基金。有一次在他們位於比佛利山的家中會面時，鮑伯懶洋洋地泡在游泳池裡，而穿著拘謹西裝的索普就跟在他身旁，試著解釋投資成果。鮑伯拋出一連串問題，且看似相當認可索普的答案。之後他們每次會面時，鮑伯幾乎都會問一連串一模一樣的問題，索普也提出幾乎完全相同的答案。

資金開始湧入。索普和瑞根再拉到一個大型企業退休金帳戶的客戶，又從麗池浪凡—查爾斯集團（Lanvin-Charles of the Ritz）主席所羅門（Dick Salomon）、雷諾食品（Reynolds Foods）總裁唐庫利（Don Kouri）那裡募得資金。一九六九年十一月，「可轉換避險合夥公司」正式開始營運。

國際度假村

該基金的西岸辦公室在觀念上，成了MIT與芝加哥大學效率市場學派的死對頭。正如索普回憶那些日子時所說的：「問題不在於市場是否有效率，而是市場為何沒有效率，以及我們如何怎麼利用這一點。」

這個基金的名稱來自於可轉換債券，跟其他債券一樣，都是給付固定利率的貸款。可轉換債券之所以特別，是因為它給予持有者將債券轉換成發行公司股票的權利。當股價在債券持有期間大幅飆漲，這個條件就變得很有價值。基本上，可轉換債券是一種附加股票選擇權這種「紅利」的債券。

要弄清楚普通債券應該賣多少錢很簡單，端看目前利率以及發行單位的信用而定，但是可轉換債券中的「股票選擇權」如何定價則令人感到困惑，通常還是得用猜測的。

學術界並不知道索普就快解決這個問題了。一九六七年，索普設計了現在稱作「布萊克－休斯模型」的選擇權定價模型。顯然，選擇權的價值取決於履約價、股票現價以及到期日。另外，也有很大程度取決於股價的波動性。股票的波動性越大，股價就越有可能漲到讓選擇權有價值的程度。當然，股票也可能下跌，而這種情況下，你的損失不會高過購買選擇權的金額。因此，流動性越高表示選擇權應該越有價值。

這個定價方程式相當複雜，一定要用電腦運算。精通電腦的索普比當時大多數選擇權交易者都更有優勢，他能找到定價錯誤的可轉換債，並以標的股票執行避險交易。

索普一開始就很成功。光是在一九六九年的最後幾週，基金就有三．二%的獲利。一九七〇年，這第一個完整營業年度扣除可觀的相關費用後，報酬率為一三．〇四%，同年度標準普爾５００指數的報酬率只有三．二二%。一九七一年，基金賺了二六．六六%，幾乎是同年度標準普爾５００指數的兩倍。

基金賺錢讓他們能雇用新人。普林斯頓辦事處找了一批典型的華爾街人士，而新港灘（Newport Beach）辦事處則大量招募加州大學爾灣分校數學與物理科學系人才。一九七三年，索普雇用了主修物理與電腦科學的史提夫．水澤（Steve Mizusawa）。水澤是個安靜、謙遜而勤奮的人，一天只睡五個小時（大約下午五點會小睡一小時，再從凌晨一點睡到五點共四個小時），這個習慣讓他在紐約、倫敦與東京證交所交易時派上用場。

隨著基金規模擴大，員工薪資也水漲船高。索普曾告訴另一個從爾灣分校招募的員工大衛．蓋爾鮑姆（David Gelbaum），他的薪水在未來五年可能會漲五倍。實現之後，蓋爾鮑姆問他公司前景如何。索普告訴他，他認為未來五年或許薪資還能再漲五倍。「不過我覺得，我可能賺不到那個數字。」

一九七二年，基金的電腦模型判定國際度假村公司（Resorts International）的認股權證嚴重偏低。該公司在大西洋城蓋了一間賭場，而且其股價下跌至每股大約八美元，認股權證履約價則是四十美元。由於這檔股票漲到超過四十美元的機率十分渺茫，認股權證被視為近乎一文不值：精準地說，只值二十七美分。

索普的模型根據股票大幅波動的歷史紀錄，計算出這張認股權證應該有約四美元的價值。索普把市面上流通的認股權證全都買下來——大約一萬零八百股。花了將近兩千九百美元。索普同時放空國際度假村的八百股作為避險。

這檔股票狂跌至一股一點五美元。索普趁機以低價購回以前以八美元放空的八百股。這批股票花了索普大約一千兩百美元，他因此獲利六千四百美元，等於淨賺五千兩百美元。

股價下跌也帶衰了認股權證的價格。不過股票賺到的五千兩百美元獲利彌補了認股權證的損失，最後讓索普還有兩千三百美元的獲利。

而且索普仍然持有這些認股權證。六年後的一九七八年，國際度假村的狀況漸漸好轉，其股價漲到每股十五美元，但距離履約價四十美元還有很大的距離。有人提出用每張認股權證四美元的價格向索普收購，幾乎是當初成本的十五倍。索普用電腦模型確認後得出結論，認股權證的價值應該接近每張八美元，目前仍處於價格過低的狀態。

索普拒絕了買家，並買進更多認股權證，再次放空股票。到了一九八〇年代中期，索普以每張一百美元的價格出售認股權證，這是他買進價格的三百七十倍。這筆交易使得過去十年平均年度報酬率達到八〇%，這還是沒把放空一般股的獲利算進來的數字。

諷刺的是，在一起二十一點算牌合法性的訴訟官司中，國際度假村是被告。因為其新開幕的賭場禁止算牌者烏斯頓（Ken Uston）與其捷克團隊「洗牌追蹤者」（shuffle-trackers）入場。

在這類交易中，索普的投資額受限於市場本身，而非顧慮過度投資。最佳狀態即「有多少買多少」——在此例中，是總值只有兩千九百美元的認股權證。這是一個典型案例。實際上，索普在運用凱利的操作哲學時，幾乎不需要精確的計算。他只要快速評估一下，就能確認投資規模大小仍在凱利方程式的極限值內。因此在上述例子中，他通常不需要更精確的計算。

凱利方程式會將所有錢押在「穩贏」的標的上，但真實世界幾乎沒有穩贏的事。索普在證券交易中確實遇到幾次「穩贏」的機會，在這那幾次交易中，他曾一次投入基金總資產三〇%。在少數極端案例中，索普甚至投入相當於基金總資產一五〇%的錢到「穩贏」交易中，也就是除了身家之外，他還借了基金資產的一半金額。

索普說積極投入交易的真正考驗在於「晚上是否能安穩入睡」，如果這讓他無法入眠，他就會減少投入金額。

算牌者要擔心安裝在天花板的隱藏式監視器，成功的交易者則要擔心自己的交易手法被其他人複製。舉例來說，如果其他人知道索普的成功事蹟，進而會看出他打算購入國際度假村認股權證的意圖，這樣一來，這些人可能會搶先買進。

保持交易機密的其中一項風險，就在於執行交易的經紀人。有些交易人偏好與自己認為口風很緊的經紀人保持密切關係；有些交易人則會試著把交易分散交託給許多經紀人處理，他們可能會下單給一個經紀人放空認股權證，再下單給另一個經紀人買這股票，如此一來，沒有經紀人能看見全部的交易內容。

索普和瑞根都認為交由單一經理人處理較為合理。厲害的股票經紀人較有餘裕幫助重要客戶，他們能確保交易迅速執行並提出誘人的折扣，還能提供從研究報告到小道消息等種種資訊。最重要的是，這位經紀人必須完全真誠，無比謹慎。瑞根找到一個完美人選——麥克．米爾肯（Michael Milken）。

麥克．米爾肯

米爾肯用自己的方式，在不那麼完美的效率市場中開創職業生涯。他就讀加州大學柏克萊分校商學院時，碰巧讀了一篇布雷多克．希克曼（W. Braddock Hickman）講述低信用評等公司債券的研究論文。希克曼堅信分散投資這些被忽視的債券，實際上相對安全且高報酬，他的研究檢視範圍為一九〇〇至四三年。除了米爾肯和一名叫做阿特金森（T. R. Atkinson）的人之外，沒有人對希克曼這篇研究有太多關注。阿特金森把研究範圍從一九四四年延伸至一九六五年，也得出相同結論。

米爾肯處理上述發現的方式，與索普利用市場無效率的方法截然不同。米爾肯是個銷售員，他將這些不受青睞的證券取名為「垃圾債券」，並積極地在他工作的德克索投資銀行（Drexel Burnham Lambert）推銷這些債卷。

米爾肯是個高超的銷售員，一段時間之後，眾人漸漸淡忘希克曼推薦買進垃圾債券的理由。由於米爾肯的影響力，垃圾債券成為熱門商品，銷售價格水漲船高，希克曼與阿特金森的研究結論或許已不再適用。

米爾肯自有盤算。首先，信用欠佳的公司能夠以高利率發行自己的「垃圾債券」，然後用這筆資金買下其他公司，並出售那些公司的資產來支付債券利息。這種行為稱作企業襲擊。成功的話，這就是一種套利形式。被收購的公司，其價值有時會高於市場認定的非理性低價。

企業襲擊讓米爾肯成為媒體與許多企業高階主管的眼中釘，但也讓他變得有錢有勢。米爾肯在德克索投資銀行的權力大到能在比佛利山設立自己的辦公室。他喜歡遠離紐約德克索投資銀行領導階層的自由感，據說他刻意在身邊安排了許多能力平庸卻勤奮的忠實部屬，想要所有人都對他感恩戴德。

「跟了我五年的人，身價全都超過兩千萬。」有消息指出，米爾肯曾在一九八三年對德克索投資銀行的同事華勒斯（Robert Wallace）這樣說。米爾肯派系的部屬都展現出一股近乎詭異的忠誠，德克索投資銀行的員工卡麥隆（Dort Cameron）說：「麥可是本世紀最重要的人物。」還有人覺得：「像米爾肯這種人，五百年難得一遇。」

米爾肯曾表示，他想讓自己的家人變成世上最富有的人。但他如果把畢生精力都用在賺錢，那似乎無暇顧及該如何花錢。他住在位於恩西諾（Encino）一棟相對樸實的宅邸，這間房子曾是知名演員克拉克．蓋博（Clark Gable）與其妻子卡蘿（Carol Lombard）家的客房。米爾肯會把午餐放在紙盤上吃，戴著平價的假髮，開著一輛平價的奧斯摩比（Oldsmobile）。

一九七〇年代初期，索普和瑞根找來米爾肯作為他們基金的主要經紀人。在索普與米爾肯的財富緊密連結這段期間，他們兩人從未見過面，索普只與米爾肯的律師，他的兄弟洛威爾（Lowell）見過一次。洛威爾負責米爾肯的法律事務，辦公室就位於米爾肯在比佛利山的建築。然而，索普與米爾肯距離最近的一刻，就是隔著一扇玻璃窗看著他走過德克索投資銀行比佛利山交易所的大廳。

一九七〇年代初期，羅斯與基梅爾認為把華納傳播公司私有化可能不錯。他們想買回大部分在市面上流通的股票，這樣就能將所有權限制在少數幾個大股東手上。

為了籌措必要資金，華納傳播公司必須發行垃圾債券。羅斯尋求米爾肯的建議——米爾肯擬定了一個計畫，並到紐約與羅斯會面討論。

米爾肯解釋，羅斯必須放棄華納傳播公司四〇%的股份，當成讓其他人購買這批垃圾債券的誘因。這是一種標準的股權參與。除非能同時擁有股票，否則沒人會購買這些垃圾債券。德克索投資銀行還會另外收取三五%的股份作為服務費。這樣一來，羅斯的團隊就只剩下二五%的股份。

「你開什麼玩笑？」羅斯說：「你根本就只是做財務規畫而已，竟然要拿走三五%的股份？」

米爾肯雖然由衷欽佩羅斯，且告訴朋友自己與羅斯志趣相投，但仍不會在這些條件上退讓。羅斯無意放棄公司七五%的股份，只得打消將公司私有化的計畫。

米爾肯多次用各種方式向客戶提起這類方案，每一次的細節略有調整。有許多客戶接受了他的條件。但這些客戶不知道，債券購買者很少真正拿到股票。米爾肯旗下的業務員總有辦法不附帶股票就將債券售出。而本該分配給債券購買者的股票，反而悄悄流入了米爾肯的私人帳戶。

羅伯特．莫頓

學術界開始對認股權證和選擇權產生興趣。關鍵人物之一就是薩繆爾森的得意門生羅伯特．

莫頓（Robert C. Merton）。莫頓的父親是哥倫比亞大學知名社會學家。老莫頓著名的事蹟是發明焦點團體，以及將「角色楷模」（role model）與「自我應驗預言」（self-fulfilling prophecy）這些詞流行化。老莫頓教導兒子股票市場與撲克牌的相關知識，而後者總是設法在兩種狀況中尋找優勢。在撲克牌上，小莫頓相信他能透過盯著燈泡而獲得優勢，因為燈泡的光線使他瞳孔收縮，讓對手難以讀出他的想法。

一九六三年，製造裁縫紉機的勝家公司（Singer Company）宣布即將收購製造計算機的費里登公司（Friden Company）。當時年僅十九歲的莫頓買進費里登股票，並賣勝家股票，在兩家公司合併後大賺了一筆。

從哥倫比亞大學畢業後，莫頓進入加州理工學院攻讀數學碩士學位，但莫頓深深著迷於他課餘時間在市場上的成功。他常在上課前去帕薩迪納的號子，確認紐約證交所的股票價格。

莫頓下定決心轉到經濟系。他在加州理工學院的導師惠特曼（Gerald Whitman）不敢相信有人想離開數學系，但還是協助他申請了六間學校，最後只有一間接受。

那間學校就是MIT。MIT提供全額獎學金，莫頓在一九六七年秋天轉學。

他在MIT的第一學期，其中一位授課教授就是薩繆爾森。薩繆爾森立刻就注意到莫頓。隔年春季，薩繆爾森找莫頓當擔任研究助理，這對於才剛決定攻讀經濟系的人來說，是莫大殊榮。

薩繆爾森鼓勵莫頓挑戰當時仍未解決的選擇權定價問題。薩繆爾森本人一直在研究這個問題，而答案呼之欲出。他認為莫頓或許是解決這個問題的接班人。

ＭＩＴ裡還有其他人在研究這個問題，莫頓很快就得知ＭＩＴ的休斯和布萊克也在做研究，後來這兩人進入黎拓國際企管與技術顧問公司（Arthur D. Little）工作。莫頓認為選擇權的「正確」價格，就是沒有人能靠買空、放空來獲利的價格，這項假定稱為「無套利」。莫頓基於這個論點，以及股價是以幾何方式隨機漫步的假設，推知布萊克與休斯的定價方程式。

三個人都很好奇這個新方程式會如何反映出市場的真實狀況。當時選擇權交易員的地位很低，是證券業的邊緣人。這些並非華爾街主流的人，能憑本能訂出數學上來說「正確」的選擇權價格嗎？

布萊克、休斯與莫頓檢視週日報紙上場外交易選擇權的廣告，並比較這些數字與方程式的預測結果。有些選擇權的交易價接近方程式得出的價格，有些則沒那麼接近。他們偶爾會發現一些物超所值的選擇權。

這是否代表方程式終有可能打敗市場？每週一早上，休斯都會打電話給刊登超值選擇權的交易人，對方總是說超值選擇權才剛賣光，但還有跟廣告一樣優質的其他選擇權……休斯意識到這是誘導轉向的銷售手法。

後來休斯讓一名學生分析某個交易商的報價，得到了一項結論。有些選擇權的定價錯誤，但交易商收取的交易成本太高，所以沒人能藉此獲利。

隨後這個研究團隊發現了認股權證。由於認股權證是在一般股票交易市場進行交易，沒有誘售的問題，報價就是實際價格。當時流通的認股權證中，有一間叫做全國通用公司（National General），相對於公式計算出來的結果，其價格是最低的。全國通用公司是一個企業團體，不久前才在華納兄弟併購戰中敗給擁有金尼停車場的那間公司。

布萊克、休斯與莫頓拿出各自積蓄，買進大量全國通用公司的認股權證。布萊克回憶道：「有一陣子，我們看似做了正確決定。」

一九七二年，美國金融公司（American Financial）宣布收購全國通用公司的計畫。作為交易的一部分，認股權證的條件有所改變，而這對認股權證持有人相當不利。MIT三人組把所有錢都賠光了。

布萊克推論，認股權證之所以那麼便宜，是因為內部人士事先得知併購的內線消息，因此提前售出，誘使布萊克、休斯與莫頓買進他們認為價格偏低的認股權證。「雖然我們這次交易結果並不好，卻驗證了我們的方程式，」布萊克說道：「市場會脫序都是有原因的。」

布萊克和休斯花了些時間才將這篇論文修改好發表。即將出版之前，布萊克寄了一本預印本給他認為可能會感興趣的人——愛德華．索普。

布萊克懂《打敗市場》中描述的德爾他避險，在附信中解釋他將索普的推論又往前進了一步。在完美的理性世界中，所有無風險的投資獲利都是均等的。德爾他避險（理論上）是一種無風險投資，所以當定價「正確」時，應該與國庫債等其他無風險投資的報酬相當。

索普審視之後發現，布萊克與休斯似乎發展出自己的一套選擇權定價方程式。他不太確定的原因在於，這個方程式的結構跟他的不同。

當時索普最珍貴的「玩具」之一是惠普 9830A 電腦。這台早期的小型電腦，要價近六千美元，記憶體有七千六百一十六個位元組，有打字機式鍵盤，能使用 BASIC 程式語言編撰程式。它沒有螢幕，取而代之的是單欄文字顯示器，基上能繪製出彩色圖表的繪圖機。

索普很快就把布萊克與休斯的方程式輸入電腦，讓電腦繪製出定價表，再與他公式算出的定價表相比，發現除了一個包含無風險利率的指數因素外，其餘完全相同。索普之所以沒有納入這個因素，是因為他進行的選擇權場外交易並未授權讓交易者放空，後來當芝加哥證交所開始進行選擇權交易後，這條規則就改掉了。布萊克與休斯把這點納入了他們的方程式，除此之外，兩條方程式並無不同。

布萊克–休斯方程式快速定名，並於一九七三年發表。而這個名字也抹殺了莫頓與索普的貢獻。

就莫頓而言，這是禮貌的問題。因為他的衍生理論是建立在布萊克與休斯的研究上，因此他必須把發表論文的時間延至那篇文章問世之後。莫頓在AT&T的新刊物《貝爾經濟與管理科學期刊》（*Bell Journal of Economics and Management Science*）發表他的論文。這份期刊旨在呈現資訊理論、物理科學的量化研究法，轉向金融等以往陌生的領域所產生的深遠影響。

索普認為莫頓的論文是「傑作」。「事實上，我從未想過自己有什麼貢獻，」索普說道：「因為我本來就不是經濟學與金融界的人，這個問題附加的重要性並不在我的考量之內，我只看見了一個賺大錢的方法。」

人腦對抗機器

很少理論發現能像布萊克─休斯方程式一樣大幅改變金融業。德州儀器公司（Texas Instruments）很快就推出內附此方程式的掌上型計算機。選擇權、認股權證以及可轉換債券市場變得更有效率，這也讓索普這種尋找套利機會的人更難出手。

出於需要，索普經常轉換交易類型。一九七四年，索普與瑞根將基金改名為普林斯頓新港合夥公司（Princeton-Newport Partners），這個名字充滿長春藤聯盟與東岸富豪氣息。新港不是羅德島州（Rhode Island）的新港，而是加州的新港灘。普林斯頓也不是大學，而是市鎮。比起通勤到更為繁華忙碌的曼哈頓，瑞根寧願通勤到普林斯頓上班。索普與瑞根還結合了兩人的中間名，成立了奧克里蘇頓管理公司（Oakley Sutton Management），並雇用員工並創立證券經紀商子公司，好節省一些手續費。

一九七二、七三與七四年，基金公布的淨投資報酬率分別為一二・〇八％、六・四六％以及九%。這些數字展現了市場中立策略（market neutral）的價值。股票市場在一九七三與七四年處於明顯跌勢，但到了一九七四年底，基金幾乎把原始投資人的資金翻了一倍。索普與瑞根當時管理的總資金為兩千萬美元。

如此成功卻要藏住祕密實在不容易。一九七四年九月二十三日，《華爾街日報》頭版刊登一篇索普與普林斯頓新港合夥公司的報導，文章以其獨特的詩歌作為標題開頭：

漲握先機
他在股市成功的祕密，是電腦方程式
愛德華·索普不需要直覺和分析師報告；
仰賴數學，大發其財繁榮興旺
「我稱之為慢速致富。」

《華爾街日報》的撰稿人十分驚訝於索普不在乎基本分析，反而仰賴電腦運算。對一九七四年的報紙讀者來說，電腦就像登月火箭一般陌生。電腦是只會在電影裡才有的東西（而且通常會發狂、殺人）。

在某些情況下，這個基金的交易完全由電腦圖表決定，圖表不只建議正確的投資立場，還會評估出年收益的概略數字。索普先生宣稱：「管理金錢，越是仰賴遠端遙控方式越好。」

《華爾街日報》把索普的作法與「初步但逐漸量化、機械化的資金管理方式」的說法連結在一起，並提到至少有兩間華爾街大型投資公司（高盛證券與帝傑投資銀行）採用了布萊克－休斯方程式，而帝傑投資銀行的格雷斯坦（Mike Gladstein）辯稱這個聰明的方程式「只是他們運用的眾多工具之一」。

「這整個電腦模型非常荒謬，因為現實的投資環境十分複雜，無法簡化成模型。」引述某位不具名共同基金經理人的說法：「你不能用機器取代擅長進行證券分析與進場交易的經理人。」但據《華爾街日報》報導，標準普爾公司追蹤的約四百檔共同基金，索普的「機器」績效表現只輸給其中一檔。索普說：「表現最好的那一檔，是只投資黃金股的瘋狂基金。」

索普算出他幫一個退休基金客戶操作的兩百次避險交易，有一百九十次獲利、六次打平、四次虧損。有些損失的幅度達交易價格的一五%。最糟的情況就是公司宣布破產。索普曾持有美國金融公司（U.S. Financial Corp）價值二十五萬美元的可轉換債券。當這間公司申請破產時，索普的基金損失十萬七千美元。

莫頓、布萊克與休斯的認股權證實驗面臨了另外一個問題。普林斯頓新港合夥公司於是主動出擊，打電話給各公司的律師，打聽他們是否正在計畫更改認股權證的規定。

為何資金管理人沒有用

威廉·夏普是「隨機漫步黑手黨」中最傑出與激進的成員之一。他會四處探尋資金經理人是否真正打敗了市場。那些人通常會惱羞成怒，說自己確實打敗市場，接著夏普會變身為追根究柢的檢察官。他認為成功的投資組合經理人就像成功的占星師——擅長說服有錢人，讓對方相信自己的服務有價值。

夏普曾在加州大學爾灣分校當了兩年教授，並在那裡認識了索普，兩人曾就市場效率性進行過多次友善的辯論。夏普在爾灣分校研究的是讓他未來成名的理論——資本資產定價模型（Capital Asset Pricing Model）。

之後夏普搬到史丹佛。一九七五年索普邀請他回爾灣分校授課。客座期間，索普再次試圖說服夏普同意自己的立場。夏普剛回來時，索普才剛要成為打敗市場（？）的投資人，而現在索普已經有實際戰績了。

索普向夏普說明他進行過的一些交易。其中一次在一九七四年，購買美國汽車公司（AMC）於一九八八年到期的可轉換債券。發行價為一千美元，後來跌至六百美元。這是一個高報酬機會——這是可轉換垃圾債券。一張債券能交換一百股美國汽車公司的股票。當時股票價格為每股六美元，因此債券的價格與將債券轉換後的股票價格完全相同。

索普發現這**簡直太瘋狂了**。因為債券會支付五％利息，但股票卻沒有股利，持有債券絕對比持有股票更有潛力。如果股價上升，可隨時將債券轉為股票。但別著急！債券持有人能賺取利息且不用承受股價下跌的潛在風險。如果夠有耐心，持有債券直到一九八八年到期的話，可以保證拿回當初購買債券的一千美元本金。

索普買進可轉換債券，同時放空美國汽車公司股票。這有可能發生問題嗎？公司狀況或許會變差。這樣的話，索普可以賺到更多錢。若是公司破產，公司會被清算，剩下的資金會分配給債券持有人。但有可能剩下的資金不夠清償全額債券，這意味著股東一毛錢也分不到，美國汽車公司的股票會變成廢紙。所以破產會傷到債券持有人，但對股票持有人傷害更大。而這對於持有債券、放空股票的人來說是件好事。

真正糟糕的情況是股票不漲也不跌，但索普還是能獲得可觀的收益。美國汽車公司會發放八．三三%的股利，索普是用八%的利率借錢來買這檔股票，淨賺〇．三三%。但由於索普放空了美國汽車公司的股票，現金已經入袋，他可以把這筆錢用六%的利率放貸。就算股價毫無動靜，他也淨賺了六．三三%。

由於這筆交易穩賺不賠，而且沒有破產風險，根據凱利系統，使用槓桿是可行的。索普投入借來的資金好讓獲利加倍。「這種簡單明確的情況極為罕見，簡直千載難逢，」索普解釋道：「但我們大部分的錢都是從這種情況中賺到的。」

夏普並未被說服。每個科學理論都會受到許多例外的挑戰，哪些挑戰要嚴肅以待，哪些要一笑置之，是困難的判斷。

效率市場理論學者宣稱市場能比投資人表現得更加理性。其中一個機制就是像索普這種套利者，每當價格偏離常軌就會進場獲利。

效率市場論者大多會假設利用套利機會賺錢太過穩當，以致於價格絕對不會明長期偏離常軌。索普的經驗卻不是如此。他了解到套利者通常會受限於交易成本、定價錯誤的證券供給量、凱利方程式以及其他要素。就算索普試圖以數學的的最大比率值獲利，錯誤定價的狀況也得花幾個星期、幾個月或更長時間才會消失。

夏普提出反論。若把世界劃分為「主動」與「被動」投資人。被動投資人的定義，即敏感到能理解「無法打敗市場」的任何人。這種投資人會將所有資本投入於包含現存所有股票的投資組合（大致上就像「指數基金」）。

主動投資人是飽受「我能夠打敗市場」這種幻象所苦的人，他們會將資金投入除了市場投資組合以外的其他標的。

以夏普的術語來說，主動投資人不需要「主動」交易。一位在衣櫃抽屜底部收藏了兩張AT&T股票的退休老師，也算是主動投資人——她的做法是基於AT&T比整體股市指數基金更值得持有的假設。主動投資人也包括任何試圖選出「好」股票並避開「壞」股票的人，或者是透過把資金投入主動管理基金或投資夥伴公司，雇用他們進行這類操作的人。

夏普問：主動投資人還是被動投資人的表現績效比較好？整體來說，全世界的投資人擁有全世界一〇〇%的股票。（外星人不會買股票！）這意味著全世界投資人的平均報酬（姑且不論管理開銷、券商手續費與稅金），一定跟全球股市的平均報酬相等，不會有例外。

更清楚明確的是，被動投資人的平均報酬等同於股票市場平均報酬。這是由於這些投資人把資金投入與市場整體報酬相符的指數基金或是投資組合基金中。

整體報酬減去被動投資人的報酬，剩下的就是主動投資人的報酬。既然被動投資人的報酬與整體報酬相當，那麼主動投資人這個群體的報酬也必定與整體市場的平均報酬率相同。這導出一個令人訝異的結論。整體來看，主動投資人（在加上手續費與稅金之前）的績效，與被動投資人相當。

我們都知道，有些主動投資人的表現特別優異。每個主動投資人都希望有超越他人的績效。不過有件事是確定的，不是所有人都能達到「優於平均」的表現。

因此主動投資是個「零和遊戲」。有一個主動投資人的表現優於平均，就表示至少有一個主動投資人的表現低於平均。我們不能藉由想像主動投資人的獲利是來自於那些接受平均報酬的懦弱被動投資人來迴避這個結論。根據上述原因，被動投資人的平均報酬與主動投資人完全相同。

現在把其他費用考慮進去。被動投資人幾乎沒有手續費、管理費或資本利得稅（他們鮮少賣股票）。主動投資人的各項費用各有不同，包括日內交易者、避險基金合夥公司合夥人到散戶零股投資人都算是主動投資人。大多數情況下，主動投資人會支付一%至二%的管理費、更多的手續費與稅金（當避險基金運作良好時，投資人得支付更多手續費），差不多每年會從本金扣除大約二%。

二%不是小數目。二十世紀股票市場平均報酬率只比無風險利率高五%。然而一名主動投資人要比平均報酬率多賺約二%才能追上被動投資人。

有主動投資人辦到這件事嗎?絕對有。他們是少數聰明人或幸運兒,身處報酬率金字塔的頂端。大多數主動投資人都未能達到損益兩平,大部分自認為能打敗市場的人,表現得都比市場差。夏普說這個結論無可辯駁,而且並非基於花俏的經濟理論,而是遵循算數法則。

敵人名單

一九七〇年代初期,索普聽說演員保羅.紐曼(Paul Newman)可能有興趣投資。紐曼當時剛拍完《刺激》(*The Sting*)。(這部電影描述一個詐騙高手盜用凱利的名字,運用延遲電報服務的手法,誘騙一名黑幫大老把身家拿去豪賭。)索普曾在二十世紀福斯影業(Twentieth Century Fox)的片場跟紐曼一起喝啤酒。紐曼問索普,全職玩二十一點能夠賺多少錢,索普回答一年三十萬美元。

「那你怎麼不去做?」紐曼問道。

「是你會去做嗎?」索普反問。

索普估計紐曼當年收入約有六百萬美元。索普的收入跟他差不多。

紐曼決定不投資普林斯頓新港合夥公司，他對於這間公司為了將稅金最小化而採取的交易方式抱持保留態度。紐曼質疑政府檢查他的退稅申請時特別仔細，而他不想在稅務上有任何嫌疑。紐曼解釋他是高調的自由主義者，位列尼克森總統「敵人名單」上第十九號人物。

確實，普林斯頓新港合夥公司並不總是想著賺錢，有時也得思考怎麼把錢留住——他們需要仔細評估交易稅的影響。

「我做過評估，如果我不用支付州稅和聯邦稅，財產大概會比現在多三十二倍。」索普最近這樣告訴我。這段話顯示複利對於費用與獲利有相當大的威力。

就拿夏農想把一美元變成兩千零四十八美元的美夢來說。你用一美元買了一張股票，它連續十一年每年價格都翻倍的話（年報酬率是一〇〇％！），你就能用兩千零四十八美元將它售出。這兩千零四十七美元的獲利必須另繳資本利得稅，以二〇％稅率計算，你要繳交政府四百零九美元，剩下一千六百三十九美元。這個數字等同於這十一年來，你的無扣稅年報酬率為九六％。稅金只把稅前複合報酬率拉低了四％。

假設你是透過許多次的交易才把一美元變成兩千零四十八美元，你知道每年都有獲利，因此每年都要支付資本利得稅。第一年，你的資金從一美元變成兩美元，一美元的獲利就必須繳稅。為了簡化計算，假設短期稅率也是二〇％（實際上更高），那麼你就要付給政府二十美分，年底結算時你的資本是一點八美元而非兩美元。

這代表你並未把資本翻倍，而是扣除稅金後增加了一點八倍。到了第十一年的年底，你的資本並非二的十一次方，而是一點八的十一次方，大約是六百八十三美元，還不到買進並持有的投資人同一時間稅後資本的一半。

一九七〇年代末，瑞根想到一個聰明的點子。當時國庫債券仍然相當熱門。債券附帶聯排息票。每六個月支付利息時，債券持有人就會撕下到期的息票拿去兌換利息。所有息票都撕下來之後，代表國庫債券到期，持有者就能以債券領回本金。

瑞根的想法是購買新的國庫債券，並立刻將息票撕下來分別販售。有些人或公司預期未來會需要大筆資金，那可以購買「無附件」的債券，到期日正好是他們需要錢的日子，這比買下整張債券便宜，不用為了當下不需要的收入多付錢。另外有些人可能會想獲得眼前的報酬，不在意未來是否有一大筆收入，於是購買息票。

瑞根這個點子還有一個更大的賣點，就是能鑽稅法漏洞。大部分無息票國庫債券的售價會小於面值，理當如此。三十年後到期、沒有息票的一萬美元債券，現在的價值絕對低於一萬美元。由於沒有支付利息的問題，購買者就只能透過資本利得獲利。但只有在以低於一萬美元的價格購入才有可能賺錢。

一切聽起來很合理。買進一張一萬美元的債券，撕掉所有息票，再將無息票的債券以一千美元左右的價格轉售。理論上在該年度報稅時，你有權申報九千美元的資本損失。總之，稅法沒有提到稅務人應該如何計算債券附件的價值，因為國會在制定法律時，並沒有考慮過這種拆分的情況。

瑞根把這個想法告訴米爾肯，米爾肯覺得這個點子實在太妙了。一個擁有價值一百萬美元資本利得的富有投資人，只要購入價值一百一十萬美元的全新債券，把所有息票撕下來之後，以十萬美元轉售無息票債券，資本利得就像變魔術一般消失了。儘管有名義上的稅務損失，但賣家其實沒有失去任何東西。十萬美元加上那些息票的價值，幾乎等同於他付出的一百一十萬美元。甚至可以說（但沒什麼說服力）政府其實沒有任何損失，因為這些債券的稅金早晚還是會有人付。

米爾肯成立多切斯特政府債券公司（Dorchester Government Securities），向客戶推銷這個想法。多切斯特位於芝加哥，但只知道地址是第一國家廣場一號二七八五室，沒有任何資訊。一九八一年多切斯特更名為貝爾維德證券公司（Belevedere Securities），瑞根與索普皆為合夥人。其他合夥人包括米爾肯兄弟與索爾．史坦伯格（Saul Steinberg）的誠信集團控股公司（Reliance Group Holdings）。史坦伯格是米爾肯最成功的垃圾債券客戶之一。

「創造性」的避稅法鮮少能長時間屹立不搖。幾個稅季後，財政部抱怨這個國會中無人預期到的漏洞讓他們收益大減。一九八二年通過的稅賦公平與會計責任法（Tax Equity and Fiscal Responsibility Act）防填了這個漏洞，要求投資人申報損失時，必須計納入息票的價值。同一時間，新法案也確認了銷售無息票國庫債券（市面上還是照樣販售）的權利，並以電子記帳的方式取代紙本債券與息票。

寡婦孤兒

政府的另一項決策，開啟了普林斯頓新港合夥公司一個新的機會。美國政府終於認定AT&T是壟斷企業。這個電訊巨人在一九八一年被拆解為八間公司。每一位AT&T的股東都分到七間「小貝爾」（區域性電話公司）以及「新」AT&T的股份。對投資人來說，他們有可能在拆解初期，在小貝爾與「新」AT&T正式發行前搶先購入股票。索普的電腦警告他有不尋常的懸殊差異：舊AT&T的股票價格略低於八間新公司的總值。

有些華爾街分析師整個職業生涯都在分析AT&T，卻不是很在意此事。其中的價格差異小到獲利會被交易成本吃掉……除非一次買進極大量的AT&T股票。

普林斯頓新港合夥公司當時的資本額大約是六千萬美元。判斷這次交易幾乎零風險後，索普借了一大筆錢替普林斯頓新港合夥公司購入五百萬股AT&T的舊股票，並放空八間新公司的相關數量股票。這五百萬股大約花了他三點三億美元，槓桿比率約為此避險基金總資本的六倍。

這也是紐約證交所史上最高額的交易。索普借錢時花了八十萬美元利息。不過夏農與凱利的前東家解體，仍讓他淨賺一百六十萬美元。

一九八二年四月，標準普爾指數期貨開始交易。標準普爾指數期貨讓人能針對股市本身進行下注，更確切的說，下注對象僅限於標準普爾500指數的五百間美國大型企業。

期貨契約是一種無選擇性的「選擇權」。在這兩種類型的契約中，雙方同意在未來某個時間以此刻議定的價格交易。在選擇權中，其中一方（選擇權持有者）有權退出。除非能藉由執行這個選擇權而獲利，否則投資人必定中途退場。

在期貨契約中，雙方都不能取消交易。期貨契約持有人不是獲得購買證券所得利潤，就是承擔所有損失。

購買標準普爾期貨與直接投資傳統的標準普爾５００指數共同基金有何不同？答案是只要用小錢就可以買期貨。標準普爾期貨契約就像幸運輪盤的廉價票，可能中大獎也可能賠光。任何人只要了解標準普爾指數的走勢，就能賺得豐厚利潤。

索普不知道市場走向，但他看見了獲利的新方法。

理論上，標準普爾期貨契約的買賣雙方都同意交易包含標準普爾５００指數的所有股票投資組合。不過，沒有人真的去買這五百檔股票來交易，而是確認好誰欠誰錢後，以現金結算。他們不是只在交易日結算，而是此合約期間每個交易日結束時都結算。這有其必要，因為可能涉及鉅額損失，每日結算能確保雙方不會出現太大差額，把出現欠款的機會降至最低。

一紙標準普爾期貨契約價值多少？索普推測大家都是憑直覺計算。券商找的那些高薪分析師會粗估未來幾個月標準普爾指數的走勢，索普認為這些預測都是胡說。當大家都根據毫無用處的建議投資時，其中可能就有獲利機會。

索普用軟體決定標準普爾期貨的合理價格。他有一個讓標準普爾指數中五百檔股票全數隨機漫步的模型。普林斯頓新港合夥公司那台迷你電腦有超快運算速度與大容量，能搶先大多數交易者。這個電腦模型告訴索普標準普爾期貨的價值被高估了，跟其他令人興奮的新事物。這個消息表示普林斯頓新港合夥公司能夠靠著出售標準普爾期貨賺錢。不過這個交易要避險，就得買進標準普爾指數中五百家企業的股票，交易成本相當高。

索普深入計算並得出結論，他發現買入部分精選的標準普爾股票組合，就能有足夠避險效果。由於他算出的成功率非常高，普林斯頓新港合夥公司斥資兩千五百萬美元購買標準普爾期貨，每天交易多達七百筆。有時這檔基金單日交易量就佔了紐約證交所總量的一%以上。

這個賺錢生意持續了約四個月，獲利到達六百萬美元。接著市場就收到風聲了，標準普爾期貨契約價格下跌，其他交易者也開始使用電腦。價格異常狀態就此消失。

一九八一年，靠著AT&T的交易，普林斯頓新港合夥公司扣除費用後的報酬率是二二・六三%。一九八二年，靠著交易標準普爾期貨，報酬率是二一・八〇%。一九八二年會計年度結束時，索普與瑞根自誇在基金設立時投資的一美元，在十三年後成長為六點六一美元。

當時，索普與瑞根確信他們這個史上最成功的合夥投資公司能夠打敗市場，畢竟幾乎沒有人能連續十三年優於市場報酬率。對於這般卓越表現，某些多疑的學者與交易人更傾向於認為這是跟魔鬼交易。他們的想法是，成功的套利者總是走在鋼索上，遲早會輸一筆大的。

普林斯頓新港合夥公司全部的表現推翻這種想法。該基金從未有一年虧損，甚至沒有一季虧損。索普藉由凱利方程式管理風險，展現「史上第一位絕對贏家」的風範。

這個合夥關係是不同理念的結合。瑞根住在大陸彼岸紐澤西州、占地約九十一公頃廣闊的農場，還養了馬。一九八六年《富比士》雜誌對這間合夥公司的報導中，瑞根形容某次交易時說了一句名言：「想拿走小嬰兒手上的糖果，你要先有一整個貨車的糖果。」

瑞根「靠著他在華爾街的人際網路中闖蕩，藉此讓自己處在各種流言、資訊與機會之中」，索普解釋道：「這一條人際網路總會有一連串流言往下傳遞，越是在資訊鏈的下游，所得到的資訊就越沒有價值。」

索普是個懂得自省的人，用科學家的態度處理工作上的種種挑戰。他衡量自己的言行，正如他衡量所有事情。索普謹慎地形容他基金的表現為「慢速致富」，好似用更自信的方式來說明會招致厄運。他到了一九八二年才辭去在加州大學爾灣分校任教的「正職」。

索普可觀的財富很晚才被眾人看出。他在辦公室，會穿著平價的襯衫和脫鞋，像是休假中的加州教授。等到他終於決定要買間大房子時，他們選定山坡上那間有十間浴室的房子，據說是新港灘最大的住宅，能一覽卡特琳娜島（Catalina）至聖安納山（Santa Ana Mountains）的景致。豪宅附有輻射落塵避難所，水泥牆與鋼門約有一點五公尺厚。索普相當注重機率，他算出這個避難所能抵擋一顆一百萬噸的氫彈在一英哩外爆炸的威力。

索普或瑞根作夢都沒想到，這一切結束得有多快，又會以什麼方式結束。

第四章

數學公式裡的有錢人

凱利準則是貪婪的，為了達到更高的顛峰而不斷承受風險——凱利賭徒失去一半財富的機率是50%。關於風險與獲利，數學家們的建議是什麼？

喜樂等級

丹尼爾・白努利（Daniel Bernoulli）出身十八世紀一個極具競爭性的天才家庭。其伯父雅各布發現大數法則，並教導弟弟約翰（Johann）數學。這一對兄弟聰明程度相當，也是吹牛大王，他們有個壞習慣，就是會搶著解決問題，並在發表的作品中互相攻擊。

約翰長大後變成憤世嫉俗的人，把挫折感發洩在他兒子丹尼爾・白努利身上。白努利是數學家也是物理學家，寫過分析賭場遊戲法羅牌戲的知名著作，且發現後來用於設計機翼的「白努利效應」（Bernoulli effect）。約翰對於兒子的成功很少表現出喜悅。當這對父子於一七三四年共同獲得法國科學院（French Academy of Sciences）的獎項時，約翰將兒子趕出家門，他抱怨說他本該獨得這個獎項。一七三八年白努利出版重要著作《水力學》（*Hydraulica*）。隔年，約翰用自己的名字出版一本內容幾乎相同的書，且捏造出版日期為一七三二年。這個手段讓約翰宣稱兒子的書是抄襲。

白努利離開父親遠赴聖彼得堡，這個決定想必讓他如釋重負。他在那裡替西化的俄羅斯法庭工作時寫了一篇文章，影響二十世紀經濟學家接納夏農與凱利的理論。內容關於另一位天才白努利虛構的賭注理論，此人是瑞士巴塞爾大學法學博士尼可拉斯。尼可拉斯是白努利的堂兄弟。賭注加倍的遊戲或許會令人聯想到啟發凱利的猜謎節目《六萬四千元的問題》。正如白努利於一七三八年描述道：

彼得持續丟達克特硬幣（ducat）直到出現「人頭」才停止。他同意如果丟第一次就出現「人頭」，就給保羅一枚硬幣，丟第二次才出現就給他兩枚，第三次出現給四枚，第四次出現給八枚，以此類推，每多丟一次，給出的硬幣就要加倍。試求保羅獲得硬幣的期望值。

平均來說，保羅預期贏到的錢幣有多少？要找出隨機事件的數學期望值，必須把機率乘以價值。丟第一次出現人頭的機率為1／2，人頭讓保羅可以獲得一枚達克特硬幣（相當於今日的四十美元）。所以1／2乘以一達克特，得出的期望值為1／2達克特。

這是第一次就丟出人頭的情況，但還有許多其他贏錢的狀況。如果第一次出現字，彼得會再丟一次。如果第二次丟出人頭，保羅贏得兩達克特。贏得兩達克特的機率是1／4，因為第一次必須丟出字（1／2的機率），第二次必須丟出人頭（1／2的機率）。1／4機率獲得兩達克特的期望值是1／2達克特。

以此類推，保羅有1／8的機率贏得四達克特，期望值是1／2達克特。1／16的機率贏得八達克特，1／32的機率贏得十六達克特……所有情況的期望值都是1／2達克特，因此預期的獲利總值，應該是以二分之一達克特為一般項的無窮級數。也就是說他預期能贏得的錢是無限的。

但你能靠著玩這個遊戲獲得無窮的財富嗎？不能。如果不相信，試著丟銅板看看自己能贏到多少。

有些人想用數學決定在現實世界的做法，但對他們來說，無限的期望值是一個大問題，這暗示著無論用多少錢獲得玩這個遊戲的優勢都不算多。如果賭場收取一百萬美元的費用讓人玩這種遊戲，理性的玩家似乎應該要立刻搶著玩，就算收費一兆美元也一樣。

你或許可以將這種賭博視為成長股的首次公開發行。人們評估一間新公司的前景，必會推斷出許多種不同機率與獲利程度的情況。他們會在心裡計算出某個合理價格下獲得的收益，再據此購買股票。白努利的例子說明，在某些情況，無論股價多高，傳統的推理都能找到值得進場的價格。

尼可拉斯與白努利都知道這個看法十分荒謬。白努利寫道：

> 雖然標準計算顯示保羅的期望值是無限大，不過……我們得承認，任何夠理性的人都會很樂意以二十達克特賣掉這個遊戲機會。可接受的計算方法確實證明保羅的獲利期望值無限大，只是沒有人願意以合理的高價購入這個機會。

白努利以俄文發表上述內容，這種賭注被稱為「聖彼得堡賭注」或是「聖彼得堡悖論」，此後人們便對其產生興趣。凱因斯在一九二一年的《機率論》（*Treatise on Probability*）中提及這個概念，讓它成為二十世紀幾乎每個經濟學家思想架構的一部分。白努利的賭注理論也出現在馮・紐曼與摩根斯坦合著的《賽局理論與經濟行為》，以及肯尼斯・亞羅（Kenneth Arrow）、米爾頓・傅利曼（Milton Friedman）與薩繆爾森的論文中。

如果注意到彼得必須擁有無限的財富，才能應付該遊戲的潛在支出，你就能夠解開這項悖論。沒人有無限的財富，因此涉及無窮級數的條件大多無意義。贏得無限多錢的機率小到不值得你去算，而且實際上一文不值，畢竟沒人付得起無限多的獎金。

假設有賭場推出這種賭博遊戲，獎金上限十億美元，你覺得自己能贏到多少？其實非常少！假設起始獎金是一美元，在正常情況下，第三十一次才丟到人頭的獎金會是十億零七千三百七十四萬一千八百二十四美元。對賭場來說，最合理的方法是舉辦一場丟三十次硬幣的比賽，把十億美元大獎頒給連續丟出三十次字的參賽者。這個縮減版的遊戲，算出的期望值僅僅只有十五點九三元。

這樣合理多了。遊戲本身的價值並非無限大，而不過是幾塊錢。冷靜的現實主義者尋求的就是這種解釋。但哲學家、數學家，甚至是經濟學家，都難以接受這種解法。大多數人認為我們能假裝彼得有無限財富。那麼，說保羅為了玩這個遊戲願意付出任何代價，不也是很荒謬的事嗎？

白努利所見略同。他提出一個大大影響後世經濟思想的不同解決方案，將金錢與人們賦予金錢的價值劃分開來。對億萬富翁來說，一千美元只是零錢；對飢餓的乞丐來說，一千美元可能是巨大財富。財務收益（或減少）的價值，要看受影響的人有多少身價。

你可能認為這不是新鮮事。好吧，白努利真正的貢獻在於他創造了一個新詞，翻譯成英文就是「效用」（utility），用來描述人們賦予金錢的主觀價值。白努利宣稱人們會按照本能行動來達成最大效用，而未必是獲得最多的金錢或達克特。「物品的價值必然不取決於其價格，而是根據其產出的效用，」白努利寫道：「物品的價格只取決於本身，且對任何人來說都相同；然而，效用取決於這個人進行評估時當下的特定環境。」

一美元的價值對有錢人來說，比窮人要低多少？唯一誠實的答案是「看情況」。白努利打了一個比方，假設一個有錢人入獄，為了買回自由他需要超過全部財產的兩千達克特。在此狀況下，這個有錢人對兩千達克特的價值認定，或許還會高於沒有需求的窮人。

這是一種人為的困境。大多時候，有錢人對於兩千達克特收益的價值認定都低於窮人。白努利提出一種經驗法則，他寫道：「……在正常情況下，任何小額財富增加的效用，會與這個人已經擁有的財富成反比。」

換句話說，同樣賭贏一百美元，比你有錢一倍的朋友，喜悅程度只有你的一半。晚餐買單的傷心程度也只有你的一半。

你可以製作一個效用與財富的對照表如下頁圖。如果人們對金錢的價值觀與他們擁有財富的多寡成正比，圖表會呈現一條直線。按照白努利的經驗法則，這條線會是曲線。這反映出一個事實，要有一大筆的收益才會對有錢人造成一定的影響，而對於窮人來說，要產生相同的影響力只要一小筆即可。曲線的形狀（以及白努利提出的金錢收益與既有財富呈反比的法則）描述的是一種對數函數，因此白努利的經驗法則又稱為對數效用（logarithmic utility）。

白努利用「效用」來解決聖彼得堡悖論。假設保羅賦予收益的價值與其擁有的財富成反比，

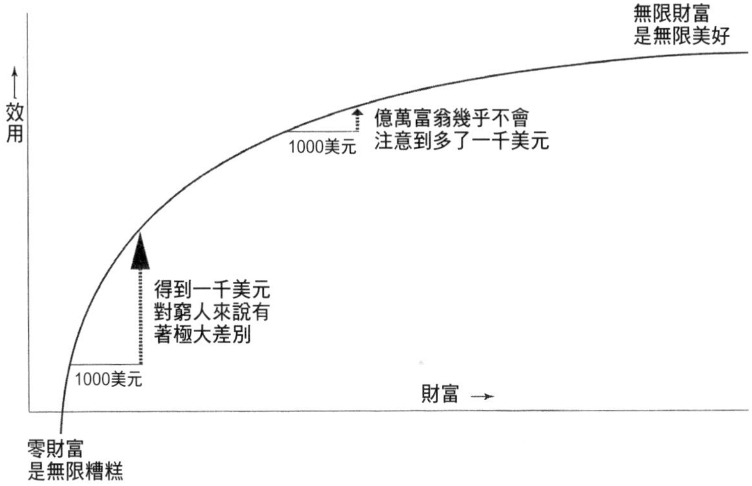
無限財富
是無限美好
效用
億萬富翁幾乎不會
注意到多了一千美元
1000美元
得到一千美元
對窮人來說有
著極大差別
1000美元
財富
零財富
是無限糟糕

圖 4：對數效用

代表他對於贏得兩達克特的價值不等於贏得一達克特的兩倍。這表示，第二枚達克特就像你賺到的第二個一百萬，永遠不像第一次那麼甜美。

這樣一來，無窮級數這個條件需要下調至能解釋大筆賞金報酬感遞減的狀況。雖然級數仍是無窮的，但它會變成在規則下收斂至某個點的無窮級數。1／2＋1／4＋1／8＋1／16……無論這個級數是否無窮無盡，都絕對不會等於一。當白努利的期望值級數這樣調整後，就會收斂為一個有限且適當的總數。

接下來兩個世紀的經濟思想家瘋狂著迷於對數效用。英國經濟學家威廉・耶方斯（William Stanley Jevons）支持對數效用適用於消費商品與財富的觀點：「就像人們在必須消費的商品（如食物）上增加購買量，最後使用的那些部分，其效用與益處會出現某種程度的降低。」這可能解釋了為何廉價吃到飽餐廳不會倒閉。一九五四年，莎維奇稱對數曲線是「所有效用函數的原型」——在大多數情況下，針對一般人通常會面對的金錢價值範圍，他們會如何衡量金錢價值的合理估算。

並非所有人都同意這個觀點。在莎維奇的時代，對數效用的計算方式已顯得過時。其遭受的其中一個打擊，是大家發現對數效用無法完全解決聖彼得堡悖論。一九三〇年代，維也納數學家卡爾．門格爾（Karl Menger）指出，只要調整聖彼得堡賭注的條件，整個聖彼得堡悖論就會重演。你只需要提高獎金的吸引力，將原本的一、二、四、八達克特，提高為二、四、十六、兩百五十六達克特……讓獎金急遽增加，預期效用就會再次變成無限大。

門格爾最有殺傷力的反證，是把賭博獎金從美金或達克特改為**效用單位**，這是效用的假設單位。根據丟硬幣的次數，可以贏得一、二、四、八……效用單位。現在用預期效用來看，賭博的價值依然是無限大。理性的人應該要賭上一切來玩這個遊戲——這個結果仍然十分荒唐，因為他贏到的效用單位可能只值幾個零錢。

我們從這一切可以獲利多少？或許不多。薩繆爾森相信加強版的聖彼得堡悖論並未「使經濟學家恐慌」。這個議題的要點在於，擁有極大財富時，白努利的效用函數在心理學上是不切實際的。

比較好的解決方式是「喜樂等級」，即效用的假設上限。試想你需要多少錢，才能滿足每一個能用物質滿足的需求或欲望。這個金額以及相對應的效用，就是喜樂等級。

效用的運作上限，相當類似於賭場能夠支付的賭金上限，將無窮級數縮減為合理且有限的值。

對數效用函數並沒有喜樂等級。圖表中的曲線到右上方時近乎水平，但絕對不會停止上升。舉例來說，符合對數效用的人，無論何時總財產增加十倍，都會有相同的愉悅感。如果他的淨資產從一萬美元增加到十萬美元，心情就會跟從十萬美元增加到一百萬美元，或是從一百萬美元增加到一千萬美元時一樣開心。

或許聽起來有道理，但實則不然。因為總會有臨界點，讓這個十倍成長法則難以適用。百億富翁會比十億富翁多了什麼優勢嗎？如果你在意「生活安適」的話，那其實沒有差別。擁有十兆的榮耀會勝於擁有一兆嗎？其實沒有，除非你只對成為地表最富有的人有興趣。

對數效用也不是一個好的貧窮模型，它表示失去一百萬美元的九〇％，就跟失去十美分的九〇％同樣悲傷。這實在荒謬。

一九三六年，經濟學家約翰・威廉斯（John Burr Williams）在《經濟學季刊》（*Quarterly Journal of Economics*）發表〈投機與結轉〉（*Speculation and the Carryover*）這篇文章，內容關於棉花投機者——他們用便宜價格購入過剩的棉花，希望能在隔年或更久以後賣出而獲利。投機者「打賭」隔年棉花歉收，於是價格上漲。威廉斯注意到其中強烈的投機成分。舉例來說，沒有人能完美預期天氣。他觀察到成功的投機者必然有一些優勢，知道一些市場不知道的消息。

威廉斯在最後一段「機率注解」中，寫道：「如果投機者習慣在一連串的交易中，冒險投入資本加上獲利（或虧損），他會選擇所有價格的幾何平均數而非算數平均數……來做為可能的價格分布中的代表價格。」威廉斯並未多加說明這一段隱晦的文字，而這與白努利和凱利的看法有很大的關係。威廉斯是傑出的經濟學家，提出過「能用股利來判斷股票價值」的觀念（現在已過時），他的名聲雖然響亮，但這段文字並未引起太多注意，且很快就被世人遺忘。

避免冒險的天戒

一九五四年一月號《計量經濟學》期刊（*Econometrica*）收錄了丹尼爾·白努利在一七三八年關於聖彼得堡賭注論文的首篇英譯版。那篇論文的完整內容並未廣泛流傳，因為很少西方經濟學家看得懂俄文。譯文表示白努利的成就長期以來受到曲解與低估。

文章的真正重點並非聖彼得堡賭注或效用，兩者只在離題時提到。白努利的理論是，風險投資應該以幾何平均數的結果來衡量。

你或許還記得在學校教過兩種「平均值」。比較常見的是算數平均值（或平均數），就是把一連串數值加總，再除以數值個數，棒球的打擊率就是這麼算的，在 Excel 試算表中「＝AVERAGE ( )」的公式也是這樣算的。

大多數人在高中畢業後就會把幾何平均數忘光光。這是將N個數值相乘，再開N次方根得到的數值。

沒有多少人喜歡開根號，所以幾何平均數大部分都留給統計學家。當然，今日還是沒有人會自己算出這兩種平均數。在Excel輸入「＝GEOMEAN（）」就能算出幾何平均數。

計算平均值的用意是為了簡化人生。記住曼尼・拉米瑞茲（Manny Ramirez）的平均打擊率是三成四九，這比記住他棒球生涯每次比賽的得分情況要簡單得多。比起一大堆原始數據，平均打擊率或許更能讓人了解一個選手的能力。

在棒球和很多情況下，通常算數平均數就綽綽有餘了，我們為何還要費心學習幾何平均數？白努利從賭博著手解釋。「公平」賭局的期望值是零，是計算許多「機率相同的結果」之算數平均數得來。以下是公平賭局的範例。你把全部財產都押在丟硬幣遊戲，跟你對賭的鄰居財產跟你一樣多，結果不是財產增加一倍就是全部輸光。贏家能拿走輸家的房子、車子、存款，所有的一切。

假設你現在有十萬美元。丟出硬幣後，你的財產不是變成二十萬美元就是一毛不剩，兩種結果的機率是一樣的。算數平均數為（二十萬美元＋零美元）除以二，即十萬美元。假如你把十萬美元當成這次賭博公平合理的價值，那麼無論你是否參加這次的賭博，看似完全沒有差別。你現在有十萬美元，而丟出硬幣後你的期望值還是相同金額，所以完全沒有差別。

但一般人不會這麼想。你和你的鄰居一定是瘋了才會同意這樣賭。相較於得到雙倍資產淨值，失去所有財富的損失要大得多。

再看看幾何平均數。將兩個機率相同的結果相乘（二十萬美元×零美元）再開平方根。零乘以任何數字都是零，所以幾何平均數是零。假如你接受這個數值才是賭博的真實價值，會寧願守住現有的十萬美元的資產淨值。

幾何平均數通常小於算數平均數，（特例是所有平均值皆相同，那麼這兩種平均數也會相同。）這表示幾何平均數在衡量風險時較為保守。白努利相信這種保守的算法較能反映出一般人對風險的厭惡。

因為在風險投資中，幾何平均數永遠會小於算數平均數，「公平」賭局事實上是不利的。白努利說這是「大自然避免運氣的訓誡」。（但他沒考慮到賭博的快感。）

就白努利的觀點，當賠率對某一方有利時，或是在雙方財富不均等的情況下，賭博才有意義。白努利於是解開了華爾街最古老的其中一道謎題。據說每次股票交易時，買方都會認為自己有優勢，賣方亦然。可想而知，雙方的判斷不可能都正確。

白努利就是在挑戰這個想法。「投資某個令人存疑的企業對某些人來說可能合理，但對其他人來說可能不合理。」雖然他沒提到股票市場，但他提到一個從海外進口貨物的「彼得堡商人」當作例子。他說這個商人是在賭博，因為那艘船或許會在航行中沉沒。買保險是其中一個選擇，但保險在算數平均數之下永遠是不利的賭博形式，因為保險公司獲利是靠著收取保費。

白努利表示，較貧窮的商人可能會透過買保險（即使保費「過高」）來改善幾何平均數，而同時，較富有的保險公司也會靠著賣保險的方式來改善幾何平均數。

白努利認為，理性的人總是會設法將各種結果的幾何平均數最大化，即使他們不懂：「我們所有的命題都與過去經驗和諧並存，所以將其視為基於不確定性假設的抽象因素而忽略是錯誤的。」

白努利的格言與凱利一九五六年發表的著作有深刻連結。凱利的對策可以用這條簡單的法則重述：**面臨賭博或投資選擇時，選擇結果的幾何平均數最高的情況**。這條法則就是凱利準則，比起凱利方程式的優勢／賠率，在計算賭注大小的應用層面更加廣泛。

如果所有可能結果的機率並不相等，你需要根據其機率加以權衡。其中一個方法是將財富的預期對數最大化。只要遵循該法則，表現就像是擁有對數效用。

從歷史的先後順序來看，不禁讓人懷疑凱利先看過白努利的這篇文章。但這沒有證據，凱利也沒有引用白努利的觀點，如果他看過白努利的理論一定會在著作中引用。身為通訊科學家的凱利不太可能看過《計量經濟學》。

不過白努利的文章直接影響了亨利．拉坦那（Henry Latané），而將這些概念介紹給經濟學家們的正是拉坦那，而非凱利。

亨利・拉坦那

在嚴峻的一九三〇年，擁有哈佛大學企管碩士學位的亨利・拉坦那，進入職場的際遇非常有趣。他說自己是經濟大蕭條前最後一個被華爾街雇用的人。拉坦那在一九三〇與四〇年代擔任金融分析師，是薩繆爾森認為不務正業的那種人。他某方面來說接受了薩繆爾森的建議。他在中年之後辭去華爾街的工作，回到學校攻讀博士。餘生一直擔任教育者與理論學家的角色。

一九五一年，拉坦那在北卡羅萊納大學展開博士學位的投資組合理論研究。他讀了白努利那篇翻譯文章後，意識到這個想法可以應用在股票投資組合上。拉坦那後來認識了莎維奇，他說服莎維奇同意幾何平均數策略對長期投資人來說較為合理。

一九五六年二月十七日，拉坦那在耶魯大學聲譽卓著的考爾斯基金會研討會（Cowles Foundation Seminar）上發表研究成果，其中一位參與者是哈里・馬科維茨（Harry Markowitz）。

馬科維茨是投資組合主流學派的開山祖師，以「平均數－變異數分析」聞名。馬科維茨運用數字呈現如何分散投資（買進許多不同個股，每檔股票的持有量都不多）能夠減少風險。

他的概念被廣泛接受，大眾因此易於遺忘那些不同觀點的理智之人。凱因斯在一九四二年寫道：「比起將大量資金投入一間握有資訊的公司，有人認為將小額投資在多家公司比較安全，就算缺乏這些公司的資訊導致無法做出良好判斷。我認為這樣的投資方法相當可笑。」

凱因斯飽受「深信自己比別人更能挑選出好股票」所苦。當時薩繆爾森學派早已將這種看法視為中世紀的迷信，馬科維茨的發現因此顯得別具意義。或許你無法打敗市場，但至少能將風險降到最低，這才是最重要的。例如馬科維茨用統計學表明，透過買進二十到三十種不同產業的股票，投資人能讓投資組合的風險降低大約一半。

馬科維茨發現即使是完美效率市場，也無法抹去各種股票之間的差異。有些股票在本質上風險就比其他股票高。既然大家都不喜歡承擔風險，市場就會將這些股票設定一個較低的價格並加以調整，這表示投資在這些風險股上會得到較高的平均報酬。

顧名思義，「平均數—變異數分析」的重點在於根據歷史股價數據計算出來的兩個數據。所謂的平均數就是年度平均報酬率，這是規律的算數平均值。變異數估算的是每一年收益圍繞平均數的變動情形。股權投資的收益每年都不一樣，一檔股票可能今年賺了一二%，隔年則是虧損二二%，再過一年又成長六%。股票報酬率變動越大，變異數就越高。因此變異數是估算風險的粗略方法。

馬科維茨首次簡要地列出風險與報酬之間的關係。不過他的理論顯然拒絕選邊站。風險與報酬無法拿來比較。高報酬比低風險更重要嗎？在馬科維茨的理論中，這純屬個人取向。

因此，平均數—變異數分析並沒有告訴你該買進哪一種投資組合，而是提供挑選的準則：在特定波動程度下，某種投資組合的平均報酬率較高，或是在特定的報酬率中，波動程度較低，就會是較好的選擇。

這條規則讓你能夠淘汰許多可能的投資組合。如果根據上述規則，投資組合A優於投資組合

B，那你就可以剔除B。盡可能淘汰之後，就會留下「有效率」的投資組合。馬科維茨從一個研究產業效率的老師那裡學到「有效率」這個術語的。

他繪製了平均數與變異數的圖表。每種股票或是投資組合都是圖表上的一個點。當你按照上述規則刪去所有不符合要求的點後，剩下的投資組合連成的弧線，馬科維茨稱之為「效率前緣」（efficient frontier），範圍包括較保守的低報酬投資組合，到高風險的高報酬投資組合。

財務顧問紛紛回應馬科維茨的模型。他們逐漸意識到學術界這個新穎且具威脅性的潮流，即效率市場假說。馬科維茨表明，當你考慮到風險時，所有投資組合狀況都不盡相同。因此，即使在效率市場，投資者還是有需要花大錢雇用財務顧問。平均數—變異數分析迅速席捲財金界與學術界，奠定其正統地位。

拉坦那一九五七年的博士論文的主題就是選擇股票投資組合。白努利並未做過這類研究，而凱利只是在討論賽馬比賽與熵的過程中概略提及。拉坦那在莎維奇的鼓勵下，於一九五九年（凱利發表其文章後三年）在《政治經濟學期刊》（*Journal of Political Economy*）發表論文〈風險投資的選擇準則〉（*Criteria for Choice Among Risky Ventures*）。

這篇論文的讀者不太可能聽過凱利的大名，因為拉坦那出席考爾斯基金會研討會時，就連他自己也沒聽說過凱利這號人物。

拉坦那把自己這套投資組合設計方法命名為「幾何平均數準則」。他表示這是一種「目光淺短」的策略。短視聽起來並不好，但經濟學家實際使用卻發現它其實很不錯。它代表你不需要預見未來市場的動向，就可以在當下做出好的決定。這一點很重要，因為市場總是不斷在改變。

這種「目光短淺」的幾何平均數準則（或稱凱利準則），在二十一點遊戲中至關重要。你根據現有的牌面組合來決定要押注多少。牌組未來會改變，但是不要緊。即使你真的知道牌組未來的變化，也不會影響當下的決定。正如投資組合。當下能做出的最佳決定，就是選擇根據從目前的平均數、變異數與其他數據得出的結果機率分布中，幾何平均數最高的投資組合。你的投資報酬率與波動性將隨著時間而改變。當它改變時，你就應該根據變化調整投資組合，唯一目標仍是達到最高的幾何平均數。

馬科維茨同樣在一九五九年出版知名著作《投資組合選擇》（*Portfolio Selection*），金融界的每一個人都讀過，或是自稱有讀過。馬科維茨告訴我，他在一九五五至五六學年度時第一次接觸到拉坦那的作品，當時詹姆士・托賓（James Tobin）給了他一份拉坦那早期作品的影本。他在《投資組合選擇》一書中，有一章專門說明幾何平均數準則（這可能是最被忽視的一章），並在參考書目中列入拉坦那的著作。

馬科維茨實際上是唯一看出幾何平均數準則存在價值的知名經濟學家。他意識到平均數—變異數分析是種靜態、單一週期的理論。事實上，該理論假設你目前計畫買進某些股票，並打算在特定的時間範圍結束前將它賣出。馬科維茨的理論則是試圖在單一週期內平衡風險與報酬。

大多數人不是這樣投資的。他們買進股票與債券，直到有強烈理由才會賣出。市場先天上是波段的賭博，這會造成差異，因為許多賭博單從某一場來看是有利的，可是一旦故技重施就會慘賠。在有利賭博中極端地「過度下注」的各種形式，都符合這個敘述。

幾何平均數準則也能解決平均數—變異數分析中那種哈姆雷特式的猶豫不決。它能選出哪個投資組合為「最佳選擇」。馬科維茨指出，幾何平均數能用算數平均數與變異數推算出來。幾何平均數約為算數平均數減去二分之一的變異數，再加入更進一步的統計量數，估算會更精準。

我們必須再提到一位凱利準則或幾何平均數準則的共同發現者（催生者）。統計學家李奧・布里曼（Leo Breiman）在一九六〇年發表了〈長期觀點下擴展事業最適投資法則〉（*Investment policies for Expanding Businesses Optimal in a Long-Run Sense*）。此文章刊登在《海軍後勤研究季刊》（*Naval Research Logistics Quarterly*），跟刊登在《貝爾系統技術學報》一樣令人摸不著頭緒。布里曼是第一個證明「將幾何平均數最大化」能在最短時間內達到特定財務目標的人。誰想成為百萬富翁？布里曼證明了賭徒／投資人利用幾何平均數準則，可以比其他財務管理方式更快達到百萬（或任何數字）的財務目標。

由於來歷複雜，凱利準則有許多不同的名稱。想當然，拉坦那從未使用「凱利準則」這個詞，他偏好「幾何平均數原則」，偶爾會簡寫為「G法則」，甚至只稱之為「G」。布里曼使用「資本成長準則」，以及聽起來更普通的「資本成長理論」。馬科維茨則是用MEL，也就是

「最大期望對數」，這是另外一種數學上的說明方式。在一篇文章中，索普稱之為「凱利（布里曼－白努利－拉坦那或資本成長）準則」。這還沒加上人們對於對數效用的大量討論。名稱的混亂導致外行人難以理解經濟學文獻中的這個概念。

最吃虧的應該是白努利，他比凱利早了兩百一十八年。凱利的論文中獨一無二又史無前例的創見，主要是將內線資訊與資本成長連結在一塊。在夏農提出資訊可估算這個想法前，這種連結不可能產生。白努利當時考慮的是一個所有牌都攤在桌面上的世界，也就是說，所有事物的機率都是公開知識，沒有任何隱藏資訊。而凱利的處理方式，則是將世界視為一個更陰暗、更模稜兩可的存在，會有些人比其他人更了解機率，並嘗試透過這項知識獲利。正是這個特質讓金融市場有很大的詮釋空間。

馬科維茨的麻煩

告訴投資人追求最大的幾何平均數，可能會讓他們愣住，接著才恍然大悟。報酬的幾何平均數在華爾街通常會叫做「投資的複合報酬率」。所有人一直以來都在討論同一件事。

拉坦那在北卡羅萊納大學的同事麥克安那利（Richard W. McEnally）觀察到：「應該選擇投資組合增值率最大的投資，這樣的想法聽起來……很像是經濟學家提出的建議。這值得稱道，但很難實際執行，甚至完全不可能，因為這需要了解遙遠的未來發展。」

有幾個例子可以展現幾何平均數準則的運作原理。簡單的情況是：你有兩種理財選擇，一種儲蓄帳戶的利息是三％，另一種儲蓄帳戶是四％，兩種帳戶都受到聯邦存款保險公司（FDIC）的保障。由於沒有風險，所以算數與幾何平均數報酬率相同。凱利與馬科維茨都會建議你把錢存進利息有四％的帳戶。

當牽涉機率時，這種選擇就沒那麼恰當了。一檔熱門科技股的算數平均數報酬率可能比單調乏味的績優股要高，但也可能有較高的波動性，導致幾何平均數較低。那麼，你是否該買科技股呢？

凱利準則似乎有能耐回答這類問題。我之所以說「似乎」，是因為沒有人真正了解股票投資隱含的各種可能性。

這並不妨礙分析師編造目標數據與數學模型。有一個數學模型試圖將大家認知中不完美的真實世界簡化為機率遊戲。

想像你正考慮要投資三檔雞蛋水餃股，先是做了很多研究，並設計出一個預測這幾檔股票一年後報酬率的數學模型。原則上，你可以建立一個幸運輪盤，機率分布跟股票相同。按需要將輪子邊緣劃分出區塊，並在各區塊中寫上在這檔股票投資一美元一年後會獲得的收益。如果你的模型夠準，玩這個幸運輪盤的結果跟投資股票幾乎差不多。

假設你替這三檔雞蛋水餃股做了三個幸運輪盤，如下頁圖所示。

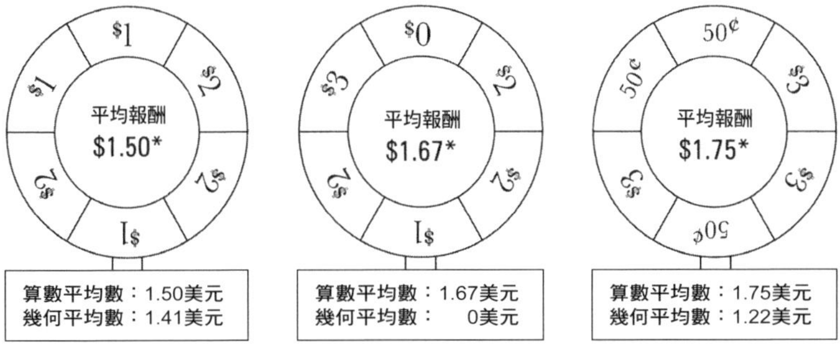

圖5：凱利準則vs. 馬科維茨準則

這些輪盤比任何人對股票前景的理性預測都更簡化，但你應該能理解大概意思。只要在輪盤上增加足夠的區塊，就能把所有對這檔股票的報酬率與機率的想法都填上去。

假設你必須把所有錢投入其中一個輪盤，哪個最有利？這很難選，而計算「平均」報酬率的用處就在於此。有時你會注意到算數平均數報酬率較高的選擇，而幾何平均數只埋藏在附屬細則裡。

右邊輪盤的算數平均數最高，左邊輪盤的幾何平均數最高。假設你只能三擇一，凱利準則會要你把資金投入左邊的輪盤。

按照凱利哲學，最糟糕的輪盤在中間，因為其中有個結果是0。每次轉動，你都有可能失去一切。任何持續把資金投入中間輪盤的長期「投資人」最終都會破產，因為它的幾何平均數為0。

那平均數—變異數分析會怎麼解釋？為了回答這個問題，你必須計算出每個輪盤報酬率的差異。我幫你算好了——三個輪盤的變異數從左至右遞增，算數平均數報酬率亦同。因此，馬科維茨的理論拒絕從這三個輪盤中做出選擇，三者都是合理的選擇。尋求最高報酬率、能夠承受風險的投資人，可能會選擇右邊的輪盤；願意犧牲報酬換取安穩的保守投資人可能會選擇左邊；立場介於前兩者之間的投資人來說，中間的輪盤是個不錯的選擇。

最後這個建議尤其令人難以接受。大多數人都同意中間的輪盤風險最高，因為只有它存在失去一切的危險，然而中間的輪盤各個結果的數值較為集中，變異數較右邊的輪盤低。這也是變異數為何不是估算風險完美指標的例證之一。

馬科維茨與凱利準則都認同分散投資的價值。賽馬賭徒的「分散投資」是在每匹馬身上都押注，以達到在一匹馬上賭身家（冒著失去一切的風險）的賭徒更高的幾何平均數，這跟同時買進許多不同股票分散投資的投資人做法相同。

投機者運用大數法則的方式有二，凱利曾在文章中提到這兩種方式，而且還不小心涉及到二十世紀的性別議題——內容描述一名賭徒的妻子，准許賭徒每一週只能下注一美元，但先前贏得的錢不能再用來下注。

那這名賭徒最好忘掉凱利準則，並選擇算數平均數最高的賭局。因為這一名怕老婆的賭徒，他的獲利並不是複合增加，而只能累積。

對他來說，選擇上述右邊的輪盤最有利，因為那有最高的算數平均數（一點七五美元）。賭博一年後，大數法則顯示這名賭徒每週的實際獲利應該會接近比例上的期望值。他年底將會得到一點七五美元的五十二倍左右，即九十一美元（扣除賭本五十二美元，實際獲利大約是三十九美元）。

如果一週下注一美元的賭徒選擇左邊的輪盤，他將得到大約七十八美元（獲利二十六美元）；選中間的輪盤大約可得八十七美元（獲利三十五美元）。

只有在獲利能夠再次投資的情況下，凱利準則才有意義。假設一個賭徒以一美元開始，每一週都將贏得的錢繼續用於投資。（但他不會增加或減少資本。）如果這名賭徒選擇左邊的輪盤，他可以預期自己的財富每週增加一點四一倍。五十二週之後，他的財產約莫是：

$$\$1.41^{52}=\$67,108,864$$

遵照凱利準則的投注者能夠把一美元變成幾百萬美元。與其他兩個輪盤相比，投注中間輪盤的複合投資賭徒一年後的預期收益為：

$$\$0^{52}=\$0$$

零蛋！這個賭徒賭了一年，幾乎可以確定最終財產是0。一旦發生這種情況，他就破產了。

選擇右邊的輪盤，估算的結果是：

$\$1.22^{52}=\$37,877$

這些數字都不是「保證值」，大數法則不是這樣運作的。只要有幾次走了好運，結果就會截然不同。話雖如此，還是幾乎可以確定左邊輪盤會帶來比右邊輪盤更大的收益，而蠢到連本帶利押注中間輪盤的人，則必然會破產。

一般平均數—變異數分析並不處理複合投資的問題。你可能會說，這只是一種為每週投注一美元的凱利賭徒設計的理論。不過既然靠著複合投資可以累積比其他方式明顯超出許多的財富，實用的投資理論在很大程度上必定是再投資理論。

當你試著將馬科維茨的理論應用於複合投資時，結果可能會很荒謬。索普對於凱利準則的理論貢獻之一，就是在一九六九年發表的一篇論文中，提出平均數—變異數分析與幾何平均數最大化準則之間有部分不相容。索普的結論宣稱：「凱利準則應該取代馬科維茨準則作為投資組合選擇的指引。」

或許當時沒有經濟學家敢提出這種異端邪說，主流經濟期刊似乎也不太可能刊登這樣的內容。索普這篇論文最後刊登在《統計學會評論》（*The Review of the Statistical Institute*），可能沒幾個經濟學家看過。無論如何，幾乎沒有經濟學家聽過凱利的大名——但這一點即將改變。

夏農的惡魔

從某方面來說，夏農是效率市場群眾最恐怖的惡夢。他是個有辦法在市場上賺大錢的聰明人，將自身驚人的天賦運用在套利問題上。一九六〇年代中期，夏農在MIT舉行科學投資主題的定期會議。與會者包羅萬象，其中包括薩繆爾森在內。

大約在一九六六與七一年，夏農在MIT進行過幾次關於投資的講座。當時全校上下都聽說過夏農對於投資股市的精明果斷，由於大多人想聽他演講，校方只得把場地改至MIT最大的演講廳。

夏農的主題是利用股票波動賺錢的驚人計畫。當股票上漲時，你可以從中獲利（低買高賣）；當股票下跌時，你也可以從中獲利（放空）。你只要預知股價走向即可。但巴舍利耶、肯德爾與法瑪都表示不可能辦到。

夏農描述一種利用隨機漫步賺錢的方法。他要求聽眾想像有一檔股票的價格會隨機上下波動，且整體趨勢不漲不跌。把一半資本投入這檔股票，另一半放在「現金」帳戶。由於股票價格每天都會變動，你每天中午都要「再平衡」投資組合，意指要計算出整個投資組合（股票加上現金帳戶）的市值，將部分資金從股票投資轉移至現金帳戶，或反向調整，以恢復股票與現金五十比五十的初始比例。

再說得清楚一點：想像你一開始有一千美元，五百美元投入股市，五百美元是現金。假設第

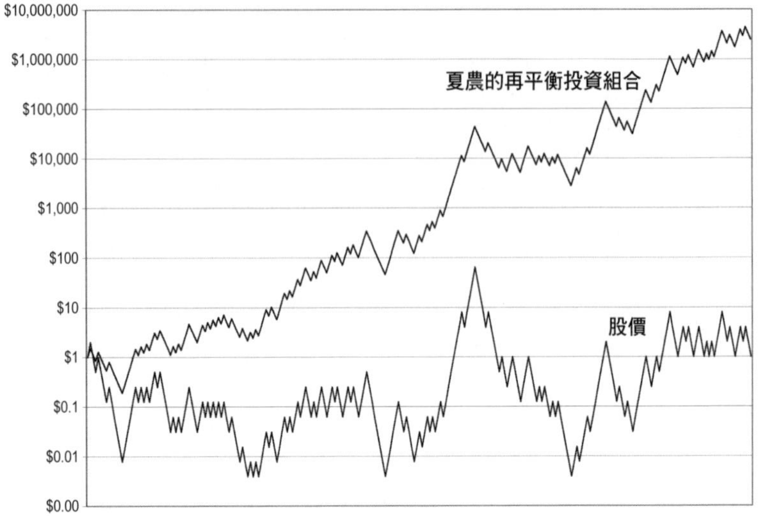

圖 6：夏農的惡魔

一天股價腰斬（這是檔波動很大的股票），這樣你的投資組合總值變成七百五十美元，兩百五十美元在股市，五百美元是現金。這時現金比例偏高，你要從現金帳戶撥出一百二十五美元買進股票來進行再平衡，讓你達到三百七十五美元在股票，三百七十五美元現金的新平衡。

重複這樣的做法。隔天，假設股價翻倍。三百七十五美元的股票變成七百五十美元，加上現金帳戶的三百七十五美元，你有一千一百二十五美元。這次你要把一些股票賣掉，最後變成股票與現金各為五百六十二點五美元。

上圖是夏農的計畫到目前為止的成績。經過了戲劇性的震盪後，這檔股票的價格回到原點。買進並持有股票的投資人不會有任何獲利，但夏農的投資術卻賺了一百二十五美元。

這個方式與大多數投資人的直覺相違背。大多數人會樂意把資金投入上漲的股票。如果股票持續上漲，他們甚至會把更多閒錢繼續投入這檔股票。在夏農的系統中，股票上漲時，得賣出一部分；下跌時，反而要持續加碼——像是在「花冤枉錢」。

來看看結果如何。圖表中較低的那條線，表示這檔初始金額為一美元的想像股票，每個時間單位的股價不是倍增就是腰斬，兩者機率相同。這是一種常用來模擬股價動向的幾何隨機漫步模型，基本趨勢不是向上也不是向下。因此較低的那條線代表一名「把所有錢都投入股市並持有股票」的投資人的財富（假設不配發股利）。

圖表上方的線表示股票與現金比例維持五十比五十的投資組合價值，且每個時間單位都會進行再平衡，這條線的趨勢是向上的。圖表中的金額刻度呈對現數，因此呈現直線的趨勢線，實際上意味著財富以指數方式增加。

這種再平衡投資組合，其波動性也比股票小。再平衡投資組合的震盪幅度比起股票本身相對較小。夏農的再平衡投資法，不僅能達到較高的報酬率，還是較高的風險調整報酬率。

夏農的股票系統如何運作？它真的有用嗎？

夏農的系統與物理學某個大謎題有著相似之處。英國物理學家詹姆斯·馬克士威（James Clerk Maxwell）在一八七一年的著作《熱力學》（*Theory of Heat*）中，曾半開玩笑地描述過一台永動機。這台機器相當簡單，是一個空氣容器，其中用隔板區分出兩個氣室，隔板上有一道小小的活門。正如馬克士威所述，操作這台機器需要一個「能夠觀察到每個分子動向感官能力極為敏銳的生物」。

這個生物被稱為「馬克士威的惡魔」，運用其超強視覺與反應，將分子按照其速度分類。快速運動分子從右側往活門靠近時，這個惡魔會打開活門讓這個分子進入左側。慢速運動分子從右側往活門靠近時，這個惡魔會關上活門讓這個分子留在右側。

大量分類工作完成後，惡魔會讓大部分快速運動分子待在左側，慢速運動分子則是在右側。這一點很重要，因為溫度是測量分子平均移動速度的指標。惡魔創造了一個熱氣室與一個冷氣室，且兩個氣室都沒有消耗實際能量。（對了，這個惡魔必須持續開門和關門。但如果活門非常輕又堅固，所需能量可說是要多小就多小。）

蒸汽機是靠著溫差生成能量。藉由把冷熱空氣連接到蒸汽機，惡魔就能利用分子的隨機運動產出可使用的能量。

幾乎沒有物理學家認為這種裝置可行，所有人一致公認無法從稀薄的空氣中產出能量，你也無法像這個惡魔一樣減少宇宙間的無序（熵）。謎題在於，如何證明此事不可能成立。

世界上當然沒有能看到單一個分子的惡魔，但你可以想像有個奈米大小的閥或機器人做著那個惡魔的工作。許多二十世紀的物理學家與富有科學精神的哲學家試圖要解開這個謎題。他們大多都被小細節分散了注意力，像是微小機械如何偵測分子並開啟或關閉原子大小的門這類枝微末節之事。因為量子理論新穎又有趣，使得這些人的想法都是援引這個著名的原理：你無法觀察到任何事物，除非改變它。為了要觀察到分子，惡魔必須朝它們發射光子（光的粒子）。光子會驅散分子，讓觀測結果失準。這種測不準原理擊敗了惡魔——或者說，大家是這麼認為的。

事實上，在這裡量子理論只是一種故布疑陣的說法。物理學家利奧・西拉德（Leon Szilard）、萊昂・布里淵（Leon Brillouin）與丹尼斯・蓋博（Denis Gabor）曾試圖就我們現在稱作資訊的角度來解決此問題。西拉德於一九二九年撰寫的文章中，描述過近似於位元的東西，比夏農還早。但若是沒有夏農理論中深刻的見解，是不可能徹底解決問題的。而ＩＢＭ的科學家查爾斯・班奈特（Charles Bennett）於一九八二年提出了解決方案。

重新想像馬克士威提出的情景應該會有幫助，假設惡魔擁有超能力或是「內線消息」，能告訴他什麼時候要打開或關上活門（在量子物理的條件下，他甚至不用親自動手）。簡化版的惡魔只要用呼叫器接收一連串位元訊息。當他收到「1」就打開活門；收到「0」就關閉活門。所有資訊都準確無比。

惡魔收到的位元越多，能分類的分子就越多，也能產出更多能量。這讓人想起凱利賭徒會將一連串位元訊息轉化成資本的成長。現在不妨自問：凱利賭徒是「無中生有」嗎？如果只看資金而不看其他的話，是的；但如果縱觀全局，會發現並非如此，他贏的是別人的錢。

這個看法也大致適用於馬克士威的惡魔。如果只著重於空氣分子，惡魔分類的動作減少了熵，並在無中生有的情況下創造出能量。從整個情況來看，你會發現惡魔只是將總量重新分配罷了。

班奈特認為惡魔必然增加了自己腦中的熵含量。在馬克士威的時代，沒人想過惡魔會有大腦。「惡魔」這個詞強調了虛構性。夏農的理論表明資訊是物理世界不可分割的一部分。任何惡魔——無論是血肉之軀、微晶片或奈米閥——都需要一個實質的「大腦」才能運作。

惡魔不需要多聰明，他本身不比車庫門的遙控器大多少，只要湧進的位元告訴他該怎麼做，他就照辦。但惡魔的大腦至少要能在兩種狀態之間轉換，一種狀態是打開活門，另一種是將活門關上。惡魔（至少）需要一位元的記憶體。

一九六一年ＩＢＭ的另一名科學家羅夫・蘭道爾（Rolf Landauer）證明，刪除電腦的記憶體時總是會增加熵。你可以從下述範例理解他的論證：假設你有某個地下樂團未發行歌曲的ＭＰ３檔案，且這是這首歌世上僅存的唯一備份檔。如果你刪除這個檔案，那場特別演出的全貌就絕不可能復原。刪除就是摧毀一小部分的歷史。刪除會增加世界過去狀態的不確定性，而不確定性就是熵。

蘭道爾在他的數學分析中表明，正如物理學家所推算的，刪除數位記憶必定會增加熵。請注意馬克士威的惡魔必須執行許多刪除的工作。每次他的內線管道傳來一個新位元，他就得「刪除」舊位元，結果使熵增加。班奈特用蘭道爾的結論證明惡魔大腦中增加的熵，至少會與氣室中熵減少的量相同。

重點在於惡魔無法製造出淨能量收益。他靠著分類產生的能量至少會跟他大腦運作時消耗的能量一樣多。馬克士威的惡魔只是重新分配熵與能量。

薩繆爾森在一九七四年寫道，高PQ交易者「實際上擁有可以告訴他如何靠著有效窺探隔天的財經報導來製造資本利得的『馬克士威的惡魔』」。正如同馬克士威的惡魔，夏農的股票系統就是把隨機性轉變為獲利。夏農的「惡魔」將他的財富分為兩種資產。當任何一邊的資產配置超過五〇％，惡魔就會進行交易，確保極微小的獲利，或是買進微量的股票——長期下來就會不斷累積。

這個做法背後的「訣竅」非常簡單。算數平均數報酬率永遠高於幾何平均數。因此，幾何平均數報酬率為零的高波動股票（正如本書所假設的），必然有正的算數平均數報酬率。

誰能藉由算數平均數賺到錢？一個答案是：凱利所描述的「每週押注一美元的賭徒」，他每週買進一美元的雞蛋水餃股，如果運氣夠好，股票漲了一倍就賣出，確保一美元獲利（不過這一美元很快就會到他妻子手中）。

下一週，他又拿到一美元，並買進雞蛋水餃股。這次他的運氣不好，股票價格腰斬。他賣出，賠了五十美分。

每週投注一美元先生在這個特定情況下賺了一美元，又賠了五十美分，他每週的平均報酬率為二五％，而在股價仍在原點。

每週投注一美元先生的問題在於他沒有野心。因為他每週押注的金額相同，預期收益也會相同。

認真想賺錢的人應該追隨（正常的）凱利賭徒，永遠追求最大的幾何平均數。只要凱利賭徒能夠以任何資金比例操作現金帳戶與隨機漫步股票，他一定會選擇兩邊均等，這樣做能達到最大的幾何平均數。夏農的方案是凱利準則的特殊案例。

凱利賭徒並未創造金錢，只是重新分配。但是差別就在這裡。馬克士威的惡魔會讓所有尋找環境友善能量來源的人感到失望；而凱利賭博的重新分配特性卻不會令人感到反感。賽馬與股票市場充斥著只對將錢重新分配到他們口袋之中感到欣喜的人。

夏農演講結束後開放提問。他被問到的第一個問題是，他自己投資時，是否也會運用這個系統？

「沒有，」夏農說：「因為手續費會讓你虧死。」

夏農的股票計畫是靠著波動性來獲利。如果你能找到一檔每天都會翻倍或腰斬的股票，那就可以準備進場了。如同前文所述，一美元在經過大約兩百四十次交易後可以變成一百萬美元，而手續費可能高達數千美元，但那又如何？最後你投資的每一美元，都會變成一百萬美元……

這世上沒有波動這麼劇烈的股票。按照現實世界的波動性，獲利會緩慢許多，甚至會低於手續費。

此外還有其他問題。夏農系統假定有幾何平均數為零的股票。這衍生出股票最常見的困擾，就是該股票「不漲不跌」。效率市場學者說，不可能有平均報酬率為零的股票。誰要買這種股票？在真實世界中投資趨勢向上的股票時，股票與現金的分配也會有所不同。股票上漲的平均報酬率夠高，凱利最適準則的交易者會將所有資金投入股市，此時再平衡沒有實際意義。

夏農的系統就是我們現在熟知的固定比例再平衡投資組合。諸如馬克．魯賓斯坦（Mark Rubenstein）與法瑪等經濟學家一直以來都在研究這個重要概念（他們顯然沒讀過夏農那些未發表的作品）。魯賓斯坦認為在特定假設條件下，最適投資組合永遠會是固定比例再平衡投資組合。這合理解釋為何一般投資人每過一陣子便會將持股、債券與現金比例進行再平衡。這樣能夠獲得比原本情況稍高一點的風險調整後報酬率，不過利潤會被手續費與資本利得稅吃掉一些就是了。

近年來，史丹佛大學資訊理論學家湯瑪斯．科佛（Thomas Cover）巧妙的根據夏農的固定比例再平衡投資組合建立出一套想法。科佛相信新的演算法能夠讓這個概念即使扣掉交易成本，依然有利可圖。然而，夏農演講的主要觀點，或許是為了反駁當時的常見看法，即股價的隨機漫步是一種讓大家打敗市場的絕對阻礙。如果這種特殊的套利計畫並不管用，誰敢說另一種方法也一定不可行呢？

爭執

著名的「哈特菲爾德—麥考伊家族夙怨」（The Hatfield–McCoy feud）的爭端起源於一隻豬。凱利準則的爭議則源自於一個**小注腳**。一九五九年，拉坦那剛從研究所畢業，是個沒沒無聞的中年男子。他在注腳中提到一個知名人物以自抬身價。

> 正如莎維奇教授（在信中）向我指出的，G（幾何平均數）極大化不只是關於白努利的函數獲得最大預期效用的準則，而且（目前為止，允許使用特定近似值的話）這個準則也幾乎適用於所有效用函數。

名人的話在學術界不應該太有影響力。但現實是，有名的人推銷理論，就像在推銷運動鞋一樣有效。不管怎麼說，知名度總是能讓他們的見解及時受到關注，而莎維奇的意見也是如此。

「白努利函數」指的是對數效用函數。正如拉坦那所述，莎維奇說過對那些用對數估算金錢價值的人，幾何平均數準則是最佳方式，而且「幾乎適用」於任何人。既然比起運用其他系統，幾何平均數準則最後會讓你更有錢，那你使用何種效用函數就不那麼重要了。莎維奇似乎是這樣說的。這件事就此擱置了十年。

「我們的分析讓我們消除了一個謬論。」薩繆爾森於一九六九年寫道。

> 它是從夏農形式的資訊理論被借用於投資組合理論而產生的，牽涉到約翰・威廉斯、凱利以及拉坦那等人的獨立發現，可以總結為一個觀念：如果有人進行許多個週期的投資，適合的做法是將報酬的幾何平均數而非算數平均數最大化。我堅信這個看法不正確……一開始

隱含的前提就有問題……

薩繆爾森在注解中挑戰了拉坦那引述莎維奇那句「有點令人不解」的敘述：「莎維奇教授最近告訴我，他在一九六九年的立場，與大家認為他在一九五九年的立場並不相同。」

這個討論出現在薩繆爾森〈根據動態隨機設計的終生投資組合選擇〉（*Lifetime Portfolio Selection by Dynamic Stochastic Programming*）文末。這篇被瘋狂引用的文章，讀過的人必定遠比讀過威廉斯、凱利與拉坦那論文的人加起來還多。薩繆爾森寫道，「如果推翻毫無道理的主張需要反證」，那他在文中的推論問題的方法已經是反駁凱利準則的「一個有效反證」。

這個帶有攻擊性的注解引發激烈爭論。凱利方程式究竟是致富的科學關鍵，還是需要被揭穿的都市傳說？

辯論雙方的實力並不相等。薩繆爾森的地位無人能及。他是個犀利的辯論者，且早就以辯論過比「夏農形式的資訊理論」更大的議題而出名。

跟薩繆爾森同一陣線的是他在ＭＩＴ派系的人馬，其中最有名的是莫頓。這些思想家反對凱利準則的意見值得嚴肅看待，而學術界與華爾街的專家們也確實這麼做。

夏農並未參與辯論。ＭＩＴ非正式的財經會議已經在一九六九年結束，夏農也不再定期與薩繆爾森會面。後來一九八五年科佛碰巧提及此事，夏農似乎不知道薩繆爾森在一九六九年發表的評論。夏農十分震驚，他說他和薩繆爾森是朋友，對許多事情的看法都相同，而他不記得薩繆爾森駁斥過凱利的觀點。

辯論中，支持幾何平均數的陣營包含經濟學家拉坦那、哈坎森（Nils Hakansson）以及少數數學家、統計學家和資訊理論學家。一般來說，經濟學家不太會注意到非經濟學家的事情。知名經濟學家魯賓斯坦曾寫過一篇加州大學柏克萊分校的工作論文，煞有介事地取名為「普及化對數效用模型作為金融市場首要模型的強力案例」，但後來他改變了立場。除了馬科維茨外，其他支持凱利準則的人都沒有薩繆爾森的影響力。

薩繆爾森喜歡用「謬論」這個字眼來形容凱利準則。你或許會以為他在推論過程中發現什麼細微但致命的錯誤，其實並不盡然。他在一九七一年發表的文章一度承認凱利準則：

> 定理。把每個步驟的幾何平均數都最大化的做法，如果期間「夠長」，「幾乎能確定」最終財富與最終效用將比其他決策規則要高。
>
> 從這個無可爭辯的事實來看，顯然會誘導人們相信以下的錯誤推論：
>
> 錯誤推論。如果幾何平均數最大化幾乎確定能導向更好的收益，那麼收益的期望值效用（從長期來看）會超過其他的決策規則。

我有種預感，許多讀者一定一臉茫然。這麼說吧，「錯誤推論」就像汽車保險桿上會貼的標語：死時擁有最多玩具的人才是贏家。因為你使用凱利準則的結果，比採用其他資金管理系統更有錢，所以凱利系統就像是教條，對任何想要有錢的人來說是個理性選擇。

薩繆爾森正確地意識到錯誤推論（或許還有汽車保險桿標語）的謬誤，大多數民眾實在難以發現這點。尤其是那些靠管理資金維生的人，可能想不通為什麼有人會質疑達成最高複合報酬率的好處。正如杭特（B.F. Hunt）在二〇〇〇年曾寫到薩繆爾森的立場：「凱利的觀點，將投資成長價值最大化，是一種不證自明的優越投資策略，可能在投資業界引起更多共鳴。」

再加上凱利系統能避免破產的事實，對世人來說，這個簡單的方程式似乎能達到財務上的極樂之境。薩繆爾森對此結論抱持異議。他的精闢觀點是，凱利賭徒為了得到在彩虹盡頭的那一桶金，在權衡之下做出取捨。如果他們真正明白自己放棄了什麼，未必每個人都會做出這種犧牲。凱利準則是貪婪的，為了達到更高的財富顛峰而不斷承受風險，因此產生了最大報酬率這個特色。然而資本成長並不代表一切。

對於跑車迷來說，〇到一百公里的加速時間或許會是唯一關注的數據。如果這是評價車子優劣的唯一準則，我們所有人都會開藍寶堅尼。在真實世界中，還有其他重要的事，大多數人成年後會明智地選購豐田汽車。

凱利系統對某些人來說或許太保守。它的特色是長期績效與零破產風險兩者兼得。凱利賭徒避開失去一切的最小風險，因為從長遠來看，一定要避開那些不太可能發生的突發狀況。用哈坎森的話來說，就是「自動內建……滴水不漏的生存動機」。

迷人的特性也有其代價。凱利系統在短期內必須接受比放寬條件的情況下**更低**的報酬率。真正活在當下的賭徒，也就是毫不在意風險或是長期投資的人，可能會單純的選擇將期望值（算數平均數）最大化。儘管有風險，但是在幸運輪盤只賭一次的情況下，這種賭徒就能預期報酬率比凱利系統更高。

另一個汽車方面的類比——源於資金經理人賈洛德．威考克斯（Jarrod Wilcox）——是我們否認開車有風險。你可能會說開車是個有利的「押注」。為了用更為舒適便捷的交通方式前往你想去的地方，你用生命下注，賭自己不會死於交通事故。根據美國街道與高速公路的死亡率，每個駕駛要開車六千年，才會發生一次致命意外。

凱利系統這類準則的忠實支持者無法接受這種說法。因為開車與長生不老互相矛盾，所以你必須放棄開車的好處，但幾乎沒人會這麼想。誠如凱因斯所言，長期來看，我們都會死。在這段人生之中，我們願意承擔一些不太可能傷害到自己的風險。

簡而言之，凱利準則可能會拿你需要的錢去冒險，以獲得你可能認為有點多餘的利潤；它也可能會犧牲到手的獲利，換取某程度的保障，而你覺得這沒必要。或許它不太符合人們對於極端利得或損失的感受。

凱利準則的保證，會令人聯想到那些淘氣精靈的故事，它們許諾給你的願望永遠不會符合預期。在你許下「獲得有長期最大報酬率以及零破產風險」的願望之前，薩繆爾森說，你最好確定這**完完全全**是你想要的目標——因為這可能會實現。

彈珠台

一九七〇年代，薩繆爾森與莫頓將公式發表在數十種期刊上，證明他們發現的幾何平均數最大化的錯誤判斷。他們的嚴謹與博學，影響了他們擔心會被凱利「謬論」給愚弄的許多投資組合經理人、財務分析師以及投資人。

薩繆爾森與莫頓看法的要點不難理解。我試著用以下圖表來呈現。

這張圖是將凱利準則比作彈珠台。圖中的金額代表你在一場優勢很大的丟硬幣賭局所下的賭注——如果出現人頭，你能拿回賭注的六倍，字朝上，那你就輸掉了賭注。

押注者的優勢高達二〇〇%。（每押注一美元，就有五〇%的機率贏到六美元，等於有三美元的價值。每一美元的平均收益是兩美元，或說原始賭注的二〇〇%）。賭局的賠率是五賠一。代表凱利賭博的

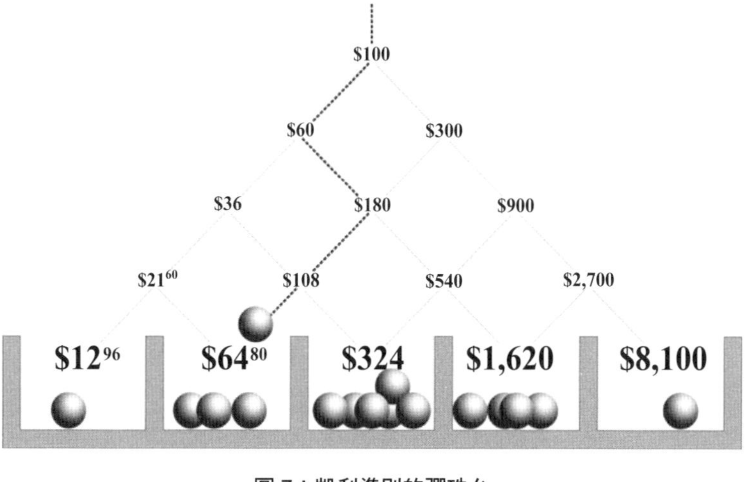

圖 7：凱利準則的彈珠台

「優勢／賠率」為「2／5」，或者說是總資金的四〇%。

一旦開始下注會發生什麼事？

圖中顯示的是前四次丟硬幣每種可能發生的情況。從最上方開始，你有一百美元的初始資金，你拿出四〇%（根據凱利下注法），然後拋硬幣。

從一百美元資金向下延伸出兩條斜線，表示第一次丟硬幣會出現的兩種可能結果。你不是把四十美元輸掉（剩下六十美元），就是贏錢拿回六倍（加上原本手上的六十美元，總賭資變成三百美元）。

下次投擲時，你必須調整賭注大小，以保持目前總資金的四〇%。第一次丟硬幣的兩個結果，又會各自有兩種結果。請注意這些路徑會分歧也會收斂。第二次丟硬幣有兩種不同的路徑達到一百八十美元。

不斷延伸的機率網絡就像是對量子理論的詮釋，每個機率事件會將世界分割為許多平行宇宙。到第四次投擲，共有十六個不同的平行宇宙，各自對應每次丟出人頭與字的可能結果。圖表以彈珠台的方式顯示。每顆球代表從上到下後可能出現的十六個結果之一。

底部的球槽表示丟四次之後的最終財產。最右邊的球代表最幸運的狀況，也就是四連勝，讓你的總財產變為八千一百美元。

這是超級幸運的情況。一般來說，人頭和字會混合出現。之字形的虛線路徑代表你丟出字、人頭、字，人頭的情況。這顆球會掉進已經有三顆球的槽中，因為有四種不同的投擲歷程會導致這樣的結果，金額為六十四點八美元。

還有四個平行宇宙是丟出三次人頭和一次字。創造的財富為一千六百二十美元。

丟出兩次人頭跟兩次字的情況有六種，這是「運氣普通」，也是最常見的結果。一百美元在四次投注後會變成三百二十四美元。

最糟糕的結果是四次都輸，這樣財產會減少到只剩下十二點九六美元。

大多數人都對如此結果不安。最好跟最壞的結果有著很大的差距。十六種結果中的其中五種，你的最終財產會比初始資金還低，而且這是在「極有優勢」的四次投注下的結果。十六種結果中，只有一種你的最終財產會比初始資金少非常多。凱利準則那「不會破產」的保證有些空洞。好吧，至少你不會全部輸光，但你仍然有十六分之一的機會，也就是連續四次押注都走霉運的情況下，輸掉八七%的財富。

凱利系統導致的財富分配（在各種情境或平行宇宙中）就像曼哈頓的貧富差距——十分極端，中產階級的數量比你想像的要少得多。

該重新審視一下精靈的承諾了。這十六種可能的結果，其幾何平均數為三百二十四美元。其他資金管理系統的幾何平均數都無法超過凱利系統。

這是好事。凱利準則的另一個好處是將中位數財產最大化。把一連串數值從低排到高，序列最中間的即是中位數。房地產仲介很常使用中位數，在曼哈頓這種地方更是不可或缺，因為價格差異極大。

範例中的財富中位數也是三百二十四美元，比其他不同系統的中位數更高。

凱利系統無法做到的是操控運氣。就算用凱利系統也可能不走運，使得最後財產低於中位數。如果真的發生了，你可能會比用其他系統的結果還要差。

希臘字母「ε」代表極微小的數量（非數學家可能會用「iota」）。薩繆爾森某篇文章的結論是：「詩人葛楚．史坦（Gertrude Stein）從沒說過ε不是0。」換句話說，信奉凱利準則的人會誤以為賠大錢的風險極小（只有ε），小到可以無視的程度。背著功能良好的降落傘從飛機上跳下去，你幾乎能確定自己會安全著陸，那為何不是所有人都愛玩跳傘這種極限運動呢？答案是，每個人對風險的容忍度各有不同。浩劫發生的微小機率可能會被放大，因為它不是0。即使知道發生的機率「幾乎是0」，膽小鬼還是有可能理性地拒絕跳傘。

錯誤推論的謬誤就是在於這種發生浩劫的微小機率。比較溫和的資金管理計畫比凱利準則更能妥善處理走霉運的狀況，當然，平均複合報酬率也比較低。

為了不讓圖表尺寸太大，我只模擬了丟四次硬幣的結果。但長期來看，結果會比較好嗎？是，或者不是。中位數結果會隨著時間呈指數增加。這樣很好，有許多資金管理系統除非有好運氣，不然其他時候都會導向破產或是真的破產。也有許多系統能避免破產，但報酬率卻比凱利準則低很多。凱利系統優於其他對手的優勢會隨著時間越來越明顯。

從另一方面來看，事情長期而言不會變更好。隨著時間推進，各種結果之間的貧富差距只會越來越大，也就是富者越富，窮者越窮。

這是個自由國度

就像一場醞釀已久的家族夙怨，凱利準則的爭論時常偏離主題，兩方人馬都認為對方是在含沙射影、彼此攻訐。哈坎森一九七一年發表了〈資本成長與平均數—變異數在投資組合選擇上的途徑〉（*Capital Growth and the Mean-Variance Approach to Portfolio Selection*），他在這篇文章中將把凱利與拉坦那的理論，重新放在效用理論與平均數—變異數分析的架構。他用大多數經濟學家使用的術語來陳述。

這篇文章存在一個數學上的錯誤。不意外地，莫頓與薩繆爾森回應這篇文章時，全力把炮口對準這個錯誤。這兩位MIT作者的結論是：「再次證實幾何平均數策略是謬論。」實際上他們駁斥的並非幾何平均數策略，而是這篇文章在描述策略時的錯誤。

莎維奇於一九七一年逝世，但他的死並未讓那模糊注解的爭端就此結束。拉坦那一九七八年時寫道，「論資格，很難駁斥」莎維奇的原始聲明，無論他後來對薩繆爾森說了什麼。

薩繆爾森反擊拉坦那應該「饒過死者」並「使其（莎維奇）的陰影擺脫罪惡」——也就是曾

經為幾何平均數準則背書的罪惡。

希伯來大學的茨維．俄斐（Tsvi Ophir）一九七八年寫道：「令人驚訝的是，某些錯誤命題被徹底推翻後，還能流傳很長一段時間。關於長期投資組合選擇的幾何平均數法則就是如此——即使像薩繆爾森這種權威人士早已予以駁斥。」

當時（一九七八年）拉坦那已經是北卡羅萊納大學年邁的經濟學家，他反駁道：

> 據我所知，無論是薩繆爾森、莫頓還是俄斐，都沒有真正挑戰過長期投資組合選擇的幾何平均數法則中那根深蒂固的基本原則。如果他們或其中一人採用另一個明顯不同的法則，而我遵循G法則，從長期來看，我幾乎可以確定自己會比他們更有錢。我們很難將這種結果視為錯誤或毫無價值的主張。

真的有人相信這個「錯誤推論」嗎？呃，沒有人到處說自己覺得這個錯誤推論是正確的。（「我們真心同意這個推論有誤。」索普一九七一年回應薩繆爾森時寫道。）有些凱利準則的支持者認為效用**沒有意義**。例如凱利曾寫過他的賽馬場賭徒系統「與他對金錢認定的價值效用毫無關聯。」

拉坦那說：「對於G法則的實用性，我的立場完全不是根據效用來判斷的，我從不認為G法則是個評估效用的方法。」史丹佛大學的科佛也寫道：「我們對這篇論文中關於效用理論的部分不感興趣，我們希望能強調投資組合選擇的客觀層面。」

後效用爭論有兩大派系。一是實證立場，認為效用是該被捨棄的非必要概念（經濟學家的「燃素」，即虛構不實之物）。把效用忘了吧，想一些你能看到、碰到的東西，像是美金、歐元、日圓、賭場籌碼或是火柴棒。在各種資金管理計畫下，或許可以客觀比較美金、歐元等貨幣的成長，就像觀察培養皿中細菌的增長。在凱利系統掌控下的美金，比其他系統都更有生存能力，也成長得更快。這個實驗可以重複執行無數次，用以說服那些懷疑論者。接著再提問：你偏好用哪一個系統來管理資金？

拉坦那多年來在華爾街的工作經驗，讓他擁有比許多經濟學家更務實的思考態度。他顯然感覺到，在象牙塔外，沒人關心效用函數。投資報酬率就是投資組合經理人的計分板。投資人對某個經理人蜂擁追隨，或是棄如敝屣，都是根據報酬率的數據。這本身不就是對將複合報酬率最大化的系統感興趣的理由嗎？

拉坦那指出，在共同基金與退休基金的案例中，「我們很難辨別出其隱含的效用，並確實說明效用何時會達到最大化」。基金管理人為許多人服務，要判斷出所有人對於風險的喜好是不切實際的，就像軍隊的廚師，不可能迎合每個人的口味。

索普不只替有錢人管理資金，也掌管企業退休基金以及哈佛大學的捐款基金。對其中大多數的投資人而言，普林斯頓新港合夥公司只是許多投資中的一項。投資人會自行決定資產分配。索普的工作是提供有吸引力的金融商品。毫無疑問，投資者主要是透過風險調整後報酬率來評斷基金。

馬科維茨在一九七二與七六年發表的文章中強力主張這個論點。他認為長期投資人的效用函數，應該以複合報酬率而非最終財富計算。想像一下，你現在要在兩個共同基金之間取捨。身為一名長期投資人，你可能對於自己要投資多久沒有明確想法，也還沒想好要如何使用獲利，但你肯定會挑選你認為有較高複合報酬率的基金。計算出多年後投資這個基金能賺到X元，投資那個基金能賺到Y元沒有太大意義。想像要用獲利買什麼，或者思考X元比Y元好多少更沒有意義。複合報酬率是決定長期投資的唯一合理準則。

莫頓與薩繆爾森於一九七四年的文章中問道：「那麼，該如何看待以下爭論？期望平均複合報酬率值得分析，因為這種分析可能與決策制定者有關……也許這個人碰巧對平均複合報酬率有興趣呢？經過一番思考後，我們認為適當的反應如下：這是個自由國家，任何人都可以按自己的想法訂立準則。然而，那些理解各種準則蘊含意義的分析師們，有責任幫助大眾釐清他們經過深思熟慮後，真正想要的……就我們的經驗，一旦真正了解問題，鮮少決策制定者會保持他們對平均複合報酬率的興趣。」

難道說服人們別在乎平均複合報酬率是一種義務嗎？這類評論令凱利準則支持者感到困惑不解，正如與莫頓和薩繆爾森聲稱他們成功辦到這件事情。根據消息指出，索普對投資人解釋凱利準則時：「大多數的人會說，『耶，聽起來對我很有利，我想這樣做』。」

索普比任何人都更有資格引用「真實世界」的結果。他在〈投資組合選擇與凱利準則〉

（*Portfolio Choice and the Kelly Criterion*）一文中，列出「私人機構投資人決定投入所有資源至可轉換避險基金，並依照凱利準則分配資產。」索普承認，這個投資人就是他的「可轉換避險合夥公司」。從一九六九年十一月至一九七三年十二月，該基金的累積獲利為一〇二．九%，同期道瓊工業指數平均下滑了〇．五%。「效率市場理論的支持者，請解釋。」索普寫道：「如果大多數機構性投資組合經理人都遵循一種『本質不同的』策略，作為他們的理想目標，我們幾乎可以確定會賺得比他們多。」

追上凱利家族

在這條死巷深處矗立著兩棟幾乎一模一樣的房子，住著成員和收入幾乎一模一樣的兩家人。瓊斯家沉迷於物質享受，有一連串遠大的目標，例如他們打算明年夏天要蓋一座新的游泳池，等目前汽車租約到期後要買一輛大型休旅車，還想把四歲大的孩子之後送進哈佛大學。瓊斯家已經精準估算出這些目標要花多少錢，並精準估算出何時會需要用到這些錢。他們用這些目標設計最佳投資計畫。按照計畫，他們有在需要時順利得到那筆錢的最大機會。

他的鄰居凱利家，完全不在意財務目標。他們只是為了賺錢而投資，尤其想要盡可能讓投資達到最高複合報酬率。在雞尾酒派對上，鄰居們都知道最好別讓凱利聊起複合報酬率的事情，因為這家人只在意這件事！

隨著時間推移（可能得要等待**很長一段時間**），幾乎能確定凱利家將會比瓊斯家有錢。日子一年年過去，兩家之間的財富差距只會越來越大。

當瓊斯家隔著籬笆望向凱利家，不禁心生羨慕，畢竟他們也想更有錢。然而，瓊斯家有理由冷靜看待那漸增的財富差距。「凱利家是有錢，」瓊斯家安慰自己：「但我們擁有更重要的東西。」瓊斯家有的東西是**效用**，他們規畫的投資，能達到對他們而言真正重要的目標。

凱利家則認為瓊斯家很瘋狂。誰看得到瓊斯家掛在嘴上的「效用」？凱利家說，目標是有彈性的，重要的是盡快、盡可能賺到更多錢，之後再擔心該怎麼花。

誰的行為比較合理：沉迷於效用的瓊斯家，還是熱衷複合報酬率的凱利家？

瓊斯家擁有根據財富明確得出的效用函數。他們從未懷疑金錢是否能帶來幸福。他們**清楚明白**X美元能帶來多少幸福值。他們將投資組合調整至最符合自身偏好的狀況。大多數經濟學家會認為這是理性的象徵。

不難理解凱利家最後為什麼會比較富有。他們的投資組合設計是資本成長最佳化的狀態。沒有其他、更個人的限制會減緩凱利家累積財富的速度。或許唯一沒料到就是瓊斯家羨慕凱利家——即使以瓊斯家的標準來看，凱利家更多的財富比他們自家狀況更好。

這就是凱利準則爭論的核心。對經濟學家而言，假設人們有精確的（財富）數學效用函數，就像呼吸一樣自然。他們毫不猶豫的做出這樣的假設，因為他們需要一個可供計算的效率函數。

數學儼然成為經濟學家的全部，這個概念絕大部分是受到薩繆爾森的影響。

事實上人們對財富的感受通常是變動、反覆無常，且難以用有條理的數學方程式（包括對數）來辨別。偏好通常是由需求生成，要等麻煩已經多到某種程度，你才會知道自己想要什麼。這對民意調查或主流團體的組織者來說這不是什麼新聞。人們只會對某些議題有根深蒂固的看法，至於其他議題，你必須逼他們做決定——而且有許多意見取決於你提問時的措詞。

大多數人對於金錢唯一堅定不移的偏好就是：盡可能獲得更多。隨便問一個投資人他能承受多少風險，通常會得到這種答案：「咦？我不知道耶……我應該承受多少風險比較好？」

這不表示這個投資人是笨蛋，而是他抱持開放態度。他最感興趣的，就是說服自己相信現在面對的風險與報酬都是合理的。

大多數經濟學家反對「效用可能無太大實際價值」的觀點。希伯來大學的俄斐在某篇文章的結尾巧妙地表示：「接受拉坦那論點的人，不只得放棄預期效用，還要放棄效用概念本身。」俄斐顯然認為這有點像是放棄了理智。

行為財務學的研究認為，人們的動機不只是絕對的得與失，還有嫉妒。我們會拿自己的投資報酬數字跟鄰居和市場指數相比較。「好」的報酬率就是對比之後勝出的報酬率。所有資金管理策略中，只有凱利的策略擁有從長期來看無人能敵的優點。

這裡有個陷阱。人生苦短，而股市是一場緩慢的遊戲。二十一點這個遊戲，每四十秒就能讓你的賭金翻倍或消失。在股票市場，一般要花好幾年才能把你的資金翻倍，或是讓你血本無歸。

所有買進並持有的股票投資者，沒有人壽命長到能有絕對信心確認凱利系統必然會超越其他系統。這就是凱利系統比較適合短線投資人，而非散戶投資人的原因。

經濟學家不會把研究博弈系統當成主要項目，套利者的古怪行為也沒能吸引到薩繆爾森那世代學者們的注意。學術界感興趣的主要議題是一般投資人的資產分配問題，而凱利系統似乎提出了新的見解。你應該投入多少錢在高風險、高報酬的股票，又要把多少錢放在債券或儲蓄帳戶這種低風險、低報酬的投資上？

凱利的答案，是把**所有錢**都投入股市。事實上，也有許多投資理財作家認為指數基金投資人適當使用槓桿是十分合理的。（雖然股票市場有可能崩盤，讓許多個股可能變得一文不值，但美國股票指數從來沒有跌到零過。）

經濟學家對這類言論的反應是：認清現實吧。買進並長期持有股票才是注重效用的做法。很少有投資人會採取全證券的投資組合（融資會更讓人不安）。三不五時發生的崩盤有可能一瞬間把你這輩子辛苦攢下的存款蝕去大半，中年投資人可能從此一蹶不振。對股市投資人而言，「長期」並沒有短期或中期那麼重要。凱利系統或許能避免完全破產，但仍不足以保證安全。

雖然來日方長

說來奇怪，凱利準則的爭議於一九七九年達到高峰。諾貝爾獎得主薩繆爾森用兒童文學家蘇斯博士（Dr. Seuss）的簡單措詞，重新表達他對於幾何平均數策略的反對立場。他用單音節的英文字彙寫了一篇論文〈來日方長，但為什麼不該追求財富的最大幾何平均數〉（*Why We Should Not Make Mean Log of Wealth Big Though Years to Act Are Long*），發表在素來艱深的《銀行與財務金融期刊》（*Journal of Banking and Finance*）。

索普推論道：「我認為他試著表達，『你們這些人太愚蠢，我得用單音節字彙向你們解釋』。」

薩繆爾森的文字花招讓他無法使用「幾何」、「對數」或「最大化」等詞，也不能提及白努利、凱利、夏農，甚至是葛楚．史坦等人的大名。

> 為何有些人還是認為應該追求最大的財富平均數呢？因為他們認同這個看法，覺得「這樣我一定會賺更多，錢不嫌多」。但他們錯了。他們忽略了：當你賠錢時（而且你確實有可能賠錢），基數越大就會輸得越慘。證明完畢。

薩繆爾森巧妙地總結道：

不必再多說，我已明確提出我的看法。而且為了清楚說明，除了最後面「音節」（syllable）這個詞，全篇都是用單音節字彙寫就。

整個爭論過程中，雙方都大肆推測對手有性格、智力方面的缺陷，才會堅持如此嚴重的錯誤。薩繆爾森批評受凱利準則影響最深的，都是最不懂經濟學的人。事實確實如此。他們大多是資訊理論學家、賭徒、數學家、投資組合經理人——這些人並不笨，但不具有博士等級的經濟學知識。

至少有部分受到薩繆爾森與莫頓的影響——凱利準則在現代經濟學家之中的評價，幾乎跟藝術評論家對湯瑪斯．金凱德（Thomas Kinkaide）虛有其表的作品評價一樣差，只能吸引「門外漢」。

另一方則做了心理分析。我聽過許多理論，說明薩繆爾森為何又如何堅定反對幾何平均數。其中一種說法是，薩繆爾森因為朋友夏農的股市講座受到大眾矚目，而將凱利準則放入他的研究議程。（歌手珍妮佛．洛佩茲如果宣稱找到解決地球暖化的方法而受到眾人注目，科學家們無疑會瘋狂抨擊洛佩茲計畫中的缺陷。）另一種解釋是，「因為這不是自己人發明的」。凱利準則出自於資訊理論學家（以及十八世紀的物理學家），而非經濟學家，也因此經濟學家出於本能要捍衛自己的地盤。

《自然》（*Nature*）期刊的資深編輯麥道斯（John Maddux）提出一項在一定程度上可適用於凱利準則爭論雙方的詼諧法則：「最了解作者作品的評論者，最不可能吸引大眾注意到其成就，只

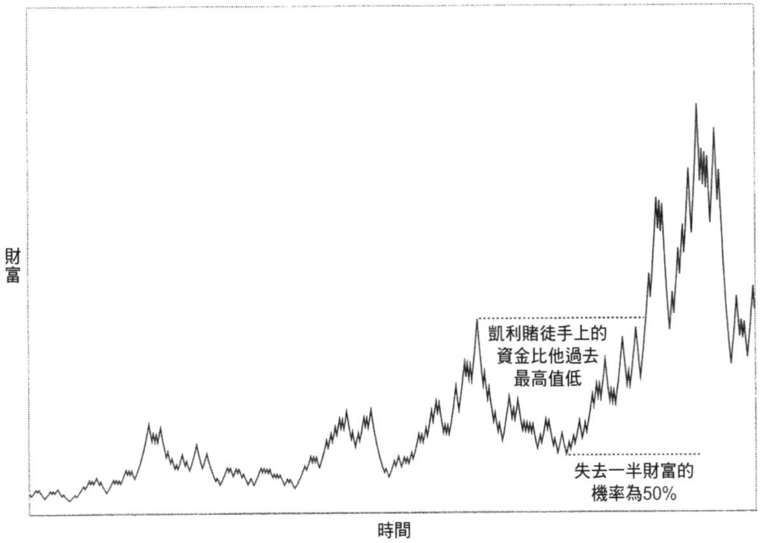
財富
凱利賭徒手上的資金比他過去最高值低
失去一半財富的機率為50%
時間

圖 8：使用凱利準則的財富—時間表

會招來許多不重要的批評，尤其是針對打字排版的錯誤。」

賭博全都差不多

雙方都同意的是，凱利系統對所有希望駕馭最大報酬率的投資者提出了一些挑戰。這是另一個可以直接觀察到的論點。

假設上圖表是凱利準則的簡易版，表示凱利賭徒（交易者）在單一下注機會連續下注後的財富變化情形。X軸是時間（或下注次數），Y軸是財富。我省略了單位。你可以想像圖表是印在一塊橡皮上，可以隨意拉長時間軸與財富軸。

你可能會問這張圖表描述的是何種賭局或投資，但這並不重要。凱利下注可以在各種賭博與投資活動互相轉換。只要有任何賭博或投資機會，凱利公式都會將它轉化為最有利於資本成長的賭博或投資。當賭注風險太大時，凱利押注者只會投入一小部分資金以控制風險。若某個投資或交易沒有徹底虧損的風險，凱利押注者可能會運用槓桿以達到最大報酬率。

假設凱利押注者能在合理範圍內盡可能提高投注額（若情況合適，運用槓桿），但不可同時分散投注，那麼無論在隨機賭局或投資，財富的增減狀況看起來就會跟這張圖表類似。我指的不是高峰與低谷的精確位置（當然是由隨機事件決定），而是震盪幅度與快速上升的趨勢。這張圖表或許會讓你想起股市的走勢圖。事實上，凱利賭徒的資金波動比道瓊工業指數或標準普爾500指數的歷史紀錄**更劇烈**。

鋸齒狀的山峰可能會讓人心碎。假設你發現自己正處於圖表中央右側的高峰，或許代表你賺進了第一個一百萬。在這種特殊情況，表示你即將賠掉大部分的資金。

凱利下注法的資金波動遵循一個簡單的法則。根據凱利下注法進行無限連續的賭局，總資金降到初始資金一半的機率為……二分之一。

這在連續下注的理想賭局中是非常正確的，即使在更常見的離散下注賭局（二十一點、賽馬等）來說，也近乎正確。類似的法則適用於任何比例，1／N。資金減少到初始資金三分之一的機率為三分之一，減少到百分之一的機率為一%。

好消息是資金減少到零的機率為零。由於永遠不會破產，就永遠有機會扳回一城。

壞消息是，無論你多有錢，都有遭受巨大虧損的風險。1／N法則適用於任一階段押注。如果你把資金滾到一百萬美元，那就如同你的初始資金是一百萬美元，未來某個時間點，你有可能賠掉五〇％，這種損失是所謂的暫時性的。無論從哪方面來看，凱利賭徒或投資人大部分時間的財富**都會比之前少**。

身穿廉價西裝的掮客

試著在 Google 搜尋引擎輸入「Kelly formula」（凱利方程式）或「Kelly criterion」（凱利準則）。快速致富方法在網路熱搜榜的名次僅次於性愛。網路上早已開闢了許多爭論戰場，但發言者多半不知道經濟學家和資訊理論學家說過了什麼。

「所有認真的賭徒都在運用類似於凱利準則的某種法則。」某個叫約翰（John May）的人這樣宣稱，他的網站將他描述為「世界上最令人恐懼的賭徒之一」。一間英國足球簽賭網站這樣描述這個系統的發明者：「是美國一個叫做約翰．凱利的人（顯然在AT＆T的貝爾實驗室任職過），一定是精明的人。」

然而，對於賭博圈與凱利準則之間的關係，最好的形容是又愛又恨。網路上有些反凱利的謾罵，讓薩繆爾森的言論顯得軟弱無力。《職業賭徒通訊》（*Professional Gambler Newsletter*）發行人米勒（J.R. Miller）寫道：「下次那些身穿廉價西裝的掮客建議你採用積極的下注計畫，像是……所謂的『凱利準則』時，先要求他拿出數學碩士文憑來看看——最好確認他是主修機率。」他接著說：「凱利準則應該叫做『安樂死準則』或是『神風特攻隊準則』，這根本是種自殺行為。」

當然，米勒指的是用凱利下注法進行連續下注時那令人憂心的財富下降情形。他提出補救的古怪策略是，無論在何種情況下，永遠押注相同金額。他認為只要按照他刊物（訂閱費每月九十九美元）挑選的運動隊伍平押，就有可能將賭客的資金在一年內翻漲三倍。米勒也指出：「成癮防治與心理健康中心的專業研究員透納博士（Dr. Nigel E. Turner）認為……增量押注（像凱利系統那樣），是賭博成癮患者的徵兆之一。」

許多網站討論如何將凱利系統應用於投資，有些人設法連結凱利準則與普通的選股。這些網站通常將凱利的數學運算簡化，變成沒有人能真的反駁的教條，例如：投資你擁有優勢的標的，並專注於長期投資。凱利準則有趣的特點（最大報酬與零破產風險）在於它需要精準評估優勢與賠率，但一般投資很難算得這麼精確。

一些凱利準則的擁護者相信巴菲特就是那種私下認同凱利的交易者。透過投資少數他相信自己擁有優勢的公司，並專注於長期投資。無論巴菲特有沒有聽過凱利的大名，他的投資方法就是「賭你的信念」。這項理論首見於基金經理人羅伯特・海格斯壯（Robert Hagstrom）的著作《巴菲特核心投資法》（*The Warren Buffet Portfolio*），他直白地寫道：「我們並未握有任何巴菲特使用凱利模型分配波克夏資金的證據，不過凱利的概念是一種理性過程，在我看來，它恰好反映出巴菲特的想法。」

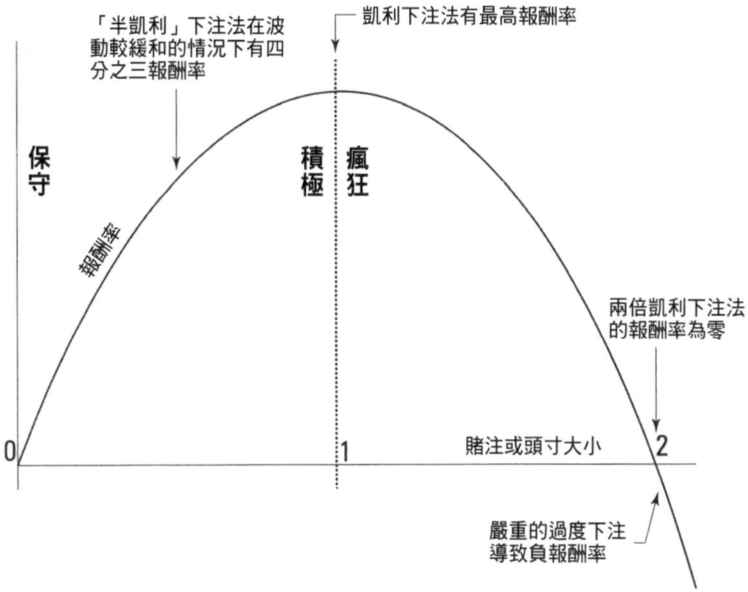
「半凱利」下注法在波動較緩和的情況下有四分之三報酬率
凱利下注法有最高報酬率
保守
積極
瘋狂
報酬率
兩倍凱利下注法的報酬率為零
0
1
賭注或頭寸大小
2
嚴重的過度下注導致負報酬率

圖 9：積極與瘋狂

「我的經驗是，大部分使用凱利準則的謹慎賭徒或投資人，都會發現資金減少的現象，頻繁到令人不安。」索普寫道。賭博圈演化出一種駕馭凱利系統那種駭人波動性的方法，而索普也在普林斯頓新港合夥公司採取類似的方法。這很重要。如果資產價值的波動程度跟連續投注的凱利賭徒資金相同劇烈，那沒有人會買這種避險基金。減緩波動有兩種方式。

一種是以凱利下注法或頭寸大小的固定比例進行投注。一如往常，你要確定哪個機會或投資組合機會的幾何平均數最大，然後比凱利公式少下注一點。賭徒最常用的方法是「半凱利」，投注金額維持在凱利下注法的一半。

這是一種誘人的權衡，因為能大幅減緩波動，同時報酬率只減少四分之一。在每個全凱利下注法時間單位複合報酬率為一〇%的賭局或投資中，改用半凱利的複合報酬率為七・五%。

如此一來，提心吊膽與咬牙切齒的情況可以少很多。事實證明全凱利下注者在資金翻倍之前，腰斬的機率會有三分之一。半凱利下注者在資金翻倍前，腰斬的機率只有九分之一。

雷・狄林傑（Ray Dillinger）在網路上描述凱利準則是「積極投資」與「瘋狂投資」之間的「明確界線」。真是個形容凱利系統零破產風險特性吸引力的好方式。上頁有一張複合報酬率對照投注（頭寸）大小的圖表。橫軸的單位是凱利比例。1表示標準的凱利準則下注（金額為投機者既定財富的一部分）。0表示不下注，2則是兩倍凱利準則下注。複合報酬率的曲線在凱利下注法達到高峰。曲線頂端有條橫切線。你可以在不大幅影響報酬率的情況下約略增減下注額。

押注金額越大，資金上下起伏的情況就越劇烈。因此，往圖表右側移動時波動性增加。在全凱利下注的左側，包括其本身的下注金額都是積極型，右側則為瘋狂型。會說是瘋狂，是因為不但減少了複合報酬率，還比凱利系統產生更大的波動性。

當投注比例是凱利下注的兩倍時，複合報酬率會掉到零，再增加則會變成負數。當賭徒的資金瘋狂震盪時，趨勢則是持續向下。

積極總比瘋狂好，因此就算是最大膽的人，還是應該明智地採取小於1的凱利投注比例。實際進場時，各式賭局的真實賠率永遠都有不確定性，而在評估錯誤時，人類的天性可能會進一步把它導向自己期望的方向。

利用部分凱利下注法投注賽馬比賽賺進數百萬美元的比爾．班特（Bill Benter）說，就算是最棒的電腦阻礙模型，都很常將優勢高估到兩倍之多。這意味著某個以為自己是進行凱利下注的人，事實上在無意間變成了兩倍凱利下注，這樣一來，報酬率就會縮減為零。部分凱利下注法不會犧牲太多報酬，就算出了差錯，也比較不可能把下注者推入瘋狂的範圍。

大多數成功運用凱利準則的人，實際上是著眼在投注額或頭寸大小低於凱利下注法的方式——實際金額是由不確定性以及對低波動的偏好程度而定。一九九七年索普在蒙特婁演講時，用四句話簡述自己的立場：

> 長期採行複合式投資的個人或機構，都應當思考運用凱利準則將財富預期複合成長率漸漸達到最大化的可能性。較無法容忍中期風險的投資人可能偏好投入較少比例的資金。長期複合式投資人得要避免投入太大比例的資金（過度投注）。因此，由於未來的機率是不確定的，長期複合式投資人就應當進一步限制其投資比例，以預防過度投注這種明顯的風險。

凱利系統對其批評者而言，僅僅是個效用函數——融和了貪婪與魯莽的特質。對喜歡索普與班特的人而言，凱利系統不只是種典範，而是規畫風險與報酬全景的新方式。

另一種駕馭凱利系統的方法是分散投資。二十一點玩家們有時候會集中資金，每個人持有一部分資金然後各自獨立玩牌。等到一天結束後再將所有玩家贏來（或輸掉）的錢集中後再分配給每個人。由於將玩家的運氣平均分配，團隊更能穩定獲利，也較少失利。

這樣的影響非常重要。確認這種方式是否有用最好的方式，就是假裝你能同時對偏差度完全相同的硬幣下注數百次。每個硬幣有五五％機率為人頭朝上，賠率為一賠一。

如前文所述，凱利下注法對這種連續下注的做法是每次押注總資金的一〇％，而同時押注則是全新的狀況。現在你可以把資金平均分別下注在所有硬幣進行分散投資，這樣能大幅降低嚴重虧損的風險。幾何平均數最大化賭徒會投入更多資金來增加複合報酬率。

如果同時投擲一百個硬幣，凱利下注者在每個硬幣押注的金額約為總資金的１／１００。換句話說，凱利下注者幾乎把所有資金都押在硬幣賭局的「投資組合」上了（**並不盡然**），但也可以說他沒有賭上所以的資金，因為幾乎不可能所有硬幣都是字朝上。這種分散在一百次賭局上的方式會創造出一條平滑的指數增長曲線，極少會出現鋸齒狀大幅震盪的線型。

普林斯頓新港合夥公司幾乎總是高度分散投資。定價錯誤的證券畢竟有限，因此這個基金的資金會同時在許多標的上「押注」。

二十一點玩家團隊能夠順利執行分散投資，是因為牌桌與牌桌之間的運氣不存在關聯性。而這個方法也適用於普林斯頓新港合夥公司，因為他們一般會分散投資彼此關聯性低的標的。此基金在避險交易上的設計，是要投在對一般市場動向較不敏感的產品上。索普也設計了幾種方式讓交易「波動性中立」。無論市場狀況是波瀾不興或是無比緊張，報酬都不會相差太多。

不幸的是，一般股市投資人分散投資的程度有限。他們可以且應該藉由買進指數型基金或是其他均衡型投資組合基金來分散風險，但是面臨整體市場崩盤的風險仍舊相當大。他們可以買進全球型基金，再分散一點風險。但這還是有其限制。全球經濟體系下，實際上所有股票與股票市場都有不同程度的關聯性，日本股市崩盤也會讓紐約股市一片蕭條。

由於這個原因，凱利準則對一般股票投資的吸引力有限。把所有資產都投入股市，就得接受財富大量縮減的情況。這個事實對於凱利投資法的批評者來說意義重大，至於對索普與他的避險基金來說，幾乎是無關緊要的。

普林斯頓新港合夥公司的避險能力在一九八七年十月十九日的黑色星期一面臨嚴峻的考驗。道瓊工業指數在一天內下跌二三%，是史上最大單日跌幅。普林斯頓新港合夥公司的六億美元投資組合在這場災難中只少了約兩百萬美元。索普的電腦隨即提醒他，在這種恐慌性估值下有大量投資機會。在這種價格隨意下跌的情況下，根本沒有買家，所以不可能賣出。儘管如此，索普在當天與下個交易日還是執行了新交易，並賺進大約兩百萬美元。普林斯頓新港合夥公司在一九八七年十月的績效表現基本持平，而大部分共同基金都虧損了二〇%以上。普林斯頓新港合夥公司該年度的報酬率為驚人的三四%。

黑色星期一對效率市場假說也是嚴厲的考驗。許多人難以理解，除了崩盤本身，並沒有其他重大的利空消息，怎麼市場價值的理性評估會在一天之內改變二三%。

很少有經濟學家會因為黑色星期一而否定效率市場假說。像是「理性」與「效率市場」這類術語確實有很多詮釋空間。大家可能會爭論，市場確實表現得很理性。在崩盤發生前幾個星期，確實有些令人信心不足的經濟消息，有人推測，也許崩盤是延遲反應，可能就像在玩大風吹，每個投資人都「理性地」嘗試比其他人早幾秒鐘賣出持股。這樣一來，這種徹底混亂的狀況就可以解釋為效率市場的一種副作用……

對於股價的幾何隨機漫步模型來說，黑色星期一是個更加明確的反證。此次崩盤的嚴重程度，遠大於這個熱門模型的預期。

魯賓斯坦（投資組合保險共同發明人，也是此次崩盤的重要角色）估計市場單日跌幅達二九％（標準普爾期貨曾出現過同樣跌幅）的機率為十分之一的一百六十次方。分母就是你在「1」後面寫下一百六十個0。根據魯賓斯坦的說法：

> 根本沒辦法預測這種不太可能發生的事件。使股市持續運作兩百億年，也就是目前宇宙的壽命預估上限，也沒人會預料到發生這種事。實際上，即使發生兩百億次宇宙大爆炸，股市每兩百億年重新開始一次，這種事也不應該發生。

崩盤不是新鮮事，一九二九年就曾發生過一次，雖然（正如魯賓斯坦所述）半世紀後許多經濟學家似乎對此不太在意，但莫頓注意到了。莫頓在一九七〇年代寫道，市場行為既像跳蚤，也像螞蟻。大多數時間，股價就像螞蟻般徘徊，有時又像跳蚤一樣猛跳。莫頓認為，這些跳動應當列入選擇權定價的考量因素之中。這些跳動表明，包括布萊克—休斯方程式在內的許多熱門模型並非完全正確。

凱利系統與任何預測市場「應該」如何表現的特定模型都沒有關聯，包括對數常態分配隨機漫步模型。幾何平均數最大化的方法也適用於像是跳蚤跳躍，或是任何可以精確描述的模型。反之，平均數—變異數分析不適合處理跳蚤的情境，因為它無法單靠馬科維茨的理論所使用的兩個數字來描述。

我的外星表哥

一九八八年，薩繆爾森突然寫信給史丹佛大學的資訊理論學家科佛，因為有人寄了一份科佛關於投資組合理論的文章給薩繆爾森，請他評閱。薩繆爾森寫道：「如果我要使用你的某些程序，我不會讓它……影響我的投資組合決定，使其偏向我那外星表哥用對數（財富）效用函數所做出的選擇。」他譴責的對象是凱利、拉坦那、馬科維茨，「以及那些六月才現身，都在紙上談兵的各類博士們」。

科佛收到偉大的薩繆爾森的來信，感到受寵若驚（儘管他的論文被批評得一無是處）。科佛寫了一封得體的回信，兩人就這樣通信好幾年。薩繆爾森越來越不拘小節，摒棄華麗的用詞，直稱凱利系統「完全是騙術」，他還告訴科佛：「忽視餘數近似值的數學家應當被劈成兩半，再切成四塊，接著再……。」

薩繆爾森寫給科佛的最後一封信是用單音節字彙寫成。「如果我喜歡你猜測機率的方式，我不需要（也將不會）使用你說的『增值』之類的東西，」他寫道：「既然我們討論過這個問題，為什麼還要來回地說呢？」

第五章

逐出市場

由於瑞根的不當行為，普林斯頓新港合夥公司遭到了「瑞可法」的起訴。合作關係終止後，全身而退的索普惋惜道：「我們原本會成為億萬富翁。」

伊凡．波斯基

伊凡．波斯基（Ivan Boesky）的身分與經歷，總是帶有一股神祕的氛圍。他對外宣稱他父親是俄羅斯移民，在底特律經營連鎖熟食店——但事實上開的是「黃銅鐵路」（Brass Rail）連鎖上空脫衣舞酒吧，經營熟食店的是他叔叔。

波斯基其中一個高中死黨衛基里（Hushang Wekili）是伊朗交換學生。波斯基在密西根州念了三間沒什麼名氣的大學，但都沒有畢業，於是他去了伊朗。波斯基後來宣示作證，宣稱自己替美國新聞總署工作，教授伊朗人英文。但美國新聞總署表示沒有任何名叫波斯基的人替他們工作的紀錄。

旅居伊朗之後，波斯基回到美國，報名底特律法律學院（Detroit College of Law）這間吊車尾的法律學校。他休學兩次，終於在五年後畢業，但沒有法律事務所肯雇用他。於是波斯基的父親讓他合夥經營脫衣舞酒吧。

波斯基的命運在與一個富有的家族結親之後就此翻轉——他的岳父西爾伯斯坦（Ben Silberstein）是底特律的房地產開發商。波斯基聽說在華爾街可以賺大錢，於是決心要過那種生活。波斯基的岳父安排他們夫妻住進公園大道上最高級大樓的一間公寓。

波斯基的專長是風險套利。當A公司試圖收購B公司時，假如併購順利，A公司會以若干公司股票換取B公司一股的比例交換股份。這樣的條件對B公司的股東有利，因為收購方會希望B

公司同意這次併購。

根據併購條件，B公司每一股應該價值A公司的若干股。然而，兩間公司的股價很少能會依照這樣的比例進行交易，因為併購是否能成功，通常有許多不確定因素，不只有可能受到股東阻撓，也有被政府干預，或是管理階層突然改變心意。

認為併購能順利進行的人，可以買進B公司股票，並放空A公司的股票，以確保併購成功時獲利。莫頓在一九六三年的勝家—富萊登併購案中就是這樣操作的，相當於將運動簽賭的方式用於進行中的併購案，還能利用槓桿獲得更大收益。

這種做法被稱為風險套利，是因為如果併購失敗，投資人就有賠錢的風險。波斯基在卡爾布・沃里斯公司（Kalb Voorhis）獲得第一次實際操作套利的機會。他在單筆交易中就讓公司虧損了兩萬美元，因此被解雇。

又經歷幾次失敗後，波斯基認為是自己開公司的時候了。他在《華爾街日報》刊登廣告，吹捧套利能賺得驚人利潤。

私人投資公司一般不會打廣告，更不會用強迫推銷的手法。（如索普和瑞根的基金公司只有一支沒登上公共電話簿的電話，這是業界常態。）儘管過往戰績不佳，波斯基仍然向他的投資人收取獲利四五％的服務費，如果虧損，投資人則得承擔虧損額的九五％。

這些費用勢必會嚇跑任何理智的投資人。最後西爾伯斯坦家族挹注資金，波斯基公司於一九七五年正式營運。

波斯基會買牛角麵包當早餐，戳個幾下，最後才吃掉一小塊麵包皮。有個員工有一次看到他吃了一口正常大小的麵包後，他竟然斥責自己：「波斯基，你這隻小豬！」「小豬」就是波斯基在華爾街的綽號，指的是他偏好高比例、高槓桿與高風險的交易。如果波斯基認為某項併購案很有可能成功時，他會運用槓桿來增加預期獲利。多大的槓桿？根據波斯基公司的說法，是「法律允許下的最大值」。

聯準會（The Federal Reserve）允許「零售」證券交易有二比一的槓桿。像是波斯基使用的私人放款方式，能夠自由設定限制。《財星》雜誌記者詢問波斯基，坊間謠傳他違反與放款人之間債務契約，他這樣回答，「子虛烏有」。面對更多證據，波斯基辯稱：「原則上，我們一向謹守契約。」

一九八四年，波斯基公司宣稱運用九比一的槓桿。顯然透過當時的新技巧「滾動」（rolling）是有可能辦到的。滾動就像買了一件時髦的洋裝，並穿去參加派對，然後隔天去退貨。根據報導，波斯基不是買派對用的洋裝，而是同時買進並放空相同數量的股票。「買家」與「賣家」（都是波斯基）各有五天時間辦理交割。這樣一來，波斯基能夠持有一批股票五天（時間到之前就要把它還給「商店」）。這段期間，他能把這些股票當成抵押品，向銀行借貸九〇%的信用額度。

記者問他是否進行滾動操作，波斯基的回答是：「你的言外之意是不當行為，我的答案是沒有。有些人不喜歡我的髮色，所以他們想怎麼說就怎麼說吧。」

波斯基對強勢效率市場假說不存有幻想。他的經營計畫是把內線資訊轉化為資本成長。這種程序由來已久，有些做法甚至令人敬佩。亞當．斯密那個時代的證券經紀人，會自由交易小道消息，並用自己的錢即時買進或賣出。對於無法接觸到這類消息的人來說，這個系統並不公平，但顯然很少人用這種角度思考。在電子通訊普及之前，不公平顯而易見，消息要傳到英國鄉下地區要好幾天。

即時通訊帶給股票經紀人的改變，肯定與帶給組頭們的改變一樣。電報與愛迪生的自動收報機加速了資訊流動，但沒人會以為曼哈頓人取得金融資訊的速度跟邊疆地區居民一樣。其中有許多與市場相關因素，分水領則是一九二九年的大崩盤。財富在幾個小時內蒸發殆盡，華爾街有些人因為及早拋售而挽救財產。這些內線人士的早期拋售使價格摜壓下跌。現在看來，此事對於全國各地那些較晚收到崩盤消息的投資者來說，似乎不太公平。

國會成立證交會（SEC）來回應此事，該機構的目標之一，是確保散戶不會受到最先收到資訊的內線人士所剝削。美國證券法也因此在私人與公開資訊之間訂立出一條明確的界線（難免顯得武斷）。透過企業未公開資訊獲利是違法行為。這條法令有太多模糊地帶，然而對於想從平民百姓那裡募集大量資金的經濟來說卻至關重要。

波斯基就像許多風險偏好者，似乎靠著風險起家，但又予以否認。他如果收到併購案的消息，會試著用獨立管道查證。他培養了許多提供情報的線人，當這些人確認消息無誤，波斯基會用毅然決然的態度進行，並利用借貸以增加獲利。一九八二年波斯基得知海灣石油公司（Gulf

Oil）打算以一股六十三美元收購城市服務公司（Cities Service），於是買進七千萬美元城市服務公司的股票，金額相當於波斯基交易公司的資產淨值。

波斯基得到的海灣石油公司收購消息是正確的，但不幸的是，海灣石油公司擔心會引發反托拉斯的疑慮，於是退出交易。城市服務公司的股票一瀉千里。波斯基幾乎破產。

就像凱利一樣，波斯基必須為資訊流量設定精確價值。波斯基最重要的線民是吉德皮巴第公司（Kidder Peabody）的年輕投資銀行家，名叫馬丁．席格（Martin Siegel）。波斯基與席格的交易條件是，波斯基會支付一筆錢，實際數字每年重新協商，而席格會在這一整年提供所有資訊。達成協定的第一年，席格將班迪克斯公司（Bendix）意圖惡意收購馬丁瑪麗埃塔材料公司（Martin Marietta）的消息透露給波斯基。吉德皮巴第公司一直在幫助馬丁瑪麗埃塔材料公司對抗惡意收購。波斯基利用這個消息賺了一大筆錢——席格並不知道確切金額，他向波斯基要求十五萬美元的現金，波斯基隨即安排付款。

一九八三年一月，席格來到廣場飯店大廳。一名身材壯碩的伊朗人走過來對他說：「紅燈」。

席格回道：「綠燈。」

這名信差將一個公事包交給席格。席格將公事包帶回自己位於東七十二街的公寓才打開，裡頭是一疊一疊的百元美鈔，用有著「凱薩宮」（拉斯維加斯知名賭場）字樣的絲帶綑著。

波斯基告訴席格，他會用這種神祕的方式接頭，是因為他曾在伊朗當過ＣＩＡ探員。隔年席格要求二十五萬美元——他提供了納托馬斯（Natomas）與蓋提石油公司（Getty Oil）交易的消息。波斯基再次爽快應允。席格前往廣場飯店，與同一位信差碰面並交換暗號。當他打開公事包，裡頭的鈔票仍是用凱薩宮的緞帶綁起來。

這一次，其中有些鈔票是一美元，而非百元鈔。席格仔細計算後，總金額是二十一萬美元。席格告訴波斯基少付了四萬美元，婉轉暗示可能是信差中飽私囊。波斯基堅持不可能發生這種事，這名信差的性格無可挑剔，絕不可能偷錢。波斯基也不打算繼續深究。

席格暗自決定，明年開價時，要把金額短少的情況考慮進去。

隔年狀況又不一樣了。席格受良知所困，想要收手。他盡量避免打電話給波斯基，即使真的接到來電，他也避免提供波斯基機密資訊。沒過多久，原本每天打電話給他的波斯基，也減少了打給他的次數。

一九八四年的費用尚未結清。同年稍早，席格提供康乃馨—雀巢合併案（Carnation—Nestlè merger）這個有利可圖的情報。儘管飽受良心譴責，席格並未忘記此事。一九八五年一月，席格向波斯基要求四十萬美元。

波斯基表示，如果再次在廣場飯店交易風險太大，他指示席格在五十五街與第一大道交會的電話亭與他的信差會面。席格假裝打電話，信差會假扮成排隊打電話的人，他把公事包放在席格的左腳腳邊後就會走人。

席格提早到達，先躲進一間咖啡廳避寒。當他喝咖啡時，注意到信差在窗外，是個膚色黝黑的中東人，拿著一個公事包，在電話亭附近徘徊。

席格出去打電話前，又看到另一個男人。他正在監視第一個人。

波斯基完全沒提過會有兩個接頭人。席格半認真的猜想著波斯基是否密謀要殺了他。為什麼要付錢給一個已經沒有用處的人呢？那個男人可能會從背後射殺他……

席格沒去拿錢就離開了。

隔天波斯基打電話到席格的辦公室，他想知道是怎麼回事。席格解釋了當時的狀況。波斯基說當然會有第二個人；他每次都會派第二個人確認第一個人（那個性格無可挑剔的人）的狀況。波斯基催促席格接受再次交款。席格拒絕了，不過波斯基一直纏著他不放。過了幾個星期後，由於這一切實在太過荒謬，席格便同意了。

這次交款按照計畫進行。席格清點現金，還是少了一些。

他懶得再跟波斯基討論這件事。席格從此不再打給波斯基，每當波斯基來電，他就假裝太忙，沒空說話。

「小席，發生什麼事了？」在某次短暫的通話中波斯基問道：「你一直不想跟我說話，也不再打給我，我總是見不到你，難道你不理我了嗎？」

魯道夫．朱利安尼

一九八四年《財星》雜誌一篇文章寫道：「波斯基的競爭者都在私下討論他那全知般的進場時間點，且盛傳他專做涉及吉德皮巴第與第一波士頓銀行（First Boston）的交易。波斯基強烈否認利用內線消息……」

媒體對波斯基惡行的報導，引起紐約南區新任聯邦檢察官魯道夫．朱利安尼（Rudolph Giuliani）的注意，他很快就建立起犯罪剋星的名聲，尤其擅長對付組織犯罪。

朱利安尼出身自一個和犯罪組織有關的家族。他有個叔叔是黑幫管轄的地下組頭兼高利貸。他父親哈羅德（Harold）則是高利貸業者的打手，個頭高大，喜愛逞兇鬥狠，戴著粗框眼鏡，有胃潰瘍毛病。哈羅德在大蕭條時期出社會，從未有幸找到或維持一份工作。一九三四年四月二日，經濟蕭條驅使哈羅德與一名同夥持槍挾持牛奶商人。哈羅德為此在辛辛監獄蹲了一年苦牢。

一九四八年，哈羅德的姊夫達凡佐（Leo D'Avanzo）在布魯克林的佛拉布許（Flatbush）開了一間餐酒館，實際上是高利貸與賭博生意的障眼法。店面後方有個祕密電報室，組頭與兜售彩票的小弟就在那裡工作。哈羅德在李奧那裡找到這輩子第一份穩定的工作，他為了撫養四歲的兒子，接受了這份工作。他成為餐廳的酒保與高利貸生意的打手。債務人會來到酒吧，把裝著現金的信封交給哈羅德。他們的利息是用複利計算，高達本金的一點五倍。如果無法如期支付每週利息，哈羅德就要負責找到他們。他以用球棒痛毆拖欠的借款人而出名。

不過哈羅德不希望兒子在黑幫中長大，於是向李奧提出辭職，移居長島，在林布魯克公立高中找到一份工友的工作。他兒子不只是在從事合法工作的父親照料下成長，還選擇了司法相關工作。大學時期，綽號「魯迪」的朱利安尼告訴女朋友，自己的抱負是成為美國首位義大利裔天主教徒總統。他十分崇拜甘迺迪總統，以及打擊犯罪的司法部長羅伯特．甘迺迪（Robert Kennedy）。就讀紐約大學時，朱利安尼的房間掛著一個飛鏢靶，上面貼著尼克森總統的照片。

一九六八年他以優異成績畢業，開始擔任洛伊德．麥馬洪（Lloyd MacMahon）法官的助手。麥馬洪曾以逃稅罪名起訴卡斯特羅。朱利安尼聰明積極，升職得非常快。一九八一年一月，朱利安尼被提名為司法部助理副部長，這是雷根政府時期司法部第三高的職位，而這時他才剛轉投共和黨陣營一個月。

此後朱利安就在華盛頓工作，在此期間，最高法院提出一個改變他人生的判決。此案為美國政府訴特克埃特（Turkette）案，並與組織犯罪法瑞可法（RICO）有關。

瑞可是「反勒索及受賄組織」的縮寫，法案起草者是聖母大學法學的布萊奇（Robert Blakey）教授，他曾擔任司法部長羅伯特．甘迺迪的助理。據說「瑞可」這個名字是刻意的縮寫，好讓人藉此聯想到一九三〇年幫派電影《小霸王》（*Little Caesar*）中，由演員愛德華．羅賓森（Edward G. Robinson）扮演的角色瑞可。歸根結底，瑞可法是對於茨威爾曼將黑幫合法化計畫的回應。檢察官發現，即使這些公司是利用黑幫資金成立，且利用暴力威脅手段來增加市占率，但是從合法的行業不可能追查到貪腐企業。一九七〇年國會通過瑞可法後，把當年曾對付威爾曼逃稅案的曖昧策略合法化。這條法令使得檢察官在起訴到判決出爐期間，得以凍結「詐騙者」的資金，有效地在審判前將他們逐出市場。

瑞可法的適用範圍隨著時間大幅擴展，臨界點是一九八一年美國政府訴特克埃特案。被告遭指控販毒、縱火、保險詐騙與賄賂。被告表示他們並未在合法生意掩護下運作，不能算是「詐騙者」，不能根據瑞可法起訴他們。

法院駁回上述辯護，並規定瑞可法適用於任何合法與違法企業。

這項規定顯示出這條法令核心的矛盾之處。一九七〇年時國會顯然認為能夠明確判定誰是「敲詐勒索者」或「幫派分子」。這個法令的縮寫也表明了他們的對象為義大利裔美國人，而法院拒絕承認一條法令用種族或文化來定義詐騙者，於此，瑞可法能夠適用於任何犯下各種法律明定犯罪的組織。

這項規定讓檢察官在採用懲處嚴厲的瑞可法時，有更大的裁量權。其中最充分行使這份權力的檢察官就是朱利安尼。

在美國政府訴特克埃特案期間，朱利安尼閱讀黑手黨喬・博南諾（Joe Bonanno）的回憶錄《榮耀之人》（*Man of Honor*）。這本書對於黑幫內部作業有十分詳細的描述。朱利安尼後來寫道：「我想到利用瑞可法起訴本身就是『貪腐企業』的黑手黨領導階層的招數。」

這種說法今日看來或許很奇怪，現代的理解是，瑞可法通常用來起訴那些從不親自動手的黑幫首腦。但起初瑞可法的訂定是為了詐騙者，而非毒品交易與買兇殺人等明確的違法活動。根據傳記作家巴瑞特（Wayne Barrett）所言：「朱利安尼認為瑞可法會是他的尚方寶劍。」

一九八三年六月，朱利安尼接受紐約南區聯邦檢察官的新職務，轄區包括曼哈頓與布朗克斯，是國家的媒體中心，比任何地方都更引人注目。三十九歲的朱利安尼是史上擔任此一職位最年輕的人。他接手一大堆正在紐約進行的調查，其中一個案子已經反映出美國政府訴特克埃特案後對於瑞可法的詮釋。一個詭異的巧合是，此項調查與一間由茨威爾曼的黑幫企業發展起來的《財星》五百大企業有關。

一九七三年，有位名叫倫納德．霍洛維茨（Leonard Horwitz）的股票經紀人，帶著用紙袋裝著的五萬美元現金，走進華納傳播公司位於曼哈頓的辦公室。霍洛維茨希望華納投資威徹斯特首席劇院（Westchester Premier Theatre）的公開發行案。這座尚未建成的戲院打算把拉斯維加斯風格的表演引進紐約郊區的柏油村（Tarrytown）。

公開發行出了問題。霍洛維茨的那一大袋現金就是要吸引華納買下部分股票的誘餌。霍洛維茨馬上被引薦給所羅門．魏斯（Solomon Weiss）。魏斯私底下是個安靜、慈祥且觀察入微的猶太人，他在專業領域上，是協助公司在帳目上隱藏現金流的專家，曾協助金尼停車場處理帳務，其中涉及多年來賄賂工會與政府部門等工作。

霍洛維茨與魏斯達成交易，華納獲得現金；華納則開出支票購買劇院股票。霍洛維茨聽說華納永遠都需要現金。

為何大型的合法企業會需要現金？答案可能跟二十一點有關。羅斯習慣和家人和朋友一起去度假，如果度假地點有賭場，羅斯就會問同行的親友想要什麼。接著他會獨自坐上二十一點賭桌。幾個小時後，他會帶著足以買下親友想要物品的籌碼離開賭場。

朋友們懷疑羅斯只是買下籌碼，大家都知道羅斯很愛擺闊，而且過往證據顯示，羅斯在二十一點牌桌上的表現，與戰無不勝遠遠沾不上邊。

羅斯在拉斯維加斯的凱薩宮享有信用額度。一九七三年六月一日至三日，羅斯玩二十一點輸了四萬美元。這個時間點與輸掉的金額十分微妙，正巧發生在霍洛維茨將裝有五萬美元現金的紙袋交付出去之後不久。

羅斯告訴華納公司的內部審計委員會，他辦公室裡有個公事包，專門存放他賭博贏的錢。他自稱藉由算牌玩二十一點，通常能贏得六萬美元至九萬美元。不過當政府詢問他為何年度所得稅申報單上沒有列入二十一點贏來的賭金時，羅斯解釋：「我發現到了年底會剛好打平」。

霍洛維茨與政府合作，提供對魏斯不利的證據。聯邦檢察官辦公室根據瑞可法，控告魏斯敲詐勒索、郵件詐騙與做偽證等罪名。這是瑞可法首次被用來對付大型企業。有鑑於華納公司過去「詐騙者」的黑歷史，以及該公司與黑手黨合作的事實，引用瑞可法是十分合理的。據了解，威徹斯特首席劇院是可倫坡（Columbo）與岡比諾（Gambino）犯罪家族的合資企業，後來還加入吉諾維斯家族的股份。

魏斯訴訟案中不斷冒出「基梅爾」的大名。在魏斯拒絕出示記帳本被判藐視法庭後，保管記帳本的檢察官辦公室發生一場可疑的大火，令人很難相信只是純屬巧合。另一個巧合是：基梅爾的另一個兒子查爾斯，綽號就叫「火炬」。據說查爾斯會有這個綽號，是因為他在紐澤西經營的幾間餐廳都剛好付之一炬。

魏斯被定罪。案件審理期間，檢方暗示真正的罪犯是羅斯，可能會進一步提出告訴。

華納公司還有其他麻煩。這時《華爾街日報》刊登一篇故事，斷言華納公司與組織犯罪有關。奇怪的是，其中還涉及以「樂一通」（Looney Tunes）卡通人物為主題的連鎖家庭式餐廳。這是基梅爾的新玩票計畫。他一開始的想法是用機器人版的邦尼兔、塔斯馬尼亞惡魔與火星人馬文來娛樂用餐的客人。華納公司買下一間位於康乃迪克州的工廠製造這些機器人，後來發現這個想法不切實際後而放棄。基梅爾和他的合夥人都沒有經營餐廳的經驗，他們租賃的地點位於商場二樓，這對於家庭式餐廳來說是大忌。

基梅爾驚人斥資七千萬美元開了十一間餐廳，但是沒一間撐過三年。成本超支的比例如此之大，令《華爾街日報》一名記者聯想到組織犯罪。他做了一些深入調查發現，基梅爾在這個合資企業中的的合夥人，紐澤西律師羅伯特．佩特拉里亞（Robert Petrallia），曾被指控郵件詐騙。

一九八四年，基梅爾提前退休。他繼承父親對純種賽馬的熱愛，成為知名飼育員，他的招牌就是給賽馬取好笑或低俗的名字。他替一匹馬取名為「扁平艦隊腳」（Flat Fleet Feet），使賽馬播報員總要先掙扎一番才能好好唸出這個名字。

基梅爾退休後，羅斯進行另一場豪賭。他要求朱利安尼發表聲明，表明他不再是詐騙調查的目標，這樣做對華納公司的股價有幫助。朱利安尼反過來提議，如果羅斯接受檢察官私下質詢，且他的回答沒有引起進一步的疑慮，朱利安尼就會發表聲明。

羅斯同意接受質詢。一九八五年二月，朱利安尼宣布對羅斯的調查正式結束，沒有「足夠證據」可以起訴羅斯。這段聲明不代表羅斯的品行良好，但多少能證明他的清白，讓他能繼續經營公司。

衝鋒槍的槍口火焰

朱利安尼花更多心力在所謂的委員會案上。「委員會」是原本「聯合會」的繼任者，當時所有成員都是義大利人。朱利安尼利用瑞可法，追查紐約地區最有勢力的八個黑手黨家族。一九八三至一九八五年，ＦＢＩ在東哈林區兩個黑幫聚點，社交俱樂部（Social Club）以及帕馬男孩社交俱樂部（Palma Boy Social Club），錄到吉諾維斯家族成員的對話。調查局的主要目標是綽號「胖東尼」（Fat Tony）的安東尼．薩雷諾（Anthony Salerno），他曾被《財星》雜誌評選為美國最有錢的黑幫分子。

ＦＢＩ的錄音帶證據幫助朱利安尼在一九八六年起訴薩雷諾。薩雷諾被判處一百年徒刑，在監獄裡度過餘生。這次以及另一起對委員會的起訴，大舉削弱紐約組織犯罪集團的惡勢力。

在ＦＢＩ其中一段監聽錄音中，薩雷諾說道：「金尼**是我們的**。」他說的是金尼停車場，「我們」則是指吉諾維斯家族。

這並非傳統的觀點。一九七一年分拆後，華納仍是金尼國際的大股東，一九七八年才將這些股份售出。接著在一九八六年一次融資購併，金尼國際再次被賣給一群投資人。

基梅爾與薩雷諾是老朋友。一九八六年底，轉為汙點證人的卡法羅（Vincent Cafaro）說明吉諾維斯家族控制了國際卡車司機工會（International Brotherhood of Teamsters）在當地的２７２分會。停車場付出兩千美元至五千美元的賄賂金額，工會則答應他們聘僱非工會員工時不會找麻煩。

此事與工會腐敗的其他證據，讓朱利安尼得以於一九八八年七月援引瑞可法對工會提起訴訟。他指控工會「與黑手黨訂立魔鬼契約」，並形容這次的瑞可法訴訟是「像外科手術般仔細又謹慎的行動」。儘管工會總是談判態度強硬，資產卻有可能被凍結或讓工會的管理階層動搖。卡車司機工會屈服於朱利安尼的要求，原本的領導幹部被罷免，一九九一年在政府監督下重新選出一批新人。

短期而言，瑞可法似乎是對付壞人所向披靡的武器。那些藐視司法制度改革速度牛步的罪犯與其律師，全都變得低聲下氣，並乖乖坐上談判桌。瑞可法的效果立竿見影。

這當然讓檢察官身負重任。後來擔任紐約市長期間（在九一一事件發生，使得府採取嚴厲統治手段之前），朱利安尼說過：「自由就是每一個人願意將自己的所作所為以及做事方式的選擇權，交由法定權威裁量。」

這種立竿見影的效果有政治優勢。擔任聯邦檢察官的那幾年，朱利安尼可能是自胡佛以來，全國最知名的罪犯剋星。這是由於他讓幾個重要案件確實定罪，以及他擅長推銷自己的緣故。雖然朱利安尼將聯邦檢察官辦公室的編制擴大到一百三十二名助理，但他本人仍是具有代表性的領導人物。他的助理丹尼．楊（Denny Young）「會像確認起訴書般仔細檢視新聞稿，將助理的名字劃掉，換成朱利安尼的大名」。

一名前助理向《紐約》雜誌表示：「他想達到像罪犯剋星湯瑪斯．杜威（Thomas Dewey），或是犯罪鬥士艾略特．奈斯（Eliot Ness）那樣的地位……手持槍口正在噴火的衝鋒槍站在踏板上——這就是魯迪、魯迪、魯迪……因此每次ＦＢＩ破獲大案，將調查結果雙手奉上，他還是堅持要主導一切。如果其他人召開了記者會，他就會抓狂，極度抓狂。這個人不會跟別人合作，只想獨領風騷。」

朱利安尼仔細謹慎的追查波斯基的犯罪傳言。他手下負責證券詐欺案件的主管卡貝里（Charles Carberry）開始調查這些傳言。內線交易就像通姦，無法獨自犯行。檢方繪製內線交易嫌犯與彼此關係的圖表，大約有二十人牽涉其中。

他們對華爾街人士的社交網路，與委員會案相關人士的社交網路如此相似而感到震驚。兩個團體都自詡為菁英分子，與一般團體不同。他們透過友誼、權力、金錢與資訊互相連結，會交換情報，參加彼此的婚禮、受戒禮與葬禮。他們寧願去坐牢，也不會違背保密規則。

朱利安尼的手下歸納出結論，米爾肯是圖表中最重要的人物。米爾肯是這個社交網路的交點，正處於權力高峰。他涉及多項大型融資收購案，這意味著他擁有最多對那些不擇手段的交易者來說有價值的資訊。米爾肯也欺騙客戶，原本應該用來促銷債券的股票，實際上都進了他的帳戶。

聯邦檢察官辦公室與許多執法機構共同策畫調查行動。一九八六年五月十二日展開一連串搜查行動，美國證交會指控交易人丹尼斯・勒凡（Dennis Levine）透過內線交易獲利一千兩百六十萬美元。勒凡任職於德克索投資銀行紐約辦公室。他幾乎沒有接觸過比佛利山辦公室的米爾肯。勒凡出錯的地方，在於他對朋友吹噓內線交易的事情，他說：「靠著資訊，可以賺進大把鈔票呢。」

面對對自己不利的證據，勒凡決定合作。他一直提供內線消息給波斯基，並索取獲利的五%。勒凡這是在暗指波斯基有問題。

一九八六年五月，波斯基在米爾肯的母校加州大學柏克萊分校商學院發表了著名的畢業典禮演說。他表達的主題是「貪婪是好事」。演說過後幾天，波斯基被傳喚，要求他提供與他商業活動幾乎所有的相關文件。到了八月，波斯基也與政府合作，把席格供出來。

萬聖節前兩天，席格接到一通名為「比爾」的男子打來的神祕電話。來電者詢問席格是否收到他的信。席格問道：什麼信？比爾說他對於席格與「俄羅斯人」的關係瞭若指掌。席格叫比爾別再打來，不然就要報警。

比爾說道：「我不相信你會這麼做。」

席格開車回到他位於康乃迪克州的家中，發現他收到一封署名「比爾」的來信，向他勒索錢財。信上寫著：「我都知道。」

幾天後，席格也被傳喚，他決定不再這樣下去。他派律師到朱利安尼的辦公室談條件。席格承認有罪願意合作，他供出高盛集團（Goldman Sachs）的羅伯特・弗里曼（Robert Freeman）。

一九八七年二月十二日，聯邦檢察官辦公室經驗豐富的調查員湯瑪斯・杜南（Thomas Patrick Doonan），在弗里曼位於二十九樓的辦公室將他逮捕。杜南將弗里曼銬上手銬，帶著他在弗里曼那些感到不可置信的同事面前大搖大擺的走過。

杜南就是「比爾」。

前一天，朱利安尼毫不猶豫的批准讓弗里曼上手銬。他認為傳遞這個消息是很重要的：在他手中，白領階級罪犯不會有特別待遇。

接著，一連串起訴就此中斷。弗里曼拒絕談條件或供出其他人，誓言要與一切指控對抗到底。

下一個目標就是米爾肯本人了。不過朱利安尼不想在沒有有力證據的情況下起訴米爾肯。指控米爾肯的證據仍不夠完整。

十月，政府讓十分緊張的波斯基在西裝裡面裝上「竊聽器」，和米爾肯約在比佛利山莊飯店碰面。波斯基告訴聯邦探員，他很害怕被發現，因為米爾肯有些賭場業的朋友，可能會殺掉他。

探員告訴波斯基，萬一米爾肯發現竊聽器，他可以隨時逃跑。

波斯基的任務是設法讓米爾肯說出波斯基曾支付五百三十萬美元向他購買內線消息的事，並且要提到證交會正「緊揪著他不放」。波斯基告訴米爾肯他想確保雙方對這筆款項的說法一致。

「呃，我的人什麼都不記得，」米爾肯說：「你的人呢？」

波斯基很清楚這句話的意思，就是摧毀證據。這次會面期間米爾肯完全沒有說出足以作為罪證的內容，彷彿懷疑自己身陷詭計。

「你得小心點，」米爾肯對波斯基說：「電子監視技術已經很成熟了。」

席格向政府重述一九八五年三月與弗里曼談論史托爾通訊公司（Storer Communications）的內容。弗里曼告訴席格有間叫做康尼斯頓合夥公司（Coniston Partners）的私人投資公司正在收購史托爾的股票，試圖接管這間公司。席格問弗里曼是怎麼知道這件事的，弗里曼說：「我跟替康尼斯頓合夥公司收購股票的人非常熟。」

這件事讓政府繪製的社交網路圖表出現了漏洞。這個消息暗示弗里曼除了席格，還有其他內線資訊來源。朱利安尼的手下決心查出是誰在替康尼斯頓收購股票。他們發現相關交易都是透過歐克利—蘇頓管理公司（Oakley-Sutton Management）。

政府單位又發現另一個六度分隔理論上的巧合。弗里曼跟歐克利—蘇頓管理公司其中一位合夥人瑞根，在就讀達特茅斯學院時曾是室友。

而瑞根與索普合夥經營名為普林斯頓新港合夥公司的避險基金。聯邦檢察官辦公室在調查弗里曼時，已經搜集到一些普林斯頓新港合夥公司的交易紀錄。檢視這些紀錄時，發現該公司的員工威廉・海爾（William Hale）曾進行過一些可疑的交易。看起來海爾可能曾根據內線資訊進行過一些投資。他們進一步調查海爾，發現他已經被普林斯頓新港合夥公司開除了。

卡貝瑞退休了。接替他擔任證券詐欺主管的布魯斯・貝雅（Bruce Baird）知道有個好方法可以蒐集組織內部的訊息，就是與心懷不滿的前職員打交道。政府當局傳喚海爾，他拒絕吐露一切事情。政府提出認罪協商，他仍然拒絕。

最終，政府傳喚海爾在大陪審團面前作證。他於一九八七年十一月現身接受訊問。他也是達特茅斯學院的畢業生，頂著一頭金髮，年輕，身材高大。政府賦予他豁免權，防止證人援引美國憲法第五修正案。

在這次並非特別順利的質詢過程中，貝雅問海爾為何要離開普林斯頓新港合夥公司。

「我不是離開，」海爾糾正道：「我是被開除的。」

「為什麼？」

「我無法忍受他們犯下的種種罪行。」

停車場

海爾說普林斯頓新港合夥公司一直將證券以賠本價賣給米爾肯。這類銷售都記錄在帳本上，每一筆都加上注記。不過他們有口頭協議，這些交易只是一場秀，無論市價如何，普林斯頓新港合夥公司之後會以接近原價向米爾肯買回這些證券。

這種方式叫做股票「停泊」（parking），會這麼做是因為基金避險有時會造成特殊的稅務情況。在典型交易中，普林斯頓新港合夥公司會買進一種股票，同時放空另一種。基金放空股票時，其實就是在借券，之後必須回補。因此，一筆交易中的證券，實際上是在稍後的另一筆交易才買進來的，一方面有可能造成短期的資本利得，另一方面又會造成長期的資本虧損。如果同為虧損或獲利，兩者就無法互相抵消。

股票停泊就是將長期損失轉換為短期損失的假交易。人為的短期利得可以抵消現有的短期損失，因此基金公司只須負擔淨利所產生的稅金。

這種避稅手法不算特別卑劣，但按照大多數人對現行稅務制度的了解，這實屬違法。海爾心知肚明，感到十分不安。他的上司保羅．柏克曼（Paul Berkman）對他的疑慮視而不見。柏克曼說國稅局「沒有人力清查這類交易」。不過為了保險起見，柏克曼指示海爾以些微不同的價位回購「停泊」的證券作為掩飾。

海爾的工作職責是維護停泊交易的清單，這份清單被稱為「停車場」。米爾肯在德克索投資銀行的手下協助普林斯頓新港合夥公司節稅，可以得到附加在回購價格的利息，條件是普林斯頓新港合夥公司要透過德克索投資銀行進行交易，並買進其垃圾債券。海爾說，普林斯頓新港合夥公司與美林證券（Merrill Lynch）也有類似的停泊協議。

海爾公開表示他不想參與停泊相關事務，因此被解雇。

海爾可以指認米爾肯辦公室中直接負責普林斯頓新港合夥公司股票停泊交易的兩名員工，布魯斯・紐柏格（Bruce Newberg）與麗沙・瓊絲（Lisa Ann Jones）。瓊絲是海爾的聯絡窗口，負責替德克索投資銀行記錄停泊交易；紐柏格是瓊絲的主管。海爾說普林斯頓新港合夥公司會錄下交易員的電話內容，讓日後發生爭議時有所依據。

當時是一九八七年十二月十七日，普林斯頓小鎮準備迎接聖誕節。大學城購物區的大街上排列著節令裝飾。小鎮中央有一棟嶄新的殖民風格建築。經過的人可能不會知道，這就是世上最成功避險基金之一的大本營。不過逛街的人也不需要知道，普林斯頓新港合夥公司不需要受到關注，至少不需要接下來獲得的那種關注。

好幾輛廂型車停在這棟大樓前方，車上載著大約五十名ＦＢＩ、財政部與菸酒槍炮及爆裂物管理局的探員。他們全副武裝，而且身穿防彈背心。

大樓的電梯不是為了軍事行動而建的，探員們只得分批上樓。他們推開這間合夥公司辦公室的玻璃門走了進去，並出示搜索票。探員們命令員工待在原地，直到搜索結束。他們翻查檔案櫃，把文件分裝成三百箱，奉命特別注意搜尋錄音帶。

大約到了太平洋時間晚上九點五十分，杜南敲了敲瓊絲位於加州社曼歐克斯（Sherman Oaks）的住家大門。杜南表明自己是聯邦探員，瓊絲讓他進門。杜南開始詢問一九八五年間，普林斯頓新港合夥公司將證券賣給德克索投資銀行，並在三十一至三十三天後購回的交易相關問題。如杜南所料，瓊絲尚未聽說紐澤西的突擊搜捕行動。她承認參與交易。

「妳是否替他們執行停泊業務？」杜南問道。

「是的。」瓊絲說。

「是為了節稅嗎？」

「不是。」瓊絲這才意識到她惹上麻煩了。她告訴杜南，她要找律師。

杜南嘆了口氣後說：「我們希望妳能協助我們進行調查。」說完，他留下一張傳票離開了。

瓊絲怕遭到竊聽，不敢用家裡的電話，於是她開車到公用電話亭打電話給律師。

歡迎來到骯髒世界

索普聽到消息的第一個反應是：胡說！他跟其他人一樣持續關注華爾街人士連續遭到逮捕的消息，突襲搜捕行動看起來像是朱利安尼在作秀。

瑞根也沒說什麼開導的話，這讓他有股不祥的預感。「所有人都找了律師。」索普解釋道：「所有人都只在自己的圈子裡講，不會向外人透露，所以很難獲得資訊。在這種情況下經營共同基金實在很難。」

行動勝於空談。東岸一些合夥人從基金抽出約一千五百萬美元，又用自己老婆的名義將這些錢重新投入。

朱利安尼在普林斯頓發現了有用的資料。海爾說過基金公司的錄音只會保留大概六個月，結果發現有人保留了一九八四年十二月以來的一些錄音帶。股票停泊一般會在稅務年度結束前進行。

這些錄音帶裡頭有大量證據支持海爾的說詞，顯示瑞根與普林斯頓新港合夥公司的交易員查爾斯．札爾茨奇（Charles Zarzecki）與此事有關，也顯示米爾肯在德克索投資銀行的兩名手下紐柏格與穆爾塔什（Cary Maultasch）亦涉入其中。

柏克曼對海爾的評論表明，他將股票停泊視為稅務的輪盤遊戲，他們就是在賭省下的稅多到足以冒著被抓到的微小風險。但不是所有股票停泊都是為了節稅。一九八五年，普林斯頓新港合夥公司執行玩具公司美泰兒（Mattel）的停泊作業。一名德克索投資銀行的交易員將美泰兒的股票賣給普林斯頓新港合夥公司，協議好他會加上二〇%的利息買回去。隱藏德克索投資銀行在美泰兒股票上的財務利益，說明了此事的利益衝突，因為當時米爾肯正在協助美泰兒調整資本。

德克索投資銀行也替明尼亞波利斯一間叫做「C.O.M.B.」的公司發行可轉換債券，這間公司會購入實際上毫無用途的停產商品，再以低廉價格賣給一般民眾。德克索投資銀行希望普林斯頓新港合夥公司協助壓低「C.O.M.B.」的股價。

在其中一卷錄音帶中，弗里曼向札爾茨奇提到他最近去大西洋城旅行的事。「那裡沒那麼有趣了，」他抱怨道：「我想是我在這個產業待得太久，已經習慣有優勢了。」錄到的另一段對話是札爾茨奇與紐柏格之間的停泊交易。紐柏格說：「你真是個無恥的傢伙。」

「是你教我的，老兄，」札爾茨奇說：「笨蛋，聽好了——」

「歡迎來到這個骯髒世界。」

最後通牒

突襲搜查普林斯頓新港合夥公司的時候，朱利安尼正在規畫職業生涯的下一步。紐約共和黨參議員阿方斯・達瑪托（Alfonse D'Amato）一直鼓吹他競選參議員，與丹尼爾・莫尼漢（Daniel Moynahan）競爭。朱利安尼向《紐約時報》表示：「我想我會是很優秀的參議員。我堅信我能夠用創新且充滿創意的方式做好這份工作。」幾週之後他卻打退堂鼓：「除非確定找到適合的人接替我的工作，否則我不會離開現在的崗位。」

朱利安尼最大的顧慮是華爾街的調查行動會無疾而終。將米爾肯定罪是他身為聯邦檢察官的最高成就。只要朱利安尼的繼任者能繼續追查下去，無論前方等待他的是什麼，他都能夠放手去追尋職業生涯的其他成就，無論這將帶來什麼結果。

但不是每個有可能的繼任人選都擁有像他猛打華爾街貪腐行為的熱誠。作為朱利安尼的導師，達瑪托指派他的律師阿姆斯壯（Mike Armstrong）物色可能的替代人選。阿姆斯壯屬意的人選為奧伯邁爾（Otto Obermaier），他們兩人都曾在《美國法律雜誌》（*National Law Review*）發表批判朱利安尼面對證券公司時採行的嚴厲手段。阿姆斯壯會這樣抱怨是有理由的：他在德克索投資銀行調查案中擔任米爾肯的代表律師。顯然阿姆斯壯與達瑪托認為，適合接替朱利安尼的人選，不是代表德克索投資銀行員工的立場，就是德克索投資銀行的客戶。

事實上，米爾肯曾在比佛利山莊替達瑪托主持募款活動。德克索的投資銀行家們捐了大約七萬美元。達瑪托是參議院的證券附屬委員會成員，正在思考如何重整垃圾債券產業。

二月八日，朱利安尼宣布放棄競選參議員，他說：「無論其他職位或機會有多麼誘人，我現在離開這個職務是不對的，因為這會對一些正在進行的敏感事件產生不當影響。」

瓊絲接受德克索投資銀行提供的律師指導了兩天，於一九八八年一月十一日站到大陪審團前。她要求讓多一點準備時間，法院批准了。兩天後她回到法庭上，幾乎立刻援引美國憲法第五修正案的緘默權。

政府早有預料，他們賦予她豁免權，強迫她發表證詞。瓊絲否認發生過任何股票停泊的情形。

她不知道政府握有討論股票停泊的錄音。休庭期間，一名檢察官警告瓊絲的律師，他的客戶正面臨偽證罪，而豁免權只對過往的犯行有效，並不包括對陪審團說謊。

貝雅要求瑞根去他的辦公室。他要將錄音放給瑞根聽。貝雅希望錄音證據足以說服瑞根出面作證，指控弗里曼與米爾肯。

瑞根現身時，服裝與態度都帶有濃厚的挑釁意味。他穿著休閒服，頭戴寫著「總有鳥事」的帽子。聆聽錄音內容時，他的情緒十分平靜。

其中一段錄音的內容是瑞根和紐柏格正在爭論美泰兒停泊交易的問題。紐柏格對瑞根說：「不知道你有沒有注意到，我替你扛了不少，我跟你收取的費用不過是我的成本價罷了。」

「現在我帳簿裡有的是你的頭寸。」瑞根說道。換句話說，德克索投資銀行為普林斯頓新港合夥公司停泊股票，現在普林斯頓新港合夥公司禮尚往來，讓德克索投資銀行停泊美泰兒的股票。雖然這項交易聽起來有點神祕，但是比檢察官預期的要明確多了，絕對會讓陪審團留下深刻印象。

瑞根沒說什麼就離開了。他對朋友言明，他絕不會當叛徒去作證的。弗里曼是他的大學室友，米爾肯是他長期以來的生意夥伴，他自己也不可能被定罪，許多罪名對陪審團而言「太過複雜」，難以理解。

索普接到檢方團隊的一通電話，他們希望他到紐約作證。

「我就算出庭，也會引用美國憲法第五修正案。」索普說。

檢察官的回應是：「我們一點也不感到意外。」

聯邦檢察官辦公室並未對索普採取進一步動作。「我會引用第五修正案的理由是，我對這一切毫不知情。」索普告訴我：「我上法庭百害而無一利。壞處是我可能會激怒某個被告，而他們為了報復我故意誣衊我。」不去作證的決定「只是謹慎計算後的結果」。

一九八八年仲夏，朱利安尼宣布要以瑞可法起訴普林斯頓新港合夥公司。這是組織犯罪法首次用來對付證券公司。朱利安尼頻繁召開記者會，某次他堅稱用瑞可法對付普林斯頓新港合夥公司「並不是異想天開的做法」，而是「我們相信犯罪的規模必須引用此法」。

根據普林斯頓新港合夥公司札爾茨奇辯護律師格蘭德（Paul Grand）表示，朱利安尼起初提出了最後通牒。他威脅要以密謀敲詐起訴，除非至少有兩名普林斯頓新港合夥公司高級職員為政府後續的兩件調查案作證。

格蘭德說，若是聽不出他指的是米爾肯和弗里曼：「那你就是個笨蛋。」

朱利安尼後來告訴《華爾街日報》，他從未提出這樣的要求。

辯方律師阿瑟諾（Jack Arsenault）也宣稱貝雅告訴他政府無意起訴普林斯頓新港合夥公司——他們的目標是德克索投資銀行。「如果你們肯合作，很好。」根據推測，貝雅可能是這樣說的。

「如果不合作，我們就繼續調查你們，直到我們得到期望的結果為止。」這段評論也刊登在《華爾街日報》，同時刊登的還有貝雅否認說過這樣的話。

由於瑞可法從未用於控訴證券公司，所以並不清楚該如何確切運作。政府只能凍結遭指控犯罪者的資產，還是也能凍結未被起訴的合夥人與投資人的資產？這引起大眾對政府是否會凍結哈佛大學的捐款基金或是惠好公司（Weyerhaeuser）退休基金的擔憂。瑞根的律師威爾斯（Theodore Wells）指稱引用瑞可法「令人驚懼」。顯然瑞根先生的角色只是大棋局中的一枚棋子。

為了援引瑞可法，就必須證明確實持續存有犯罪事實。政府目前手上最有力的證據（錄音帶）只限於一九八四年十二月。或許可合理推斷有段時間曾有過股票停泊交易，但推測無法作為證據。

朱利安尼辦公室從稅務詐騙、郵件詐騙與電報詐騙的方向調查後，發現普林斯頓新港合夥公司在一九八五年與一九八六年報稅時，不慎重複申報幾筆收入，浮報金額將近四百萬美元，而案件重點的股票停泊創造出一千三百萬美元未申報收入。這些會計錯誤並未減輕遭指控罪名的嚴重性，不過卻讓普林斯頓新港合夥公司的稅務經辦人員看起來像是槍法不準的黑幫分子。後來此基金申請（並且順利領回）溢繳的稅金。

索普嘗試說服瑞根暫時退隱，由他來經營基金，直到瑞根洗清罪名為止。瑞根拒絕了。「我個人認為，他是害怕我捲款潛逃，讓他再也追不回來。」索普說：「他不了解我，不知道我絕不可能做這種事。」

與此同時，朱利安尼的獨角戲可能變成唱雙簧。證交會也一直在進行內線交易調查。勒凡與波斯基的許多相關證據都是證交會四處奔走查到的。七月底，證交會的蓋瑞·林區（Gary Lynch）打電話給朱利安尼，說他已經準備好要對米爾肯採取行動。

朱利安尼勃然大怒。他告訴林區，如果證交會提出訴訟，他會與被告站在同一陣線，支持撤銷本案的動議。

林區大感震驚，而朱利安尼冷靜下來後，又推翻了原本的說法。不，他當然不會阻撓證交會的案子，林區也同意再等一陣子。

正式起訴將使德克索投資銀行有權檢視政府握有的證據。朱利安尼相信這麼一來會降低米爾肯親信作證指控他的可能性，這也意味著成為鎂光燈焦點的會是證交會，而非聯邦檢察官辦公室。朱利安尼正在考慮競選紐約市長，作為身處高度自由城市的共和黨員，如果能以肅清華爾街的形象競選，一定會有很大的政治利益。

八月一日，政府將普林斯頓新港合夥公司的錄音帶播放給瓊絲與其辯護律師布萊恩·歐尼爾（Brian O'Neil）聽。隔天，歐尼爾寫了一封信，表示瓊絲聽過錄音帶之後，想起了一些事情。她確實有參與這些交易，且這些交易是避稅計畫的一環。她至少曾與一名普林斯頓新港合夥公司的員工討論過此事。

朱利安尼認為這份供詞太微不足道也來得太晚，宣布仍將起訴瓊絲的偽證罪。

八月下旬，大陪審團重新就瑞可法起訴瑞根與其他四名普林斯頓新港合夥公司的員工：拉比諾維茲（Jack Rabinowitz）、札爾茨奇、柏克曼與斯莫特里奇（Steven Smotrich）。同樣被起訴的還有前德克索投資銀行垃圾債券交易員紐柏格。

雖然索普未被起訴任何罪名，但他的避險基金仍然受到重創。在瑞可法起訴案件的陰影下，基金投資人紛紛抽手。一九八八年十二月，索普與瑞根終止合夥關係，頭寸清算後，資金全數歸還給投資人。

索普當然知道基金採取了激進的稅務手段。他說自己對於股票操縱與利用停泊手法規避信用要求一無所知。他將問題歸咎到失衡的合夥關係：「我們的聯繫不像一般人那麼密切，」他提到自己和瑞根的關係。「這可能是整個組織的裂痕。如果我們溝通良好，如果我意識到他們正在採取更激進大膽的查緝行動，更接近我預期的極限，這一切就不會發生了。」

普林斯頓新港合夥公司，一九六九—八八年

對於今日許多投資組合經理人來說，普林斯頓新港合夥公司十九年來的紀錄絕對是全壘打。請見下頁圖，在一九六九年成立時投入一美元，到一九八八年清算時會成長為十四點七八美元。在這十九年間，扣除費用的每年平均複合報酬率為一五．一％，同期標準普爾５００指數平均年

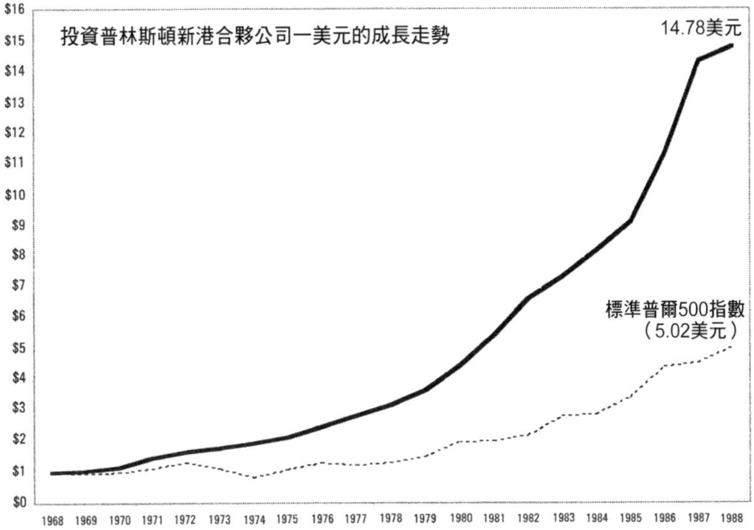

圖 10：打敗市場

度報酬為八・八%。普林斯頓新港合夥公司投資人以六個百分點的差距打敗了市場。

超額報酬只是故事的一部分。少數人用相對較長的時間獲得更高的報酬。索羅斯的避險基金報酬略高於普林斯頓新港合夥公司。巴菲特的波克夏海瑟威控股公司平均報酬率更超過二五%。（索普必須達到大約二〇%的報酬率，才能分給投資人一五%，而波克夏海瑟威控股公司並不收取費用。）

差別在於巴菲特與索羅斯的報酬率波動大得多。普林斯頓新港合夥公司報酬率標準差約為四%，比股票市場本身的波動更小。標準普爾500指數在一九七四年曾跌了四分之一，並在一九八七年的黑色星期一又受到嚴重打擊。

普林斯頓新港合夥公司的報酬率圖表，看起來與凱利賭徒的財富那種充滿震盪的圖表截然不同。透過分散投資、符合凱利投資的頭寸規模，以及嚴守謹慎為上的投資哲學，索普打敗風險與報酬權衡的傳統模式，達到平穩的指數型成長。

魔鬼終結者

一九八九年一月，朱利安尼辭去聯邦檢察官的職務，投入競選紐約市長。第一個開庭審理的普林斯頓新港合夥公司相關案件是瓊絲案，於兩個月後進行。主要證人是海爾，他的說法鉅細靡遺又可信。他說，直到一九八五年中旬，普林斯頓新港合夥公司都以原價加上若干費用購回停泊證券。接著柏克曼指示海爾「在購回價格增減五元左右」，好讓停泊交易看起來沒那麼明顯。這代表存在一筆帳款，不是普林斯頓新港合夥公司欠德克索投資銀行一筆錢，就是反過來。海爾說「停車場」的清單會寄給瑞根、柏克曼、札爾茨奇與斯莫特里奇等人，也就是普林斯頓新港合夥公司辦公室的所有人。海爾也提出一份曾進行過停泊交易的公司名單：新力、美國運通、特蘭斯科能源（Transco Energy）以及普爾特房屋公司（Pulte Home Co.）。

海爾說瑞根「曾告訴我這是違法的」，柏克曼則告訴海爾「不用擔心，放輕鬆」。

瓊絲十四歲就離開紐澤西老家，謊稱自己十八歲，找到一份工作，並且租了一間公寓，最終她到德克索投資銀行任職。檢方律師韓森（Mark Hanson）在終結辯論時表示，瓊絲謊報出生地、教育程度、年齡與婚姻狀態：「她混亂的人生是由一連串謊言構成的。」

這時可以確定瓊絲否認參與股票停泊交易，是在說謊，瓊絲被判有罪。朱利安尼的繼任者，聯邦檢察官羅曼（Benito Roman）說，判決書證明了政府「非常嚴肅的」看待偽證罪。瓊絲以十萬美元交保，並「在她的律師建議下接受心理諮商」。

普林斯頓新港合夥公司的被告於一九八九年六月進行審訊。此案受到廣泛報導，主要是因為它被視為是米爾肯案的前奏。只要不是連續殺人犯，《華爾街日報》通常會站在證券業界的被告這一邊，因此嚴厲抨擊朱利安尼大舉採用瑞可法的舉動。報導內容將政府的行動比喻為電影《碧血金沙》（*The Treasure of the Sierra Madre*）或《魔鬼終結者》電影中，「我不必給你看什麼爛警徽」的蠻橫作風。有位社論撰稿人愉快地引述司法部那厚達三百九十八頁瑞可法手冊的內容，警告切勿「利用瑞可法『妄自猜測』而起訴」，以及將它作為認罪協商的「談判工具」。

一名前國稅局官員願意代表普林斯頓新港合夥公司出庭作證。這是個敏感微妙的議題，因為國會才剛修改稅法，避險交易雙方皆被視為短期交易。法官裁定這名前國稅局官員的說法會干擾陪審團，不允許他出庭作證。

「我沒有犯罪，」瑞根對陪審團說道：「我沒有在稅務上作假，我百分之百是清白的。」

檢察官揪住交易的小花招窮追猛打。普林斯頓新港合夥公司寧願分拆交易，變動價格，也不要公開將證券全數購回。他們將錄音帶播放給陪審團聽。「歡迎來到骯髒世界」聽起來不像是以自身作為為榮者說的話。

七月三十一日，陪審團判決被告的六十四項罪名中，有六十三項成立，其中包括詐騙。瑞根被判處六個月徒刑，以及罰金三十二萬五千美元。以上處罰內容比檢方求處的要輕。《時代》雜誌撰稿人托比雅思（Andrew Tobias）認為：「法官似乎是想藉由判決內容告訴聯邦檢察官，他們做得太過火了。」就法官的角度而言，他提到自己本想判處瑞根三個月徒刑，但後來會加倍，是因為他相信瑞根曾在法庭上說謊。

索普在他位於新港海灘的辦公室掛了一個新的飛鏢靶：上面貼著朱利安尼的照片。「當公司一半的高層幹部都被定罪，」索普告訴《商業周刊》：「這樣做沒什麼幫助。」

一九八九年三月，米爾肯根據瑞可法，以詐騙與證券詐欺等罪名遭到起訴。一年後，他承認犯下六起重罪，支付六億美元的罰金，並被判處十年徒刑。當時，垃圾債券市場崩壞，德克索投資銀行宣告破產，一九八〇年代就此終結。一九九〇年六月，席格因為十分合作，僅僅被判處兩個月徒刑。波斯基原本的三年徒刑，在服役兩年後於一九八九年十二月假釋出獄，這時他的外表看起來像是略帶邪惡氣息的上帝，留著滿臉大鬍子與及肩的灰髮。

瑞根與其他普林斯頓新港合夥公司的被告都提出上訴。聯邦檢察官辦公室則是放棄此案。普林斯頓新港合夥公司的人全都逃過牢獄之災，但所有人都丟了工作，瑞根付出高額律師費用（大約五百萬美元，比原判決的罰金要高），還得繳納罰金。

相對而言，索普在這個案件中可說是毫髮無傷。但是他的財富因為種種意外事故而停止成長，謹慎的風險評估方式也無法預料。索普發現：「財富損失相當龐大。」這間合夥公司在東西兩岸有大約八十名員工，管理兩億七千兩百萬美元。索普與瑞根一年要收取約一千六百萬美元的一般合夥人費用。他們自己投入基金的錢，也有十分亮眼的複合報酬率。

但這些數據跟原本應該有的成績相比還是失色許多。普林斯頓新港合夥公司「解散後沒多久，避險基金業界發生爆炸性的成長，就當時的投次資金與各種機會來看，」索普解釋道：「我想我們現在可以輕易把避險基金的規模提升到五十或一百億美元。」對數效應擁有一些心理學上的事實，沒有人會因為太有錢而不去幻想在其財富淨值後頭多加一個零。如果瑞根當初就這麼退休，索普充滿渴望地推論道：「我們都會成為億萬富翁。」

華爾街唯一清流

廣泛運用瑞可法，促成奇怪的夥伴關係。被關在曼哈頓大都會懲教中心（Metropolitan Correctional Center）期間，「胖湯尼」薩雷諾偶然遇到紐澤西州另一間當紅投資公司傑美證券（Jamie Securities）的老闆，投資組合經理人約翰．穆赫倫（John Mulheren）。穆赫倫聽聞波斯基暗指自己涉案，停止服用抗憂鬱藥物鋰鹽，拿了幾把槍放在車上，準備開車去幹掉波斯基。穆赫倫的妻子通知警方，當地警方出於同情，阻止了穆赫倫，將他拘留。他被指控涉及威脅聯邦調查案件的證人。朱利安尼辨公室提議，如果穆赫倫承認參與股票停泊並作證供出其他人，他們就對此事睜一隻眼閉一隻眼。穆赫倫氣憤地拒絕了。

穆赫倫與薩雷諾相處愉快。穆赫倫重新服藥，並拾回個人風采。薩雷諾對於穆赫倫拒絕供出朋友感到十分欽佩。

就在穆赫倫轉往紐澤西一間高級精神療養院之前，薩雷諾拍拍他的背說：「你一定會沒事的，你是華爾街唯一清流。」

「不過我什麼都不知道，」穆赫倫堅持道：「我沒有什麼可以告訴他們的壞事。」

「喔，是喔，」薩雷諾翻了個白眼說：「才怪。」

第六章

遲早會破產

爆倉的交易者是華爾街的喪屍，在高槓桿交易中做出錯誤的決策。而凱利系統能確保投資人在運氣不好的情況下，仍有機會東山再起。

馬丁格爾法先生

賭博是約翰・梅利韋勒（John Meriwether）家族盛行的活動，他小時候跟祖母學會玩二十一點，還被允許賭賽馬跟體育賽事。約翰總是在尋求優勢，他會注意天氣預報中瑞格利球場（Wrigley Field）的風速，藉以決定如何下注芝加哥小熊隊的輸贏。

梅利韋勒一九四七年出生於芝加哥，聰明且擅長數學，念的是教會學校。他靠著高爾夫球童獎學金[1]進入西北大學就讀。梅利韋勒教了一年的高中數學，接著又在芝加哥大學取得商學學士學位。他從商學院畢業後的第一份工作，是在紐約的所羅門兄弟公司（Salomon Brothers）交易政府公債。在米爾肯崛起前，債券市場毫無生氣，政府公債更是無聊之最，但梅利韋勒發現許多能讓他保持興趣的事情，紐約市幾乎無法履行其發行的債券，債券市場一片恐慌，所有政府公債都受到波及。梅利韋勒認為，紐約市的財務困境與其他直轄市的信用狀況沒有關係，因此他以低價買進政府公債，預期價格將會回升。等到價格真的回彈後，梅利韋勒突然成了眾人眼中的天才。

一九七七年梅利韋勒創立所羅門公司的套利部門，專門負責債券套利，該部門成為公司最大的獲利來源。生性害羞的梅利韋勒在麥克・路易士（Michael Lewis）一九八九年出版的回憶錄《老千騙局》（*Liar's Poker*）中小有名氣，他曾在一場高賭注的撲克牌吹牛遊戲中，贏了所羅門的總裁約翰・古弗蘭（John Gutfreund）。事實上，梅利韋勒對賽馬更有興趣。他在紐約州北塞勒姆（North Salem）占地約二十八公頃的自家莊園，以及貝爾蒙特賽馬場飼養賽馬。為了避免每天在工作中押注的損失，他在公事包裡放了一組玫瑰經念珠。

梅利韋勒在一次醜聞導致的整頓中，離開了所羅門兄弟公司——雖然他沒有做錯什麼事。他決定自己創立一個避險基金。

時機正好。普林斯頓新港合夥公司的長期績效已經說服許多富有的投資人，打敗市場，並以科學方法控制風險是有可能的。一九九〇年初期有一大堆新的避險基金成立。在這些新的基金中，梅利韋勒的長期資本管理公司（LTCM）後來聲名大噪。

索普是從一個共同友人那裡第一次聽說梅利韋勒的基金。這個朋友認識一些替新基金撰寫程式的人。「這會是個很棒的投資，」他對索普說：「只要一千萬美元就可以入股。」

正如其他大多數新基金的經理人，梅利韋勒向客戶保證能透過科學與軟體獲得優於市場的收益。梅利韋勒本身並沒有一流的數學頭腦，但是他招募了頂尖的學術天才。莫頓是最受業界敬重的財金教授，由於擔任過所羅門兄弟公司的顧問，因此梅利韋勒很早就認識他了。莫頓同意加入。梅利韋勒的另一個妙計就是聘請休斯。正如專欄作家羅溫斯坦（Roger Lowenstein）所言，這像是把籃球大帝喬丹和拳王阿里放在同一支隊伍裡頭。

索普決定不投資這檔基金。他擔心就算莫頓和休斯聰明絕頂，卻缺乏拿別人的錢投資的經

❶由美國著名業餘高球選手奇克．伊凡斯（Chick Evans）創立，申請者不只要在高球領域有一定的成就，還要有優異的學業成績。

驗，且莫頓是除了薩繆爾森之外，最反對凱利準則的人，這也不太妙。他還聽說梅利韋勒是「馬丁格爾法先生」。索普回憶道：「大家都說他是個豪賭客，也不知道他的賭注大小是否合理，傳言說，如果他參加一場賭博，而形勢對他不利，他就會下注更多。如果還是不如預期，他會再繼續加碼。」

奮力掙扎

長期資本管理公司是第一個募集到十億美元的基金，因為它預期扣除費用後能夠達到三〇%的年報酬率，比普林斯頓新港合夥公司的收益還要好。長期資本管理公司的合夥人抽取獲利的二五%（而非一般的二〇%），再加上投資人每年投入資產的一%。二五%的費用對洛克斐勒基金會的理事而言，是阻礙成功交易的關鍵因素，他們認為沒有這麼多錢可以燒，而其他有錢人與有個性的投資人似乎不太介意。像是曾投資普林斯頓新港合夥公司的哈佛大學就放了一些錢在長期資本管理公司。長期資本管理公司的投資人包括美林證券（Merrill Lynch）、科威特政府退休基金、中國銀行到好萊塢知名經紀人麥可・奧維茲（Mike Ovitz）。

長期資本管理公司於一九九四年三月正式營運，到了年底，其投資人已獲得扣除費用後二〇%的報酬率。

一九九五年，扣除費用後的報酬率為四三％，隔年則是四一％。

這幾年也是股票市場的好年頭。標準普爾５００指數在一九九五年暴漲三四％，一九九六年也有二〇％的成長。長期資本管理公司分別以九與二十一個百分點領先這已經非常豐厚的報酬率。

許多大富豪都前來懇求梅利韋勒收下他們的錢，但是效果不彰，這檔基金已經不再接受新的投資。有些人極度渴望能擁有這個華爾街最炙手可熱的資產的一部分，因此在灰色市場中，長期資本管理公司的股份售價高於資產價值一〇％左右。

一九九七年，長期資本管理公司達到扣除費用後一七％的報酬率，以任何合理的標準來看，表現都非常傑出，但一九九七年並不是特別符合常理的一年，標準普爾５００指數成長了三一％。

一九九七年十月，這個基金的資本從十二億美元迅速成長到七十一億美元。在一九九七年平淡的表現後，梅利韋勒決定將資金退還給部分投資人，希望刺激未來的績效。《財星》雜誌報導：「有很多人大吵大鬧，但至少有一個人因為激烈抗議，讓長期資本管理公司破例讓他的資金繼續留著。」到了十二月底，這個基金的資本降到四十七億美元。

長期資本管理公司對交易策略保密到家。梅利韋勒幾乎從不透露打算如何運用資金，卻能募集到大量資金，這實在令人驚奇。不過有件事是公開的——長期資本管理公司運用大量槓桿，這就是他們能夠在近乎效率市場中，獲取高於市場報酬率的方式。

效率市場假說的擁護者通常認可微小的定價錯誤確實存在且持續發生，不過因為太過微小，大家懶得理會。交易成本會吃掉獲利，長期資本管理公司的策略就是運用槓桿，將微小的獲利機會增大到足以受到重視。

薩繆爾森曾表示，他第一次聽說長期資本管理公司時心存疑慮。這個基金顯然對隨機漫步模型相當有信心，而槓桿使得理論與實際之間的落差縮小。然而休斯卻投身於避險基金宣傳者的新角色。向潛在投資人做簡報時，休斯說他們賺的是沒人注意到的小錢，說到這裡，他還配上在空中抓住那些假想錢幣的動作。

長期資本管理公司的業務核心為收斂交易（convergence trade），其他許多避險基金也會進行長期和短期避險交易。長期資本管理公司偏好政府公債，因為這是梅利韋勒任職於所羅門兄弟公司期間獲得成功的領域。有一種交易類型叫做「指標債，非指標債」（on the run, off the run）。全新的三十年期美國政府債券稱之為「指標債」，要價一萬美元，這三十年間每半年支付一次利息，期滿之後可領回本金一萬美元。已經支付過部分利息的舊債券則稱之為「非指標債」。舊債券的市場價格取決於很多因素，最重要的是目前的利率。梅利韋勒發現非指標債與指標債相比，通常比較有討價還價的空間。如同汽車，人們會為了光彩奪目的新車付出不理性的高價，而一旦把車開出車廠（一旦債券變成去年發行的），價格就會大打折扣。

梅利韋勒的人馬買進舊債券並放空新債券，等待兩種債券的市價互相接近，到時候，新債券會變「舊」，價格也會更接近原本的舊債券。這樣的狀況發生時，他們就能實現非常小的獲利。

需要相當大的槓桿才能將這種微利膨脹至投資人期待的那種超高報酬率。

一九九六年，一名長期資本管理公司的投資人與幾名合夥人通電話，這名投資人問他們用一美元究竟能賺取多少報酬。答案是六十七個基準點，報酬率為〇．六七％。

這名長期資本管理公司的投資人也了解到，這個基金運用了約莫三十倍的槓桿。投資人每投入一美元，基金就會再借來二十九美元。這意味著基金能達到三十倍的獲利。還清借款後，還能獲得初始資金〇．六七％獲利的三十倍，也就是二〇％的報酬率。

儘管莫頓與休斯在銷售基金上發揮了其價值，不過他們並未插手每日決策的制定。基金投資人都很清楚這兩位優秀學者不會坐在辦公桌前打電話喊進喊出，不過，不知道投資人是否相信這兩位知名經濟學家創造了該基金鉅細靡遺的金融模型（其實他們並沒有那樣做）。

長期資本管理公司有一場巡迴簡報是在印第安納波利斯的康塞科保險公司（Conseco）舉辦，康塞科公司的衍生金融產品交易員安德魯（Andrew Chow）打斷了休斯，並提出異議：「其實沒有那麼多機會，你在債券市場無法賺到那麼多錢。」

休斯憤怒地回擊：「你就是那個原因——因為有你這種傻子，我們才能賺到錢。」有幾位擅長招募投資基金的美林證券員工與休斯同行，他們站在專業立場，認為休斯應該道歉。另一名長期資本管理公司的合夥人葛瑞格．霍金斯（Greg Hawkins）卻捧腹大笑。最後康塞科決定不投資長期資本管理公司。

我有不祥預感

三十倍槓桿聽起來很多，不過該基金在很多地方使用的更高的槓桿——事實上，是無限多倍。長期資本管理公司竭盡所能，企圖表現得像電視廣告中的房地產大亨，兩手空空地走進一座城市，利用信用貸款購買房地產，創造正現金流——全都「不花一毛錢」。如果你不用出錢，便能創造出無限大的投資報酬率。要是出了差錯，報酬率則會變成**負無限大**。

交易者透過信用買進，證券本身就是抵押品。銀行或其他貸方有權在嚴重虧損時收回這些證券並賣出。因為證券的價值有可能迅速下跌，這份權利或許不足以保護貸方的利益，所以交易者通常需要預先支付保證金，稱為「剃頭」（haircut），作用類似於買房子的頭期款。當你支付房屋總價二〇%的費用，銀行便能合理相信，他們至少能夠以房價總金額的八〇%將此資產售出，最後銀行絕對不會有損失。

做空也需要剃頭。理論上，做空交易者的虧損金額可能無限大，所以也需要抵押品作為預防。由於所有長短期避險交易都涉及做空，即使不使用槓桿，抵押品都是交易中不可或缺的一部分。

剃頭的金額大小取決於證券法、買進或賣出的證券類型，以及交易者的信用與談判技巧等等。投資銀行在購買國庫債時，通常會借入成本的九九%，也就是一百倍的槓桿，這種做法不一定會被視為是魯莽的行為。

長期資本管理公司員工自豪的一點，在於他們在許多交易中不用「剃頭」支付保證金，證明了基金經理階層哄騙債權人的能力。

零剃頭並不會改變生活現實。長期資本管理公司就像被賭場經理授予無限信用額度的賭徒進了賭場。

你可能會認為，擁有無限信用額度，你的口袋或銀行帳戶裡有多少錢就沒那麼重要了，下注越多，贏的越多，因此無論賭注再高都是合理的。

這種論點在允許無限信用額度與不限賭注大小的賭場，或許站得住腳。在這種賭場賭錢時，你甚至不需要優勢，只需要用馬丁格爾法就能賺錢了。

在現實世界中，「無限信用額度」只是一種比喻。賭場經理的意思大概是：「我認識這個人，他沒有問題，不用費事確認他的信用，就讓他開始賭吧。當然，如果他要借一大筆錢或是輸得很慘，還是要通知我。」

要是發生這種情況，賭場經理絕對無意借出超過賭場能夠立刻集資的金額，借錢給長期資本管理公司的銀行也是如此。購屋者只要支付一次頭期款，但避險基金的抵押品則是會不斷調整。帳戶的價值每天都會以現價（也就是按市價計值）重新計算，再以此計算抵押品。當帳戶價值上升，交易者就能從保證金帳戶抽回一些抵押品；若是帳戶價值下降，銀行就會要求補進更多抵押品。如果交易者做不到，銀行可能會賣掉此帳戶部分資產做為抵押品。

長期資本管理公司有一套精密的系統，專門用來處理抵押品的需求。如果某一筆特定交易顯示獲利，抵押品需求降低。這筆錢就能抽出來，用來填補其他虧損帳戶的抵押品。

交易者之間對於賭徒末路有個術語是「爆倉」（blowing up）。帳戶爆倉表示用借來的錢進行的高風險交易把錢賠光了。如日中天的職業生涯有可能在幾個悲慘的交易日，甚至是幾小時內終結。爆倉的交易者是華爾街的喪屍，他們在交易者最重要的決策中做出錯誤判斷，搞錯在高風險交易中應該投入多少錢。

長期資本管理公司的員工都知道透過槓桿讓增加利潤的同時，破產風險也會增加。他們告訴投資人，公司透過金融工程得以控制風險。長期資本管理公司運用一套符合產業標準的精密風險回報系統，也就是 VaR（Value at Risk），或稱為「風險值」。

一九八七年黑色星期一大崩盤後，投資銀行摩根大通（J.P. Morgan）變得非常注重風險管理。分散投資、利率交換與附買回協定大舉改變了金融產業的面貌，從此以後，對銀行高階主管（更別說是客戶）來說，理解旗下人員承受了多大風險，已不再是一件簡單的事情。摩根大通的管理階層需要一份經營綜合報告，內容是一個數據，或是一串數據（但不要太多），好讓主管們每天早上都能檢視，確保銀行沒有承擔太高的風險。

摩根大通的兩位分析師提爾・古迪曼（Til Guldimann）與傑克・隆格斯戴（Jacques Longerstaey），共同發明 VaR 系統。這概念非常簡單，即計算一個投資組合在特定時間範圍內能承受多少損失，機率又是多少。VaR 可能會在報告中會說明此投資組合在下個交易日，有二十分之一的機率將虧損一百六十四萬美元或更多。

需要更多參考數據嗎？要多少 VaR 就能提供多少，只要做個試算表，每個欄位是不同時間單位或各種條件下可能發生的虧損，再插入彩色圖表，用精美的紙列印出來，交給客戶就行。

摩根大通的管理階層喜歡這個想法，實際上幾乎所有人也都喜歡。其他銀行開始雇用有能力準備每日 VaR 報告的「風險管理人」。總部位於白努利家族故鄉的巴賽爾銀行監理委員會（The Basle Committee on Banking Supervision）也為 VaR 背書，將其作為決定銀行資金需求工作的方式。

VaR 逐漸傳到私人的投資經理人手上。藉由計算 VaR，資金經理人能向客戶表示自己很認真的管理風險。所有資訊都以數字呈現，而且有數據總是好的，對吧？當投資人瀏覽這些數據，沒有提出異議，等於含蓄的認可了這些風險。就算之後發生了一些可怕的事情，資金經理人也能隨時拿出這份 VaR 報告，指出 D18 欄位顯示，有五％的機率會產生三七％的虧損。在一個好訴訟且許多有錢人不懂數學的社會裡，計算 VaR 成為投資組合經理人與客戶之間的例行儀式，似乎也不是什麼壞事。

一九九四年十月，長期資本管理公司寄給其投資人一份預期報酬對照風險的文件，其中提到一件事：為了達到二五％的年度報酬率，不得不假定一年內基金價值會有一％的機率虧損二〇％或是更多。二〇％或以上的虧損是公司考慮到的最壞狀況。

暢銷金融教科書《保羅・威莫特計量金融概述》（*Paul Wilmott Introduces Quantitative Finance*）中，

談風險值的章節開頭是一幅圖案，卡通版的作者聳聳肩說：「對此我有不祥預感……。」

威莫特並不孤單。VaR 至少存在兩個問題，一是以數字故弄玄虛。VaR 報告的客戶被誘導相信這些數據是可靠的，因為是一群聰明人費了一番功夫才算出來的。但這些數字其實只在其隱含的假定條件下才可靠，如果假設錯誤，VaR 只是個垃圾進、垃圾出的結果。

至於另一個問題，就算假設與數據都沒問題還是會存在。VaR 不會告知你一切該知道的風險狀況。它迴避了凱利分析的兩個核心問題：何種程度的風險會導致最高的長期報酬率？輸掉一切的機率為何？（VaR 可以回答第二個問題，但實際上很少人會提起，畢竟誰想危言聳聽嚇跑客戶？）

長期資本管理公司位於康乃狄克州格林威治的總部，管理階層每個星期二都會舉行風險會議，討論主題是最高機密計畫「風險整合」（Risk Aggregator）的相關文件。大多數員工從未看過這些報告，顯然也沒有任何投資人看過。

風險整合能夠處理各種「假設」狀況的分析計算。「我們花時間思考，假如東京發生十級地震的對應之道、美國股市發生單日三五％跌幅大崩盤的應對之策。」長期資本管理公司的大衛・莫迪斯特（David Modest）提到。「我們確實花了許多時間思考這類事情。」根據莫迪斯特所述，模型預測最糟糕的情況是虧損二十五億美元，或者說是基金總資本的一半。最後，人們會聳聳肩，回到工作崗位繼續執行交易。

盜賊世界

共產主義垮台後，西方世界數十億的資金流入俄羅斯，隨之而來的還有大膽投機的西方人，其中有許多人是俄裔猶太人的美國籍後裔。這波逆移民潮也包括博斯基與基梅爾。博斯基自願提供以自身專長引導俄羅斯進入市場經濟，基梅爾則是經營莫斯科一間新賭場。

如同美國一般，俄羅斯的賭場也與組織犯罪脫不了關係。而跟美國不同的是，俄羅斯的銀行也是如此。很多俄羅斯銀行的創辦人都是來自「盜賊世界」（又稱為俄羅斯黑手黨）的黑道分子。

一九九八年七月，國際貨幣基金組織（International Monetary Fund）提供俄羅斯銀行一百七十億美元的貸款，據稱其中有四十五億美元立刻流入黑幫分子的境外銀行帳戶。

這些由黑道控制的銀行無意償還西方國家的貸款，讓俄羅斯財政部幾乎毫無信用可言。美國財政部的信用記錄向來完全無缺，使得經濟學家們經常會誤用「無風險」投資理論定義其債券。但是在俄羅斯，沒有人會犯這種錯誤。俄羅斯的公債稱為GKO，堪稱垃圾債券中的垃圾，利息高達四〇％以上。俄羅斯有一半的稅收都拿去支付國債的利息。

長期資本管理公司的霍金斯設計出一套巧妙的交易方式，讓基金得以收取GKO的高額利息，而且是收取美金。霍金斯根本不敢指望俄羅斯財政部或是由黑幫控制的俄羅斯銀行。他做了安排，好讓長期資本管理公司不用直接與這些可疑的團體接觸。長期資本管理公司只與西方銀行進行交易，再由西方銀行與俄羅斯人打交道。長期資本管理公司一直與俄羅斯銀行保持距離，就像封存在危險物品室的病毒一般。

霍金斯於一九九七年開始運作這項交易。到了一九九八年八月，GKO的利息已經高達七〇%。八月十七日，俄羅斯總理謝爾蓋．基里延科（Sergei Kiriyenko）宣布要將盧比貶值，不再履行GKO的債務。

長期資本管理公司瞬間損失數百萬美元，但還算幸運，其他公司的虧損情況更嚴重。其中一間避險基金，其確切名稱為高風險機會基金（High-Risk Opportunities Fund），採取的許多交易策略都與長期資本管理公司相同，包括其俄羅斯GKO交易。俄羅斯於星期一開始停止履行債務，高風險機會基金則是於星期三停止履行其義務。謠傳雷曼兄弟公司也在俄羅斯遭受重大虧損（顯然是錯誤訊息）。

真真假假的各種問題引發了一場中等規模的恐慌。大型投資銀行紛紛撤出俄羅斯，這是一種「安全性轉移」。所有人都想把資金從開發中國家的較高風險投資，轉移至美國與西歐這種更安全、更具流動性的投資中。

這種心理反應很像過去紐約市公債違約，造成全國性地方政府債券一片低迷的狀況。不過這次梅利韋勒並未從中獲利。長期資本管理公司的總體理念是，人們為了安全且短期的投資付出太多，俄羅斯的債務違約暫時改變了這一點。這不只對俄羅斯的貿易造成傷害，也重挫了長期資本管理公司的投資組合。

到了週末，長期資本管理公司已經損失五億五千一百萬美元，急需抵押品來填補太多同時發生的虧損。頭寸被虧本清算，公司試圖向巴菲特與索羅斯募資。

梅利韋勒和交情深厚的老友馬通尼（Vinny Mattone）聊天，他過去曾在貝爾斯登銀行（Bear Stearns）任職。馬通尼問：「你那邊狀況如何？」

「我們賠掉了一半。」梅利韋勒回道。

「你完蛋了。」馬通尼說。

「你說的這是什麼話，我們手上還有二十億美元，還保有一半的實力——有索羅斯替我們撐腰。」

「當你賠掉一半，大家會認為你會一路賠到底。他們會把市場推向對你不利的情況，不會接受你的交易，你**完蛋**了。」馬通尼解釋道。

正如馬克吐溫所寫：「銀行家是晴天借你雨傘，雨天就要收回的人。」長期資本管理公司的債權人紛紛停止出借新的資金，並堅持此基金得拿出現金（或安全的證券），以確保不會遭受更大損失。八月底，梅利韋勒打電話給美林證券總裁阿利森（Herb Allison）要求追加三至五億美元的額外資金，對方的回答是：「約翰，我不確定籌這筆錢是否對你有利，你看起來好像遇到了麻煩。」

賭徒用借來的錢賭博時，必須確定在沒有遭遇到「一連串無法挽回的災難性霉運」的前提下，能夠承擔多大的損失。「當他們開始輸錢，」賈洛德．威考克斯觀察道：「顯然他們能夠隨意支配的財富就會變少，因此應該降低槓桿倍數，但他們卻反其道而行，把槓桿提升到六十倍左右，這是個可怕的錯誤。拉斯維加斯的賭徒都不會犯這種錯誤——至少倖存的賭徒不會這麼做。」

隨著基金陷入困境的消息傳開，許多人開始擔憂。美國聯準會擔心長期資本管理公司倒閉可能會危及整體市場經濟，因為西方世界最大的投資銀行都是該公司的交易夥伴。

第一個看到「風險整合」的外部人士是紐約聯準銀行的彼得．費雪（Peter Fisher）。在九月二十日星期日的緊急會議中，長期資本管理公司的賴瑞．希利博蘭（Larry Hilibrand）將文件交給費雪。費雪看了之後大吃一驚。

這份文件的內容相對簡單，總結了長期資本管理公司的所有頭寸，彙報「一年風暴」的潛在損失——利率或價格出錯，發生相當於一年內的平均波動時的損失。這是文件中列出最糟糕，也是唯一的情況。

令人震驚的是第五項，標示著「美元—信用價差交換」（USD_Swap Spread），彙報針對美元信用價差交換率「下注」的各項交易。此價差的年度波動幅度一直為十五個基準點。如果幅度變動為十五個基準點，此基金的潛在虧損可能會高達兩億四千萬美元。

這讓費雪極為震驚，因為美元信用價差交換率在一九九八年前八個半月已經波動了四十個基準點。

這還只是文件中第一頁的第五項，每頁大約有二十五個項目，而整份報告共有十五頁。

費雪瀏覽整份文件，再次感到震驚。長期資本管理公司同時在全世界下了幾乎相同的賭注。這種做法照理說是為了風險分化，實外不然。俄羅斯債務違約影響了全世界的信用狀況。

根據費雪看到的另一份文件，如果長期資本管理公司突然倒閉，與其有業務往來的最大銀行與證券商（包含美林證券、高盛集團公司、摩根大通與所羅門兄弟公司）將會虧損約二十八億美元，費雪也相信這是粉飾過的數字。這些企業都指望從長期資本管理公司獲得挹注的資金流，若是該基金失敗，資金將突然中斷，銀行會緊急扣留現有的抵押品，出售變現，使得股價暴跌。費雪粗估實際虧損在三十至五十億美元之間。「我不擔心市場交易量下降，」他說：「我擔心的是他們不會再進行交易。」

一九九八年九月二十三日星期三，是長期資本管理公司作為自由機構營運的最後一天。紐約聯準銀行聚集與長期資本管理公司交易對手方的各個銀行與投資公司，召開會議。他們口中的「公會」同意挹注總額三十六億兩千五百萬美元給長期資本管理公司。他們並未收購原始投資人的股份，投資人仍持有大幅貶值的投資本金。公會是投資該基金，直到它的頭寸能夠緩慢且安全地分拆出售。

長期資本管理公司從顛峰時的資產價值虧損了四十四億美元——大約相當於九〇%。光是基金的合夥人就賠了大約十八億美元，他們該年度稍早投資在基金的總值差不多就是這麼多，如今嚴重縮水到只有兩千八百萬美元。

據說莫頓虧了差不多一億美元，他最懊悔的是說服哈佛大學把捐贈基金投資在長期資本管理公司。許多合夥人在長期資本管理公司成立之前就已經是有錢人，所以才投入這個基金。有傳言說希利博蘭在某次會議上落淚，他以個人名義向里昂信貸銀行（Credit Lyonnais）貸款兩千四百萬美元，增資到長期資本管理公司。他運用槓桿買進基金，基金又以極高槓桿操作。希利博蘭的資本淨值從超過一億美元掉到負債兩千萬美元，他請求緊急財政援助償付他的個人債務，但是公會拒絕了。

巴菲特對於這「十到十五位智商平均一百七十的人」，怎麼會讓自己「陷入可能會賠光」的困境感到十分驚奇；白努利的看法也差不多，把時間拉回一七三八年，當時他寫道：「無論可能獲得多高的收益，冒著失去一切財富風險的人都是傻子。」

肥尾效應與科學怪人

媒體猛烈抨擊長期資本管理公司，尤其針對該公司剛獲得諾貝爾獎（一九九七年）的莫頓與休斯。《商業周刊》一個標題寫道：「火箭科學在發射台爆炸。」《紐約時報雜誌》的麥可．路易士形容這是「書呆子如何崩潰」的故事。《財星》雜誌則表示，這兩位諾貝爾獎得主「用桂冠換來金融市場的安慰獎，受到被大肆奚落的恥辱，且被視為拙劣的失敗者」。

記者對此次的失敗提出三種解釋：槓桿、肥尾效應以及傲慢自大。但無論哪種解釋都無法完全令人滿意。

長期資本管理公司的連鎖交易網絡複雜到官方公布的槓桿資料無法說明太多問題。該基金表示在一九九六年底槓桿比率為二五十點六倍，比摩根士丹利（Morgan Stanley，二十六點五倍）、雷曼兄弟（三十三點二倍）與所羅門（四十二點五倍）都要低，但是上述投資銀行都沒有倒閉，因為它們的投資組合波動性沒那麼大，而且，或者說它們有本錢等待收斂交易。槓桿不一定是壞事，你甚至不能說使用三十倍的槓桿一定是壞事，得視情況而定。

長期資本管理公司把「肥尾效應」變成半通俗的詞彙。這個名詞源自於鐘形曲線的結構，如果把一般股價或利率變動的機率分布繪製成圖表，就會得到一個統計學課堂上常見的常態分布鐘形曲線。仔細觀察，會發現曲線出現「肥尾」。曲線左右兩端（鐘的邊緣）並未像真正的常態分布一樣緊貼底線。

這僅僅表示價格或利率的大幅變動（莫頓提出的跳蚤跳動），比真正的常態分布更常見。因此就一般的隨機運作而言，「肥尾」是極端罕見的情況，但實際上它是相當常見的。你一輩子都沒看過小丑表演騎獨輪車，有一天卻在家附近的星巴克看見有三個小丑在排隊。合理的解釋是：馬戲團進城了。

索普發現長期資本管理公司建立的某些模型僅僅根據四年期間的數據。在這麼短的時間內，垃圾債券與國庫債券之間的價差在三到四個百分點徘徊。這個基金實際上就是賭價差不會大幅超過這個範圍。但是最近，比如一九九〇年，價差就高達九％。

「人們認為，如果事情只在特定歷史範圍內波動，想必存在必然性與因果關係。」索普解釋道。事實當然並非如此，一九九八年價差突然擴大到六％，索普說：「他們說這是一百萬年才會遇到一次的意外。過了一、兩年，價差更大了，再過兩年，價差又繼續擴大。」

自負理論是最無法抗拒的說法。多年來，長期資本管理公司的人是華爾街最酷炫的團體，看著這些自命不凡的人吃癟，讓大多數人很過癮。至於這種傲慢的本性，大多數報導都將之視為科學怪人迷思的最新例證。這群掌控金融業的電腦怪胎犯下了致命錯誤，對自己的機器太有信心。受到人類不可確定性的影響，這些模型也失去了功能。羅溫斯坦在他的暢銷書《天才殞落——華爾街最扣人心弦的風險賭局》（*When Genius Failed*）中，指控莫頓與休斯遺忘了宰制現實交易者的掠奪、貪婪與壓倒性的自我保護本能。他們遺忘了人為因素。

尼古拉斯・鄧巴（Nicholas Dunbar）在《創造金錢》（*Inventing Money*）一書中也寫道：

> 二十九年前，當年輕的布萊克越過查爾斯河大橋與休斯一同工作時，《2001：太空漫遊》正於院線上映。片中的電腦赫爾失控發瘋，試圖殺害主角英雄。長期資本管理公司的理財電腦也發瘋了，摧毀了它們的發明者。

生存動機

科學怪人的形象雖然有吸引力，卻很難從中吸取實際的道德教訓。投資組合經理人不會因此放棄電腦模型，就像不會放棄手機一般。軟體只不過是執行人類認定合理的實際準則的工具罷了。

或許最適合用來解釋長期資本管理公司問題的詞彙是過度下注。過度下注（或可稱為傲慢的某程度健全的自尊心，不同於槓桿、肥尾效應）永遠是件壞事。

過度下注是賭博的概念，而非標準的經濟理論。在長期資本管理公司垮台事件中，隨著兩位諾貝爾獎得主緩慢地爬出廢墟，過度下注扮演的角色變得難以忽略。從一九九八年起，學術界便用盡一切方法研究長期資本管理公司垮台的原因。多年來在某程度上遭到忽視後，現在套利與避險基金成為認真研究的目標。針對長期資本管理公司衰敗的某些分析，引用像是過度下注與資本成長準則等以往視為禁忌的觀念，據此提出一個問題，多大的風險才算是「太大」？

在凱利信徒的經濟學家與資金經理人的小團體中，使用的措詞更為強硬。投資組合經理人威考克斯在幾篇文章中提出一個籠統的看法，認為過度下注是全世界各種金融弊病背後的成因，不只是長期資本管理公司，還有安隆公司（Enron）、利用債務融資的通訊產業過度擴張，以及一九八七年黑色星期一投資組合保險的失敗。二〇〇三年某一期《維蒙》雜誌（*Wilmott*）中提到，索普將長期資本管理公司垮台，與莫頓及休斯對凱利系統的學術批評連結在一塊：「我看得出來，他們不懂凱利準則是如何控制極端風險與肥尾分布的危險性，」索普說：「所以遭受強力反噬。」

奉行凱利準則的資金管理人能夠防止長期資本管理公司遇到的災難嗎？我們很容易看見凱利哲學的迷人之處。在一個高度重視報酬率的世界中，人們總會受到誘惑而踏入險境。凱利準則可以精準判斷交易者能做到什麼程度而不會掉進深淵。平均數—變異數分析與 VaR 都做不到。

用最直接的人性化方式來說，長期資本管理公司的問題在於團體迷思。在梅利韋勒的領導下，公司有一種將風險問題壓抑到現在這個程度的組織文化，這似乎導致系統化過度樂觀的預測。該基金很少會花心力去探索什麼地方不可能出錯。

長期資本管理公司錯在嚴重低估發生恐慌的機率，在這樣的情況下，交易更是環環相扣。此基金同時進行數百項賭注，運作的前提是假設這些賭注之間的相關性很低，而且預估這些賭注同時出錯的機率微乎其微。接著俄羅斯違約，突然間大量交易陷入同樣的頹勢。長期資本管理公司「有許多賭注押在東南亞債券上，許多賭注分布在政府公債與垃圾債券之間」，索普認為：「因此實際上並不是幾百萬個小賭注，而是幾個大賭注。」

接著你可能會問，如果採用凱利系統，長期資本管理公司的情況是否會比較好？答案是，凱利準則比其他系統更能容許人為錯誤——包括長期資本管理公司採行的高槓桿策略。請回想前文提到同時大量投注丟硬幣遊戲的例子，每一次人頭朝上的機率都是五五％。凱利賭徒每次都投入

「幾乎」所有資金，並把賭金平均分配在所有硬幣上。這實際上不是投入「全部」資金，因為所有硬幣都字朝上的可能性極小。

這就是凱利下注法「偏執」的保守主義思維。數百枚硬幣同時出現字朝上的機率當然低到不行。但不管怎麼說，凱利賭徒的「生存動機」會排除一切陷入破產的機率。不投入全部資金，凱利賭徒等於「買了保險」，確保他在遭遇任何運氣不好的情況之後，仍有東山再起的機會。

在短期內要達到比凱利賭徒更高的績效很簡單。有些人會省略「保險」，投入所有資金，平均分配在數百個同時進行的有利賭注上，短期內看來似乎沒有後悔的理由。那為什麼在這裡就收手了呢？你可以更積極一點，運用槓桿，籌借本金二十九倍的金額，加入你的資金，分配到所有硬幣上。平均來說，你可以賺得三十倍獲利。

缺點是可能全輸光，更嚴重的話還會欠錢，而且機率其實沒那麼低。運用槓桿時，贏到的錢有一部分得吐出來還給債主，如果沒能贏到一定數字，不是破產就是負債。

你能接受這樣的機率嗎？你可以透過計算 VaR 來幫助做判斷，挑選你覺得合適的槓桿與風險，然後放手去做。

這就是長期資本管理公司大致上的做法。這不盡然是瘋狂之舉，人們都會冒一些違反長生不死原則的風險，但這種方式的容錯空間相當低。

估算市場的變化機率永遠都只是估計。認知到這些評估值與實際差距，以及這些誤差會對結果造成多大影響，是個很好的練習。「誤差範圍」本身也是一種估計，而人性經常樂觀地扭曲了

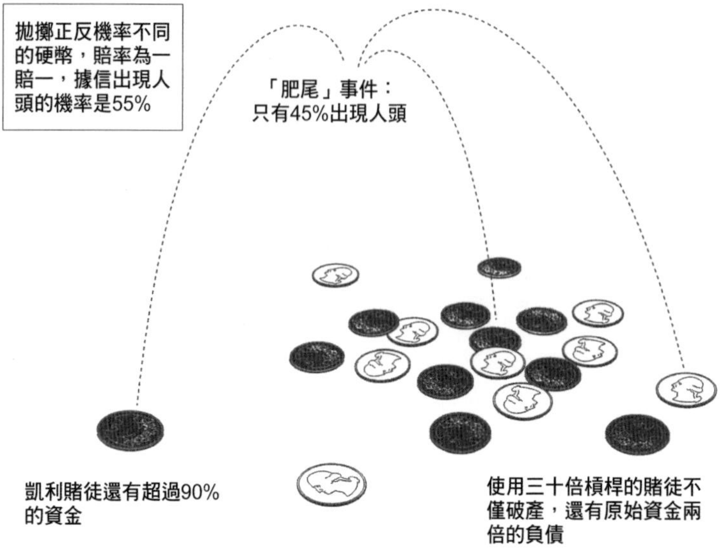
拋擲正反機率不同的硬幣，賠率為一賠一，據信出現人頭的機率是55%
「肥尾」事件：只有45%出現人頭
凱利賭徒還有超過90%的資金
使用三十倍槓桿的賭徒不僅破產，還有原始資金兩倍的負債

圖 11：肥尾效應與槓桿

這些估計結果。

市場幾乎每十年就會發生一件大事，某些德高望重的經濟學家會一本正經地宣稱，這是一場絕無僅有的完美風暴，或說是從宇宙大爆炸以來，歷史上從未預料到的毀滅性災難。在金融模型有可能出現嚴重錯誤的世界裡，凱利下注法的杞人憂天絕對有其道理。就數學、心理學與社會學的理由來看，採用一種相對容許估計錯誤的資金管理系統，不失為一個好主意。

假設你同時在許多硬幣上下注，據信有五五%的機率為人頭朝上，不過實際丟硬幣時只有四五%的機率是人頭，這就是「肥尾」事件，又稱相關係數失靈，或某人電腦模型中愚蠢的大錯。那接下來呢？

凱利賭徒不會在一次拋擲硬幣後就破產。（他已做好萬全準備，能在最糟的情況，也就是人頭完全沒有出現的情況下存活。）在同時拋擲許多硬幣的狀況下，凱利賭徒只會損失一部分資金而已。他只贏了四五％的下注，而因為人頭出現所以翻倍。這樣一來，凱利賭徒能夠守住至少九〇％的資金。

如果這次拋擲出現字，那也只是剛好走霉運罷了，凱利賭徒可以預期在後續的拋擲中把錢贏回來。如果「真正的」獲勝機率比估計值五五％要低，凱利賭徒實際上就是過度下注。這將會減少複合報酬率，並增加波動性。無論勝率為何，凱利賭徒都有時間倖存和學習，在這個過程中修正機率預估結果。

與使用三十倍槓桿的賭徒相比較，這些人不是只輸掉一〇％的資金，而是三〇〇％。這代表他們不只是把所有資金都賠掉，還欠了債主相當於本金兩倍的債務。他可能也無法從這次錯誤中學到教訓，畢竟沒有人會再給他機會翻本。

凱利風險哲學的核心，可以不用數學說明——就算是不太可能發生的事件，最終還是有可能發生。因此，只要接受有可能失去一切的風險，不管這個風險再小，遲早有一天會輸個精光。最終複合報酬率對肥尾效應非常敏感。

英屬哥倫比亞大學的威廉・奇巴（William Ziemba）估算，長期資本投資公司的槓桿大約是凱利準則的兩倍。如果他算得沒錯，意味著此基金的真實複合成長率是在零附近徘徊。

北卡羅萊納大學的理查・麥克納利（Richard McEnally）指出，常見的平均－變異數分析圖，不

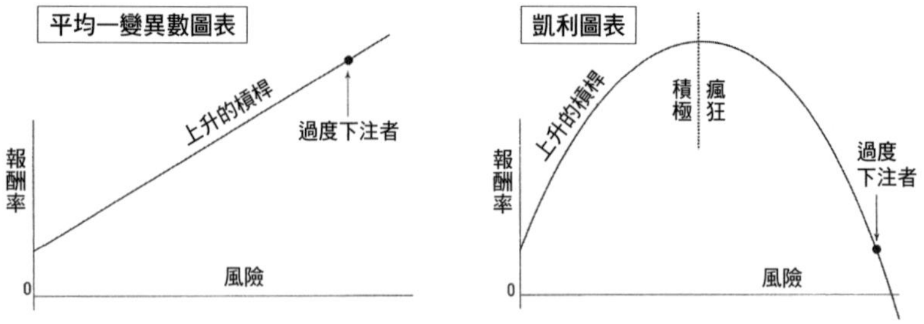

圖 12：兩種觀點下的風險與報酬

是將這種問題視覺化的好方法。在上面的平均數—變異數圖表（圖左）中，報酬率會隨著槓桿增加而成直線成長，風險也會升高，不過這張圖並未說明非常積極且具有高風險容忍度的交易者，為什麼不應該盡可能將槓桿增加到可到達的倍數。在凱利圖表（圖右）中，報酬率是一條曲線，最後回跌至零與負值。

問題不在於哪張圖表是「正確的」。兩張圖表在不同情境下都是正確的。高槓桿過度下注者在不連本帶利、單次投注的狀況下可能表現較好；當賭注隨著時間不斷複合疊加時，凱利圖表就變得十分重要。像是長期資本管理公司的策略，就長期而言必然會失敗，該基金的名字實在是冷酷的諷刺。

對於真正的長期投資人而言，凱利準則是積極與瘋狂承擔風險的界線。它就像大多數的界線，是肉眼看不見的。你可能就站在線上，卻沒看見地上那道工整的虛線，如果跨過這條線，也不會發生戲劇性的變化。但當下的情況相當詭譎，因為風險承擔者雖然正朝著毀滅前進，可是在情況更糟糕之前，他仍會以為事情正在漸漸好轉。

「收斂交易是真正的蛇窟，」索普說：「除非用時間表驅策對方，諸如認股權證、選擇權或可轉換債的到期日。」長期資本管理公司交易的是三十年期債券，他們不可能等三十年求取「確定」的獲利，也無法靠這些交易減少槓桿，因為這些交易獲利極低，無法保持對投資人的吸引力。「如果他們沒有過度下注，情況應該會是這樣，」索普指出：「一般交易的（年度）預期報酬率只有〇．六七％，而五到十倍的槓桿只能獲利三．三％至六．七％，這個數字很難讓一般合夥人或投資人感興趣。」相較之下，長期資本管理公司放棄花俏的套利，僅以一九九八年八月的利率買進三十年期的國庫債券，就能夠穩賺五．五四％。

永遠幸運

長期資本管理公司的災難就像高速公路的一起重大車禍。套利基金按照比例調降幾季的槓桿規模，隨後又回歸正常。MIT訓練出來的交易員約翰．孔曼（John Koonmen）也是一九九八年俄羅斯違約事件的受害者。他任職於雷曼兄弟東京分公司，替公司帳戶交易可轉換債券。由於虧了太多錢，導致雷曼公司不得不縮減整個東京分公司的紅利，孔曼也被炒魷魚。

他得到一個害他失業的恐慌事件紀念品，就是原本擺在長期資本管理公司東京分公司的撞球桌。

孔曼是西洋雙陸棋高手。到東京之前，他經常在紐約非法的高賭金西洋雙陸棋賽事中露面。

透過西洋雙陸棋圈子，孔曼結識了安柏套利基金（Amber Arbitrage Fund）的負責人，賭徒約翰・班德（John Bender）。安柏套利基金的投資人，有許多是職業西洋雙陸棋與撲克玩家，主要投資對象是索羅斯的量子基金。

班德正在尋求打入日本市場的機會。他一九九九年雇用了孔曼，接著在二〇〇〇年春季中風。孔曼這時候交易得更為積極，這違反了一條行規：老闆生病或度假時不得嘗試太刺激的新方法。班德認為孔曼太過冒險。到了十月，班德休養得差不多，打算關閉基金，退休搬到哥斯大黎加的禁獵區。接下來幾年，他和孔曼都因利潤分配吵個不停。

同一時間，孔曼找上安柏套利基金的投資人，宣稱基金最近的績效都要歸功於他。他說服許多投資人出錢投資他打算成立的新基金——永福大師信託（Eifuku Master Trust）。

首先，孔曼必須向投資人解釋「永福」的日文該如何發音。它的讀音為「ay-foo-koo」，意思是「永遠幸運」。

索羅斯投資了永福，另外有幾個有錢的科威特人以及瑞銀集團也投資了，瑞銀仍努力為擺脫曾經身為長期資本管理公司最大投資人的陰影。

如同梅利韋勒，孔曼相信他的操盤能力值得收取獲利的二五％，他也打算無論有無獲利，每年都要收取基金總資產二％的費用。

孔曼把長期資本管理公司的舊撞球桌放在神谷町MT大廈十一樓的永福辦公室中。這些豪華辦公室是東京房地產市場上最奢華的商品。孔曼習慣一身黑，通常是黑色高領毛衣搭配黑色褲子，開著一輛金屬藍的復古奧斯頓．馬丁跑車穿梭在東京街頭。

永福大師信託於二〇〇一年損失二四％資產，但在二〇〇二年公布成長七六％之後，這次的失策就被遺忘了，且該年度的股市十分低迷，永福的投資人一定認為他們果真幸運。

二〇〇三年的前七個交易日，永福把投資人的資金賠掉了九八％。

二〇〇三年初，孔曼持有的頭寸總值為十四億美元，而資產總值為一．五五億美元，大約是九倍槓桿，比長期資本管理公司使用的低。但不像長期資本管理公司，孔曼甚至沒有嘗試分散投資。他把所有資源集中在三個主要交易上。他買進價值五億美元的日本電報電話公司（NTT）股票，並放空等額該公司持有的行動電話子公司 NTT DoCoMo。第二筆交易則是四間日本銀行的長期與短期頭寸，同時買進一些避險用的短期指數期貨。最後，孔曼購入電視遊樂器大廠世嘉（Sega）價值一億五千萬美元的股票。

一月六日與七日，基金虧損一五％的淨值，到了八日星期三，又虧損一五％。孔曼的資金槓桿全都是由高盛集團公司提供，他們有權清算孔曼的頭寸以滿足抵押品需求。孔曼說服他們再等一天。

九日星期四，孔曼一整天都在打電話給投資人，試圖說服他們投入更多錢到他這個命在旦夕的基金，但沒人感興趣。同一時間，此基金又虧損了淨值的一六％。

十日星期五，日本即將進入三天連假。高盛集團公司認為在連假前賣出大量世嘉與ＮＴＴ股票不是個好主意。他們等到星期二才出手，在星期五的交易中，此基金又下跌一二%。

星期二，高盛集團公司開始拋售股票。孔曼持有的證券價格全面崩盤。永福損失了四〇%的資產，僅剩年初的三%。

到了星期三，繼續跌到僅剩二%。

據說在崩盤期間，孔曼的情緒平靜得可怕。當他在撰寫「給投資人」的信時，向所有人保證他會盡一切所能「留住並最大化基金剩餘產權，但也有很大的可能在清算後什麼東西也無法留下」。信件的結論是：

> 接下來幾天，約翰・孔曼先生將試著用電話個別聯絡投資人，進一步解釋這一切的不幸事件，並直接回答所有問題。尤其是任何投資人如果對於這些頭寸操作背後的邏輯與分析有所質疑，孔曼很樂意在電話中答覆……這封信實在難以下筆。我確信各位在閱讀此信時也有同樣的感受。我們將儘快與您聯繫。

孔曼後來結束基金，到非洲去拍攝野生動物了。

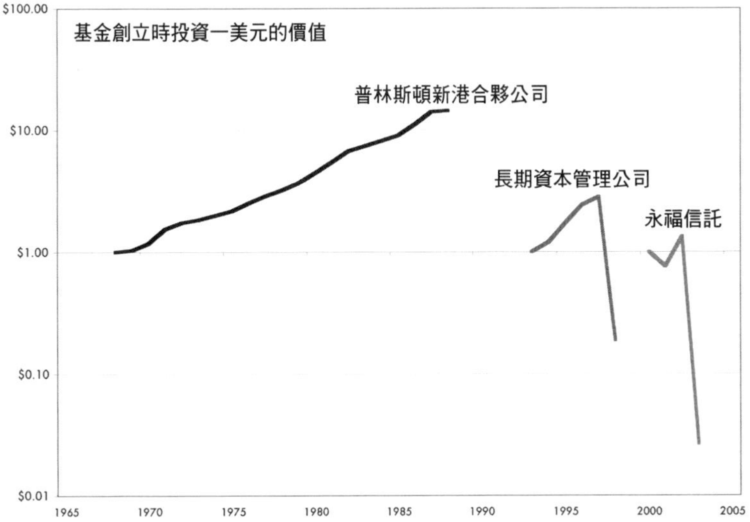

圖 13：避險基金的報酬

人生中豐富的情緒體驗

在夏農的筆記中，他認為避險基金經理人的動機不盡然與基金投資人的動機一致。雖然認知到這個事實，但實際上所有基金經理人都會把自己的財富投入他們管理的基金（他們「吃自己煮出來的菜」）。不過一些基金經理人很樂意接受不用自己的錢所承擔的風險。現在有個可以觀察到的普遍現象，基金經理人對於基金投資人的資金擁有買入選擇權，經理人享受上漲的好處，卻不直接分擔投資人的虧損。

投資人會憑藉幾個基準點的報酬率而選擇某檔基金，這對經理人產生強大的誘惑，願意用各種方法增加報酬率。其中一種方法就是接受「俄羅斯輪盤」的風險，短期內也許有所獲利，但潛藏著毀滅的可能。人性與單一週期的金融模型，很容易蒙蔽一個人，對長期風險視而不見。

經理人的工作中，風險管理是一門艱難的課程，要採行多年的毀滅性過度下注，才會讓交易員遭逢一次大爆炸。當這種情況發生時，他的職業生涯可能也宣告結束。

投資組合經理人與認真的賭徒之間有許多共通之處，這算不算好事可以從正反兩方來討論。奇巴相信這大致上是件好事。賭博提供了最重要的教訓：破產。看著自己的錢在進行正期望值賭博時不斷消失——要體現資金管理的必要性，沒有比這更好的方式了。單憑隨機微分方程不可能達到這種刻骨銘心的效果，正如同《客戶的遊艇在哪裡？》作者史維德於一九四〇年所說：「失去重大財富的滋味就像人生豐富的情感體驗，無法用文字來表述。」

第七章

市場上的訊號或雜音

想要打敗市場的長期投資人，必定得找到目前被嚴重低估的股票，且確知它遙遠未來的走勢。兩者都是難以達到的必要條件。

夏農的投資組合

一九八六年《巴倫》周刊刊登了一篇文章，列出七十七位資金經理人近期的績效排名。雖然文中並未提及夏農，但他的績效僅次於三位專業人士。《巴倫》周刊列出的經理人大多來自於超過一百名員工的大公司，夏農則是只和他妻子合作，外加一台破舊的 Apple II 電腦。

一九八六年八月十一日，《巴倫》周刊報導一千零二十六檔共同基金近來的績效表現，夏農獲得的報酬率比其中一千零二十五檔的基金還要高。

一九六五年巴菲特買下波克夏海瑟威控股公司的時候，每股價格為十八美元，到了一九九五年，每股來到兩萬四千美元，這三十年來的複合報酬率為二七%。從一九五〇年代末一直到一九八六年，夏農的股票投資組合報酬率約為二八%。

夏農一直想發表他的投資方法，雖然他的想法在實務上確實能獲利，但顯然在原創性與精準度上並未達到他個人標準。而且夏農的記憶力開始衰退，不太可能完成這樣的文章。一九八六年，從工程師轉任投資顧問的菲利浦．赫許伯格（Philip Hershberg）訪問夏農夫婦，討論他們的投資方法。赫許伯格有意發表這篇文章，但這篇文章從未問世。從赫許伯格這篇文章的草稿（內容由貝蒂提供），再加上他的回憶，盡可能完整拼湊出夏農達成高報酬的訣竅。

這與套利無關，夏農是個買進並持有的基本面投資人。

「在某種程度上，這跟我過去從事有關通訊與從『雜音』中抽取信號的工作很類似。」夏農告訴赫許伯格。他說聰明的投資人應該要了解自己的優勢何在，並只在這些機會中投資。

一九六〇年代初期，夏農曾研究過技術分析，但最後捨棄了這類系統：「我認為那些花很多時間在價格圖表上，關注『頭肩頂形態』以及『跌破頸線』的技術分析師，不過是在做一些我稱之為重要數據雜訊重製的行為。」

夏農強調：「我們藉由公司管理狀況以及未來的產品需求，可以推斷出這間公司未來幾年的收益成長狀況……從長期來看，股價也會隨著收益成長而上漲。」因此他不會把太多心力放在價格動能或波動幅度上頭。「就我的看法，關鍵數據並非過去幾天或幾個月的股價變化情形，而是過去幾年收益的變化情形。」夏農在對數圖紙上標出公司收益，試著畫出未來的趨勢線。當然，他也試著推測可能會導致指數趨勢持續或停息的要素。

夏農夫婦會拜訪新創科技公司，並與經營者談話。可能的話，他們會親自確認公司賣給大眾的產品。當他們考慮是否要投資肯德基時，會買他們家的炸雞請朋友吃，觀察對方反應。「如果他們不喜歡，」夏農說：「我們就不會考慮投資這間公司。」

夏農成為特勵達公司的董事會成員。他不只是年度報告中一個飽受關注的名字，還主動替ＣＥＯ辛格頓找尋潛在收購對象。舉例來說，夏農在一九七八年代表特勵達調查感知科技公司（Perception Technology Corporation）。感知科技的創立者是ＭＩＴ物理學家胡賽因．伊爾馬斯（Huseyin Yilmas），其專業領域是是廣義相對論。夏農拜訪期間，伊爾馬斯與他熱情地討論物理學，並主張「愛因斯坦的方程式有漏洞」，但他已經用額外項加以補足。伊爾馬斯的公司主要項目為語音辨識，他們研發出一種祕密的「文字測位儀」，能讓情治機構自動偵測對話中像是「飛彈」或「原子彈」等關鍵字。他們還有另一項能讓電腦說話的產品。

夏農在精簡的報告中警告辛格頓：「語音合成是非常困難的領域。貝爾實驗室花了多年時間，投入眾多人力，也沒有什麼成果……我有種奇怪的感覺，這間公司的目標似乎分裂為公司獲利與廣義相對論兩種方向。伊爾馬斯、布里爾（Brill）與法伯（Ferber）在對待科學的犀利與積極態度上令我印象深刻，但他們對產品研發、銷售與營利似乎沒有太大興趣。」夏農總結道：「我認為只有當成科學研究面的長期投資，特勵達收購感知科技公司才顯得有意義。我不會建議收購。」

巴菲特也曾說過，辛格頓的營運與資本配置紀錄堪稱是美國企業界第一。至少我們相信，夏農的判斷力在辛格頓的成功中扮演了支援的角色。

夏農是首批下載股價資料的投資人。他在一九八一年訂閱了剛起步的股價資訊服務，並把股票報價填入他那台Apple II電腦的試算表中，並靠著這份試算表計算出年度報酬率。

一張列印日期為一九八一年一月二十二日的表格顯示了夏農的投資組合，請見下頁。

這可能並非完整名單，夏農曾在其他場合提到自己當時至少還有另一間航海數據公司（Datamarine）的股票。投資組合的價值相對不算高，僅五十八萬兩千七百一十七點五美元。用二〇〇四年的幣值計算，夏農差不多是剛踏入百萬富翁的門檻。值得注意的是複合報酬率。

公司名稱	持股數	購入價格	1981年1月22日 市價	價值
巴斯特國際 Baxter International	30	$42.75	$50.00	$1,500.00
皇冠製罐公司 Crown Cork & Seal	50	$8.00	$31.75	$1,587.50
惠普公司 Hewlett-Packard	348	$0.13	$82.00	$28,536.00
國際香精香料公司 International Flavors &Fragrances	70	$26.50	$22.00	$1,540.00
約翰哈蘭德 John H. Harland	1	$30.00	$39.00	$39.00
瑪斯科 Masco	120	$1.63	$28.88	$3,465.00
MILI（房地產）	40	$32.00	$28.13	$1,125.00
摩托羅拉	1086	$1.13	$65.00	$70,590.00
斯倫貝謝（石油）Schlumberger	22	$44.00	$108.75	$2,392.50
特勵達（量測設備）	2428	$1.00	$194.38	$471,942.50
總計				$582,717.50

表中的「買進價格」似乎是以平均成本來計算。有些股票是透過併購或是以不同價格分批買進，此時夏農的投資組合平均增值率大約是六十倍。

夏農的投資組合會令馬科維茨（或任何一位金融顧問）驚駭不已。以製表時間來看，此投資組合有接近八一%都集中在特勵達；九八%集中在持股最多的三檔股票。夏農告訴赫許伯格：「過去三十年，我們從未想過要調整投資組合。如果不是出於稅務考量，我很樂意這麼做。」他七十歲時，將全副身心投入股市，並堅定地說：「如有必要，我寧願借錢投資，而不是賣掉股票，換成附息的金融商品。」

夏農告訴赫許伯格，他當時擁有的公司中，績效最差的是航海數據國際公司。他於一九七一年買進這檔股票，這段時間的平均報酬只有一三%（！），但因為他喜歡這間公司的併購計畫，打算繼續持有。

夏農挑選了幾間與數位科技無關的盈利企業，其中一間是生產建築材料的瑪斯科。一九八〇年代初期，夏農買進兩間支票印刷公司的股票——約翰哈蘭德與德樂斯（Deluxe）。兩檔股票都落在合理價位，顯然是由於個人電腦剛開始盛行，所有人都對無紙交易躍躍欲試。貝蒂對於紙本支票會這麼快過時感到存疑。兩間公司營收成長表現都十分亮眼，一九八一至八六年，約翰哈蘭德的複合報酬率為三四％，德樂斯則是四〇％。

至於整體績效，夏農告訴赫許伯格：

我們已投資了約三十五年。前幾年算是學習期——我們做了許多交易，但獲利平平。轉換成長期持有後，我們每年的整體成長率一直在二八％左右。

夏農顯然把早期的學習階段排除在他宣稱的二八％報酬率之外。他並未說明自己如何決定脫手某些股票。這對積極管理的投資組合報酬率可能會造成相當大的差異。然而，夏農顯然從未在新股票上投入太多資金，且鮮少在一九六〇年代中期後出脫持股。事實上，他們所有獲利都來自於特勵達、摩托羅拉與惠普三張王牌。

夏農以每股零點八八美元的價格買進特勵達，這是經過股票分割後調整的價格。二十五年後，每股價值約三百美元，年報酬率為二五％。夏農他以每股五十美分的價格購入 Codex 的股票；到了一九八六年，每股變成價值四十美元的摩托羅拉股票❶，換算後年報酬率為二〇％。如果加上股利，數字還會再上升。

夏農績效最好的長期投資是哈里森實驗室／惠普，在三十二年間達到二十九％的報酬率。一開始買進哈里森實驗室，夏農是以每股相當於一點二八美分的價格購入，到了一九八六年，變成每股四十五美元的惠普股票，這可是超過三千五百倍的成長，是初期投資額倍增了十一次以上。夏農寫在黑板上的預期成真了：$2^{11}=2048$。

自負的猩猩

很多人可能會認為，夏農的知識與眼光讓他在挑選科技股時握有優勢。在一九五〇與六〇年代，夏農站在歷史尖端。他預見了數位革命並賭上身家。一般華爾街分析師都無法如同夏農這般精準的預測未來，更別說是普通的投資人了。

但是，這不太可能說服市場效率理論的死硬派信徒。夏農所有獲利幾乎都是來自於三個聰明（或幸運？）的選擇。三個數據點不具有什麼統計學上的意義，科學證明需要重複性。

❶因為 Codex 公司被摩托羅拉併購。

在學術文獻中，重複性一直是大家研究效率市場假說受到廣泛檢視的重點。從一九八〇年代開始，電腦與資料庫使得金融學者得以就投資人的偏見所導致的市場無效率篩選出歷史數據。他們發現許多偏見令人印象深刻到足以在期刊上發表。

在論文中討論的種種「不理性」效應，包括本益比效應（本益比低的「優值股票」，表現應當優於其他個股）、規模效應（小公司擁有比大公司更高的報酬率）、元月效應（元月時股票市場的報酬率較高）、星期一效應（星期一的報酬率較低），甚至是天氣效應（市場報酬率與晴天連動）。

被報導出來的這些偏見少有能夠通過重複性測試。某種「效應」一旦被報導出來，就會有人進行研究，並提出更多數據或更具真實性的假設，表明此效應沒有報導宣稱的統計意義，甚至從未存在。這也有可能是因為有人試圖利用效應牟利，使其在首次報導後便消失無蹤。

「我曾自己試過把客戶和我自己的錢，投資在學術界幻想出來的每一種特例且預測裝置。」一九九二年，經濟學家與投資組合經理人羅爾（Richard Roll）抱怨：「但我至今仍未靠著這些假定的市場無效率手段賺到一毛錢……如果投資人無法系統性地運用這些概念按時進出場，那我們很難說這些資訊是不是真的會影響股價變動。」

大多數效率市場經濟學家都不得不承認，確實存在市場嚴重無效率的軼事案例，但他們置之不理。看似打敗市場的交易者或避險基金只是幸運罷了，而且終將落得像長期資本管理公司或永福那樣破產的下場。沒有人真正獲得風險調整後的超額報酬率。

論戰的另一方通常也無法拿出有力證據。許多論文僅是提出也許能如何利用這些偏見報導。例如，你要如何靠著天氣效應謀利？如果效應是真的，曼哈頓的天氣預報就能在預測當日紐約證交所的表現時，提供小小優勢。好吧，你可以在紐約大晴天時買進股票，在倫敦起霧時放空（如果天氣預報是這麼用的話）。不同於良好的避險方式，紐約的股票不會下跌，倫敦的股票會上漲，並不存在邏輯必然性，在這筆交易中，你可能兩頭都賠錢。這種風險與龐大的交易成本（天氣每天都會變化），使得這項計畫不太可能帶來風險調整後的超額報酬率。

文獻中提出的「效應」，與成功套利者使用的手法之間幾乎沒有交集。大多數研究關注的是相對簡單的選股策略或是進場時機系統，是投資人之間流行的做法。少數長期研究基本分析的投資人，看人的眼光跟判斷本益比效應的眼光一樣好。巴菲特之所以超額獲利，可能要歸功於他詳讀損益平衡表，而這不太可能靠著任何抓出資料庫裡「官方數字」製成的模型辦到。

巴菲特在一九八四年的演講中，請聽眾想像，兩億一千五百萬美國人兩兩配對，對賭丟銅板的結果。猜錯的人淘汰出局，並付給猜對的人一美元。

隔天，所有勝利者兩兩配對再對賭一次，每個人下注兩美元。輸家淘汰，贏家手上有四美元。遊戲持續進行，且每一天的賭注都加倍。經過二十輪後，只剩下兩百一十五人留在賽局中，每個人會擁有超過一百萬美元。

根據巴菲特的說法，這時有些人會寫書說明他們的手法，書名是《我每天早上工作三十秒，把一美元變成一百萬美元》，而且有些人還會去糾纏象牙塔裡那些認為不可能辦到這件事的經濟學家問說：「如果這件事辦不到，為何還會有我們這兩百一十五人？」接著有些商學院教授可能會提出一個粗糙的結論，假如兩億一千五百萬隻猩猩進行類似活動，也會出現同樣的結果——連贏二十次的兩百一十五隻自負猩猩。

那麼，什麼證據才能說服我們相信有些人的選股能力足以打敗市場？每一年，晨星星等評級會評鑑出哪些共同基金經理人的業績優於大盤與同業。其中只有少數經理人能多年蟬聯頂尖排名席次。他們的基金廣告會讓人留下深刻的印象，輝煌的績效具有預測未來景氣的能力（但略過小到不行的警語）。不過正如巴菲特的故事所言，必定有一小群非常、非常幸運的經理人，能夠締造長期又傲人的績效。

根據其決策而非時間長短來衡量過往績效紀錄是合理的。做出獲利越高的決策越好。當外部觀察者能夠多少理解其選股策略背後的邏輯（而不是跟猩猩一樣亂猜）時，就更有說服力了。選股策略通常是主觀的，根據的因素多到投資人（或任何人）都難以理解這名基金經理人究竟在做什麼。如果沒人能夠了解一名經理人的選股邏輯，就不太可能說服質疑的人，這名經理人能達成報酬率，靠的不只是幸運而已。

指標計畫

打敗市場的最佳案例之一，與稱為統計套利的計畫有關。要在市場上賺到錢，得要買低賣高，那為何不讓電腦告訴你哪種股票價低，哪種股票價高呢？這就是統計套利的概念。基本分析師會檢視許多項要素，其中大多是數據，來決定要買哪一檔股票。如果這個程序有其效度，那就應該要能夠自動化。

索普早在一九七九年就開始研究這個概念。這成為普林斯頓新港合夥公司「指標計畫」（Indicators Project）的發現結果之一。索普說服前加州大學爾灣校區教授傑洛姆・巴塞爾（Jerome Baesel）到普林斯頓新港合夥公司全職上班，負責研究工作。

基本分析師買進股票後，通常會持有數個月、數年甚至數十年。持有股票的時間越長，大舉打敗市場就越難。且說你相信一檔股票的賣價是其「真正」價值的八〇％，算是不錯的折扣。如果市場走勢在一年的期間內按照你的想法進行，你賣出這檔股票將能獲利二五％（高於其他任何收益：這二十五個百分點就是你「打敗市場」的指標）。

假設市場花了二十年才發現它低估了某檔股票，緩慢的重新估價只會將你這二十年來的年報酬率提升約一・一％。想要打敗市場的長期投資人，必定得找到目前被嚴重低估的股票，且確知它遙遠未來的走勢。兩者都是難以達到的必要條件。

反之，索普與巴塞爾都把焦點放在短線交易上。他們的軟體能挑選出過去兩個星期在調整股利與股票分割後漲跌幅比例最高的股票，這些公司都曾因為好或壞的消息震驚市場。他們發現上漲的股票非常有可能在短期內下跌，下跌的股票則是可能在同時間回漲。

這與「動能投資人」下注後期望發生的結果完全相反。這相當符合一句老生常談，市場會對好壞消息過度反應，有時就算沒消息也是如此，等到情緒退去後，又回到原來的局面。

索普和巴塞爾用投資組合實驗，買進「跌幅最大」的股票，同時放空「漲幅最大」的股票。只要他們買進足夠數量的股票，此舉就能提供抵抗一般市場走勢的避險能力。他們推斷可以獲得約二〇%的年報酬率。諷刺的是，這卻成為絆腳石。普林斯頓新港合夥公司已經在其他筆交易中賺得更高的報酬。（一九八〇年至一九八二年手氣尤其旺，扣除二〇%費用後，年度報酬率分別為二八%、二九%與三〇%。）這種買大跌、賣大漲的投資組合報酬率，也普林斯頓新港合夥公司其他交易的變數更多。

儘管這個概念絕妙，但普林斯頓新港合夥公司根本用不上。指標計畫默默的被擱置了。

一九八二年或一九八三年，傑瑞・班伯格（Jerry Bamberger）自行想到了幾乎同樣的概念。班伯格任職於摩根士丹利紐約總部，想出了一套明顯優於普林斯頓新港合夥公司所棄置的買大跌、賣大漲系統，報酬更加穩定。班伯格於一九八三年開始用這套系統替摩根士丹利進行交易。這套系統生效，摩根士丹利讓班伯格的主管努齊奧・塔塔利亞（Nunzo Tartaglia）推廣這套系統，使得大部分功勞都算在了塔塔利亞頭上。

班伯格覺得不受到賞識，因而辭職。而後他偶然看到一則廣告，宣稱願意提供資金給執行低風險交易策略的人。這則廣告正是普林斯頓新港合夥公司刊登的。

班伯格在新港海灘與索普會面，解釋他的系統。班伯格的系統是靠著把個股分成各種產業群組以降低風險，在每個產業群裡調節長短期的頭寸。索普認為這是真正的改良，於是同意資助班伯格。

他們開始在新港海灘測試這套系統。班伯格是個老菸槍，而索普每天都會測量脈搏、勤練跑步，還曾立下政策不雇用癮君子。兩人各退一步，班伯格可以在戶外抽菸，不過禁止進入電腦室，據說裡頭每一台洗衣機大小的十億位元組硬碟十分脆弱，哪怕是空氣中最微小的塵埃都可能造成損害。

索普注意到班伯格每天都自帶同樣棕色紙袋的午餐，他問：「你午餐究竟多常買鮪魚沙拉三明治？」

「過去六年的每一天。」班伯格回道。

班伯格的交易系統在電腦模擬中運作良好。索普與瑞根成立一間新的子公司，叫做ＢＯＳＳ合夥公司，也就是班伯格加上歐克利蘇頓證券。ＢＯＳＳ公司位於紐約，開始幫普林斯頓新港合夥公司管理資金，金額為三千美元到六千萬美元。一九八五年，其報酬率為二五％至三〇％，接下來幾年獲利逐年降低。到了一九八七年，更降到一五％，與普林斯頓新港合夥公司其他投資機會相比，已不再具有競爭力。

問題顯然在於競爭。塔塔利亞持續擴展摩根士丹利的統計套利營運範圍。到了一九八八年，塔塔利亞的團隊進出場的金額來到九億美元。班伯格通常會試著與摩根士丹利買進同一檔價格暫時被低估的股票，使得股價上揚，這個舉動也削減了獲利。

班伯格在賺了一筆錢之後決定退休，BOSS公司關門大吉。據傳言指出，後來摩根士丹利的營運遭逢鉅額虧損，也結束了統計套利業務。

索普繼續修改統計套利。他把班伯格按照產業群組分類的方式，改成更有彈性的「要素分析」系統。此系統藉由股價變動與諸如市場指數、通貨膨脹、黃金價格等要素的連動性來分析股票，能夠更好的管理風險。普林斯頓新港合夥公司於朱利安尼突襲普林斯頓辦公室後一個月後，推出這個改良後的系統，稱為STAR（統計套利的縮寫）。STAR達到二五%的報酬率，或者說是扣除費用後二〇%的報酬率。隨後公司解散，這個想法第三次遭到擱置。

普林斯頓新港合夥公司關門大吉之後，索普休息了一陣子。差不多有一年的時間，他完全沒用其他人的錢做投資。但就像個上癮的賭徒，他沒辦法離開太久。他發現有些日本認股權證有著難以抗拒的好機會，到了一九九〇年底，他又執行交易了。

索普昔日的投資人建議他開辦新的統計套利業務，為此，索普決定成立一間新的避險基金，山稜線合夥公司（Ridgeline Partners）。「我累積了一份投資人清單，」索普說道：「這些人不管我做什麼，他們都想投資。我只要在成立公司前打幾通電話，一天之內就馬上『額滿』了。」山稜線合夥公司於一九九四年八月正式營運。

山稜線合夥公司能承受的資本上限約為三億美元。按照一九九〇年代高昂的標準，只能算是中型避險基金。索普想確保他能夠監控旗下每一名員工，也希望基金規模夠小，這樣公司本身採取的行動不會對報酬率造成不利影響。山稜線合夥公司每個交易日的交易量約為四百萬美股，差不多是紐約證交所每日交易量的〇．五%。

此基金是以高度自動化的方式運作。每天早上當索普首次登入交易用的電腦時，紐約已經開盤三個小時，交易了上百萬股。水澤也加入了這間新公司，他的工作是檢視彭博社的新聞，看看有沒有什麼會干擾交易的突發消息。併購案、分拆與重整等狀況，因為無法預測，對計畫都是不利的。這類新聞一發布，水澤會把受影響公司的股票放進「限制清單」，避免再進行新的交易。

根據索普的說法，每筆交易都有大約〇．五%的優勢，其中一半用於交易成本，剩下〇．二五%獲利累積起來，就會是可觀的報酬。山稜線合夥公司的績效甚至優於普林斯頓新港合夥公司，從一九九四年至二〇〇二年間，扣除費用後每年平均報酬率為一八%。

一九九八年俄羅斯違約事件發生時，山稜線合夥公司締造了扣除費用後四七%報酬率的佳績，證明「肥尾效應」未必是致命的打擊。

山稜線合夥公司有許多競爭對手，其中最成功的是肯．格里芬（Ken Griffin）的城堡投資集團（Citadel Investment Group）、詹姆斯．西蒙斯（James Simons）的大獎章基金（Medallion Fund），以及德劭有限公司（D.E. Shaw and Co.）。每一間公司的規模都比山稜線合夥公司大，管理數十億美元的資金，且這些經理人的經歷或多或少都與索普有相似之處：賽門是紐約州立大學石溪分校出身的數學家、蕭是史丹佛大學畢業的電腦科學家，格里芬是哈佛大學物理系畢業生，學生時代就在宿舍裡進行交易。普林斯頓新港合夥公司初期投資人之一的法蘭克．梅爾（Frank Meyer）創立了格里芬的避險基金。

大獎章基金的員工包括天體物理學家、數字理論學家、電腦科學家以及語言學家。求職者被要求報告自己的科學研究內容。「科學家帶給遊戲的優勢，」賽門解釋：「不僅是數學或運算技能，更多的是科學思考的能力。他們比較不會接受明顯能夠獲勝，卻可能存在統計誤差的策略。」

每個統計套利操作都在彼此競爭，這樣才能獲得市場無效率造成的所謂「意外之財」。所有成功的操作都要持續修正電腦軟體，好跟上市場與競爭變化的步調。

索普最令人費解的成就在於，他年復一年能在舊把戲行不通後，持續發現新的市場無效率的能力。這就如同發現新的定理或即興爵士樂表演，是一種天賦。儘管如此，比起仰賴直覺交易的傳統投資組合經理人，統計套利較容易理解。那是一種演算法，憑藉一行行的電腦程式大量進行交易。統計套利操作的成功證明市場上隨時存在著各種市場無效率的狀況，而按照凱利準則操作的資金管理方式，能夠利用它達到超越市場的報酬率，而且不必承擔破產的風險。因此，像是山稜線合夥公司、大獎章基金以及城堡投資集團這類基金，對效率市場理論學者提出的挑戰，可能比波克夏海瑟威控股公司更加明確。

一九九八年五月，索普報告他二十八年半以來的投資，已經以平均年度報酬率二〇％的速度增長（標準差為六％）。「為了讓你相信這不只是靠運氣，」索普寫道：「我估計……我替投資人買進賣出的金額有八百億美元（在賭場叫『行動』）。這筆金額分散成大約一百二十五萬次的個別『賭注』，平均每筆交易額為六萬五千美元，隨時平均持有數百個『頭寸』。整體而言，這似乎是種高勝算的適度『長期投資』，這種優異表現不只是憑藉運氣得來的。」

香港賽馬團體

一九九八年加州大學洛杉磯分校的研討會上，經濟學家羅伯特・豪根（Robert Haugen）說：「法瑪指著坐在觀眾席上的我，說我是罪犯。」他的「罪行」在於他是傑出的有效市場假說的學術批判者。法瑪「還說自己相信上帝清楚知道股票市場是有效率的」。

效率市場假說至今依舊盛行。這個論調和以前一樣尖銳，卻提不出什麼證據，顯示少數幾家避險基金的成功紀錄已改變了許多人的看法。

凱利準則的故事從組頭與賽馬開始。凱利系統取得正統地位的環境既不是華爾街的峽谷，也不是學術界，而是在香港的賽馬場。

過去幾十年來，賭徒們開始發現運動簽賭的「市場」有多缺乏效率。這個發現始於一九八〇年代初期，肯特（Michael Kent）、麥德林（Ivan Mindlin）與伍斯（Billy Woods）在拉斯維加斯組成的「電腦集團」。他們有一套檢視大學橄欖球與籃球數據的因素分析系統，用來決定要押哪支球隊，以及差分盤是多少。電腦集團的預測結果迅速傳開，大家紛紛跟著下注，影響到讓分，因此削減了團隊的獲利。

一九八五年超級杯星期天，ＦＢＩ突襲搜索電腦集團分散在十六個州的四十三個據點。電腦集團一直在全國各地分別投注體育賽事，盡量避免賭金影響到賠率。政府認為這構成外圍投注行為，多人遭到起訴，電腦集團就此解散，最後罪名都不成立。

一九九三年，一個剛在加州大學爾灣校區拿到博士學位的神祕電腦科學家找上索普。這位電腦科學家寫了一個能夠辨識籃球與其他職業體育賽事有利球隊的程式。舉例來說，他發現球隊在客場比賽的表現比在主場差；連續出賽的球隊，平均表現也不如賽事之間有更多休息時間的球隊。組頭們的在設定賠率時，並未適當考量這些變數。

索普非常心動，拿出五萬美元作為實驗之用。為了盡量減少跟注情況發生，他們決定負責下注的人，外形應該要顛覆成功賭徒的刻板印象。電腦科學家的一名女性友人答應扮演這個角色。為了進行這次實驗，她搬到拉斯維加斯。

運動簽賭比二十一點多了幾項優勢，可以重金投注，在必要時也可以把賭注分散到好幾個組頭。如果沒有有利機會，也不必非得下注掩飾。電腦系統會辨識出有六％優勢的賭局。他們運用凱利準則來決定投注大小。隨著資金增加，賭注也從幾百美元變成幾千美元，每天會在各處下注五到十五筆。

經過一九九四年初的一百零一天，團隊靠著五萬美元的資本累積獲利達十二萬三千美元。他們差點害一間叫做小凱薩的老投注站破產。這間投注站在實驗期間倒閉，索普懷疑是因為他們贏了太多錢。

由於這個系統需要有人在拉斯維加斯下注，下注者得要身懷巨款東奔西跑，弄得所有人都十分緊張，團隊就此收手。

靠二十一點和運動簽賭贏錢的缺點是，遲早都會有個穿西裝的彪形大漢叫你離開，畢竟成功的玩家贏的是莊家的錢。

一九七〇年代，艾倫．伍茲（Alan Woods）就是應付這類事件的二十一點職業玩家。他看了索普那本破解二十一點的書，心想或許能把類似的方法應用在賽馬上。賽馬贏得的錢來自廣大賭徒的口袋，賽馬場一定會拿到自己那份抽成，沒理由在乎究竟是誰贏錢。

一九八四年，經濟學家奇巴與唐納．浩許（Donald B. Hausch）出版了一本書，受到索普啟發，書名定名為《打敗賽馬場》（*Beat the Racetrack*）。在這本書與其他著作裡，作者們闡述了如何在賽馬場上發現套利的機會，以賭馬的名義運用凱利系統。

奇巴與浩許的經驗主要來自於北美洲的賽馬場。到了一九八四年，伍茲認為最適合賭馬的地方是香港。賽馬是香港唯一的合法賭博❷，據官方網站顯示，賽馬也是「目前最受歡迎的娛樂方

❷根據香港《賭博條例》，此處應為作者筆誤，賭馬並非香港唯一合法的賭博活動。

式」。香港每年的賽馬總賭金約為一百億美元，平均每個香港人會花一千四百美元賭馬。香港某幾場賽事的賭金，甚至超過美國與歐洲某些地方一整年的總和，用電話和網路也能下注。

香港的賽馬由非營利組織香港賽馬會負責，每年約可賺進二十億美元。賽馬會的廉潔聲譽完美無瑕，固定賽事不利於營收。香港賽馬會經營兩座賽馬場，英國殖民地風格的跑馬地，與比較新穎、高科技的沙田賽馬場。香港的賽馬界相對孤立，賽馬與騎師沒有去其他地方比賽的必要——這對電腦系統來說是件好事，這樣一來很少會冒出毫無比賽紀錄的「不知名」賽馬。

伍茲與班特和賽門一起組成「香港賽馬團體」（Hong Kong Syndicate）。班特負責撰寫程式，賽門蒐集賽馬與騎師的歷史數據，伍茲則提供約十五萬美元的賭本。他們花了好幾年的功夫才讓系統能夠開始運作。班特的電腦模型採用部分凱利系統，訂立最理想的下注組合。

凱利的優勢／賠率忽略了賭徒資金在同注分彩賠率下造成的影響。下重注（與已經押注在馬匹身上的賭資息息相關）的賭徒會拉低賠率與潛在獲利。班特必須用更複雜的凱利方程式，將這點也納入計算。成功的下注操作對賠率造成的影響，比一般過度下注更會消減獲利。這就是他們偏好香港與其較大的同注分彩彩池的原因。

經營電腦下注團隊是種勞力密集型的工作。要派大約一百個人擠在投注窗口，還要持續更新模型資料庫。班特的模型不只採用像是騎師和最終排位等公開數據，還要加上約一百三十項變數。該團體還找人仔細研究每場比賽的影片，蒐集馬匹是否容易在轉彎時撞到、復原能力有多好的等等數據。

第一個賺錢的賽季是在一九八六至八七年。從一賺到錢開始，班特和伍茲就為了獲利分配而爭吵。結果團體解散，每個合夥人都帶走一份軟體備份。幾年內，班特、伍茲與賽門都成了百萬富翁。

伍茲有個科學賭徒的悲劇性缺點：他喜歡談論自己賭博的豐功偉績。「如果不跟任何人透露，就不會指點其他電腦團隊，使得他們紛紛跟進並賺到好幾百萬，我原本可以賺更多。」他這樣告訴記者：「但這太難做到了，我就是無法守口如瓶。」

奇巴估計，一流的香港電腦團隊在順利的賽季可賺到一億美元，其中大約半數都進了團隊領導者的口袋。伍茲自承賺了一億五千萬美元。對奇巴而言，賽馬是證券市場的教學模型，同樣是由容易犯錯的人來決定科技股價與賭注，兩者都有許多受到獲利欲望驅使的投機者參與，這並不能保證完美的市場效率。

伍茲過著像《007》電影中反派角色的生活，只是沒那麼放蕩。他住在馬尼拉，距離香港夠近，可以靠著光纖傳輸賺錢的資訊。伍茲年近六十，是個白髮蒼蒼的隱士，鮮少離開他那高樓層的豪華公寓以及身材曼妙的女侍從。如果他需要什麼，他的女傭或菲律賓女友會替他採買。「我喜歡去馬卡蒂（Makati）低級的色情酒吧。」他在某次訪談中坦承：「我一個月只會出去幾天，不過在那些夜晚，我會帶兩個女孩回家，通常是兩個以上。」

伍茲囂張驕傲的炫耀他過去十八年來從來沒有親自到場觀看賽馬比賽，他不覺得賽馬有趣。他在賽馬場的代理人會將比賽結果即時傳送給他，並加上適當的微笑或皺眉表情符號。

在一九九〇年代末期股市泡沫顛峰期間，伍茲放空那斯達克指數。這是公然打賭股市泡沫即將破裂，但時間點不對。伍茲說他賠了一億美元。「當你看到我從一九八七年以來從賽馬賺了多少錢，再對照我在股票市場上的表現，」他說：「賽馬似乎是遠比股票安全的投資。」

無限大的黑暗面

夏農二〇〇一年二月二十四日逝世，與電影中的殺人電腦哈爾同一年。在數百則訃聞中，只有少數幾則提到夏農的思想對賭博與投資的影響。伯利坎普寫道：「或許夏農與凱利對金融的影響，到現在最適當的衡量，就是許多華爾街的優良企業都在積極招募數學家與資訊理論學家。」

不幸的是，夏農幾乎沒能看到一九九〇年代數理金融與資訊理論的蓬勃發展。他的記憶力越來越差，診斷出阿茲海默症，他會開車開到一半，發現自己不知道要去哪裡。整理科學研究資料準備讓電機電子工程師學會集結出版時，夏農發現自己已經不記得很多檔案的位置了，找到某些論文時，也時常不記得寫過這些文章。

夏農雖然身體仍然硬朗，但出門後往往找不到回家的路，也不認得自己的孩子。到了一九九三年，貝蒂別無選擇，只好把丈夫送到位於麻州美德福（Medford）的療養院，貝蒂每天都會去看他。夏農直到臨終前都還是喜歡東摸西碰，改裝其他病人的助行器，或是拆解療養院的傳真機。

索普於二〇〇二年十月結束山稜線合夥公司的業務，時機似乎選得還不錯。自從二〇〇二年之後，統計套利操作的報酬率一直不如預期，或許是市場已經適應了，抑或是在等待某個人發明改良的新軟體。

索普夫婦最近捐贈給加州大學爾灣校區數學系，這份大禮是全數投資於股市的一百萬美元，校方每年只能提領二%。這筆基金即使經過通膨調整，預計還是能帶豐厚的複合收益。索普希望它最終能成為世界上最高額的大學慈善基金，好幫助爾灣校區吸引到最具數學天分的人才。

除了管理許多基金與自己的個人投資外，索普也不斷探索新的投資與賭博機會。他謹慎地敘述自己最近的發現。他告訴我，那是種十分普及的賭博方式，「在東半球某些地區可以玩到」，可以接受一百萬美元的賭金。「你可以在一小時內賺進約兩千美元，但是要努力工作。如果我能想出更有效率的方法，那一定很有趣。我已經建構出整套理論，而且沒有其他人知道，經營這種賭局的人也毫不知情。」

人們對凱利準則的看法仍然呈現兩極化。雙方都將此爭議限縮在很小的範圍內，好顯得自己的立場無可置疑；雙方也都相信，後人會憑藉良好的判斷力摒棄另一方的看法。

薩繆爾森在近期的一封信中告訴我，每分鐘都有異端者出生。他所謂的「異端者」是那些認同對數效用或錯誤推論的人。當我告訴科佛，自己正在撰寫此一主題的書籍時，他說這個故事一切都完備了，只是還沒有結局。如同許多信奉凱利法則的人，科佛認為這個故事尚未完結，因為主流經濟學家尚未公開承認自己的錯誤。

凱利信徒認為自己被冷漠與懷疑所包圍。哈坎森估計，願意提及凱利準則的ＭＢＡ課程不超過一〇％（他用「可恥」來形容此情形）。「凱利準則對於我們管理資金的方式是不可或缺的，」雷格梅森價值信託基金（Legg Mason Value Trust）總裁比爾．米勒（Bill Miller）於二〇〇三年年度報告中寫道，但他也表示：「我猜大多數投資組合經理人並未意識到此事，因為它沒有出現在馬科維茨、夏普與其他金融界大老的經典著作中。」另外，投資經理人威考克斯告訴我，這個主題仍然「不太重要」。

這個思想出現在最古怪的地方，在人體冷凍的次文化圈開始流行，這些人打算死後將遺體冷凍，等待遙遠未來奈米醫療科技讓他們復生（索普也安排好了冷凍保存遺體）。看似毫無關聯的兩件事會連在一塊，在於他們需要成立信託基金用以支付持續冷凍的費用。國際人體冷凍基金會（International Cryonics Foundation）董事長兼其附屬的維護基金投資委員會（Suspension Funds Investment Committee）主席奎夫（Art Quaife）認為，凱利投資方針「應當足以打敗其他人體冷凍組織已經公布的投資策略」。

在有限程度內，凱利準則已與圓周率和黃金分割並駕齊驅，成為少數捕獲非數學家想像的數學概念。說來神祕，凱利準則「巧合的」連結了賭博與支撐現今數位時代的理論，一個簡單的法則，最後在許多不同範疇中都被證明是最適法則。科佛把凱利準則的「巧合」比喻為圓周率出現在跟圓毫無關聯的情境中。「如果某些事情一直以這種方式出現，」他暗示道：「通常表示這是基本原則。」

科佛也投入避險基金這門生意。他的計畫是利用為網路設計的通用數據壓縮演算法，從一對對高波動個股中榨出利潤。行銷基金時，科佛遭到接受傳統訓練的經濟學家與金融顧問抵制。對金融界的許多人而言，資訊理論與長期投資這類術語仍然是危險信號。有位華頓商學院的教授代表潛在投資人高登．蓋提（Gordon Getty，後來他並未投資）質問科佛，他反對科佛認為時間趨於無盡時，複合報酬率為無限大的論調。他對科佛說：「無限大有其黑暗面。」

威爾莫寫道：「人生與人生中的一切，都是以套利機會與其利用方式為基礎。」此種奇特的觀點直率得有趣。自由市場的捍衛者通常痛苦的堅持市場價格是「公平」的，沒有人能夠「利用」別人。威爾莫反而提出，許多市場參與者總是試圖盡最大可能佔那些消息不如他們靈通的人的便宜。如果假裝沒這回事，我們就不太可能真正完全理解市場。這種運作模型就是凱利賭徒，或說是杜斯妥也夫斯基筆下的《賭徒》——書中主角發現，「人們，不只是在賭輪盤時，而是在任何地方都會竭盡所能從別人身上得到或榨取出一些東西」。

「你是否聽說過孔恩的典範轉移❸？市場上就是這麼回事，」對於近來仍不斷持續的凱利準則爭議，威考克斯這樣說道：「直到你得到ＭＩＴ或史丹佛大學某位有頭有臉人物的背書前，都

❸現實中會存在一些用當代科學認知無法解釋的異常現象，使得科學家開始懷疑典範的正確性，因而建立新的典範以取代舊典範，這個動態歷程稱為「典範轉移」。

不可能發生典範轉移……我曾大膽地將論文投稿到《金融期刊》，審稿者告訴我，『這與我們在財經領域學到的一切相牴觸』。呃，其實不然，但它確實與許多根深蒂固的想法相牴觸。」

致謝

特別感謝貝蒂與索普的友善與協助，他們貢獻了時間、建議、照片，並迅速回覆電子郵件。索普閱讀草稿初稿並幫助我增進內容的精確度。國會圖書館收藏的夏農相關資料是無價的資源，由於夏農從未出版過任何關於投資的著作，使得這一切更加珍貴。在此我要特別感謝赫許伯格幫我詢問夏農許多我想問他的問題。羅根與施羅德與我分享了他們對於凱利的回憶，且羅根先生更是擔起了收集凱利照片的任務。

也要感謝巴德斯（Robin Badders）、巴茲曼（Norma Barzman）、布羅寧（Gary Browning）、坎貝爾（Erin Campbell）、科佛、艾克特（Ed Eckert）、法諾、費尼根（Dave Finnigan）、小佛尼（G. David Forney, Jr.）、嘉勒格（Robert Gallager）、葛羅斯伯格（Adam Grossberg）哈坎森、赫薩（Larry Hussar）、蘭道（Henry Landau）、拉丹尼、琉貝（Arthur Lewbel）、國會圖書館手稿部門的員工、麥考伊、馬科維茨、梅希（James Massey）、梅、默頓、明斯基、尼爾（Ellen Neal）、奧勒維（Joe Olive）、彼得森、普林格（Linda Pringle）、羅斯、薩繆爾森、史隆（Neil J. A. Sloane）、史普爾（Kim Spurr）、威爾考克斯、耶達納普迪（Neelima Yeddanapudi）以及奇巴。

一起來　思 21

決勝籌碼：天才數學家縱橫賭場與華爾街的祕密

Fortune's Formula：the Untold Story of the Scientific Betting System that Beat the Casinos and Wall Street

作　　者　威廉・龐士東 William Poundstone
譯　　者　威治
主　　編　林子揚
外部編輯　李承芳

總 編 輯　陳旭華
電　　郵　steve@bookrep.com.tw
社　　長　郭重興
發行人兼出版總監　曾大福
出版單位　一起來出版／遠足文化事業股份有限公司
發　　行　遠足文化事業股份有限公司
www.bookrep.com.tw
23141 新北市新店區民權路 108-2 號 9 樓
電話｜02-22181417　傳真｜02-86671851

封面設計　陳文德
內頁排版　新鑫電腦排版工作室
印　　製　中原造像股份有限公司
法律顧問　華洋法律事務所　蘇文生律師
初版一刷　2020 年 12 月
定　　價　480 元

國家圖書館出版品預行編目 (CIP) 資料

決勝籌碼：天才數學家縱橫賭場與華爾街的祕密 / 威廉・龐士東 (William Poundstone) 著 ; 威治譯 . -- 初版 . -- 新北市 : 一起來 , 遠足文化 , 2020.12
面 ;　公分 . --（一起來思 ; 21）
譯自 : Fortune's formula : the untold story of the scientific betting system that beat the casinos and Wall Street
ISBN 978-986-99115-4-2 (平裝)

1. 賭博

548.84　109015415